当代大学生
体育与健康多维度探究

唐旭◎著

图书在版编目（CIP）数据

当代大学生体育与健康多维度探究 / 唐旭著.
北京：中国戏剧出版社，2024.10. — ISBN 978-7-104-05577-8

Ⅰ．G807.4；G647.9

中国国家版本馆CIP数据核字第2024XC8552号

当代大学生体育与健康多维度探究

责任编辑：肖　楠
项目统筹：康祎宁
责任印刷：冯志强

出版发行	中国戏剧出版社
出 版 人	樊国宾
社　　址	北京市西城区天宁寺前街2号国家音乐产业基地L座
邮　　编	100055
网　　址	www.theatrebook.cn
电　　话	010-63385980（总编室）　010-63381560（发行部）
传　　真	010-63381560

读者服务：010-63381560
邮购地址：北京市西城区天宁寺前街2号国家音乐产业基地L座

印　　刷	北京九州迅驰传媒文化有限公司
开　　本	787mm×1092mm　1/16
印　　张	16.25
字　　数	220千字
版　　次	2024年10月　北京第1版第1次印刷
书　　号	ISBN 978-7-104-05577-8
定　　价	98.00元

版权专有，违者必究；如有质量问题，请与出版社联系调换。

前　言

体育课程是寓身心和谐发展、思想品德教育、文化科学教育、生活与体育技能教育于身体活动并有机结合的教育过程。它以身体练习为主要手段，通过合理的体育教育和科学的身体锻炼，达到增强体质、增进健康和提高体育素养的目的。高等学校是为国家培养高素质专门人才的阵地，健康体魄是高素质人才的物质载体。

体育运动作为一项能够提高大学生体质、促进大学生身体健康发展的手段日益引起人们的重视。在大学里，体育担负着双重的任务，即在隶属教育大系统中，体育担负着教与育的任务。在具体实施过程中，向大学生传授知识、技术、技能，发展大学生的体能，增强大学生的体质与健康，并渗透思想品德教育，隶属体育大系统中，还担负着培养体育优秀人才的重担。

当代大学生体育与健康的发展为社会的发展、人类的文明与进步做出了新的贡献。因此，大学体育又隶属精神文明这个大系统中的一个子系统。本书即针对当代大学生体育与健康进行多方面的探究与分析。

全书共分为八章。第一章是体育与健康，该章主要介绍体育、健康以及体育锻炼对健康的影响。第二章是大学生的健康素养，该章包括大学生的基本体育知识和理念、健康生活方式与行为以及体育运动基本技能。第三章是大学生的身体素质和体质测试，该章包括介绍良好的身体素质、体质测试的项目与评分标准以及体质健康评价的身体指数作用。第四章是体医融合与大学生健康，该章对体医融合进行概述，并对体医融合与大学体育健康教育、体医融合与大学生健康管理进行了阐述。第五章是大学生体育运动的实践内容，主要包括田径运动、球类运动以及其他体育运动。第六章是大学生体育运动与安全，该章对体育运动的疲劳与消除、伤病防治以及医务监督进行分析。第七章是大学生体育文化与修养，主要内容包括校园体育文化发展与传播、大学生体育文化素养和体育文化现代化。第八章是终身体育的发展，主要内容包括终身体育的内涵、终身体育与学校体育、终身体育的实施等。

  本书在编写过程中，借鉴了很多相关的权威资料以及国内外专家、学者的研究成果，在此真诚地表示感谢！希望本书的出版可以促进体育理论图书方面的进步与发展。

唐旭
2023 年 12 月

目　录

第一章　体育与健康

第一节　体育的概述 ·· 001
第二节　健康的概述 ·· 002
第三节　体育锻炼对健康的影响 ·· 004

第二章　大学生的健康素养

第一节　大学生的基本体育知识和理念 ······································· 010
第二节　大学生的健康生活方式与行为 ······································· 019
第三节　大学生的体育运动基本技能 ·· 022

第三章　大学生的身体素质和体质测试

第一节　良好的身体素质 ·· 033
第二节　大学生体质测试的项目与评分标准 ································· 041
第三节　体质健康评价的身体指数作用 ······································· 056

第四章　体医融合与大学生健康

第一节　体医融合概述 ··· 059
第二节　体医融合与大学体育健康教育 ······································· 063
第三节　体医融合与大学生健康管理 ·· 070

第五章　大学生体育运动的实践内容

第一节　田径运动 ····· 075
第二节　球类运动 ····· 086
第三节　民族传统体育运动 ····· 121
第四节　体操类运动 ····· 146

第六章　大学生体育运动与安全

第一节　体育运动的疲劳与消除 ····· 165
第二节　体育运动的伤病防治 ····· 176
第三节　体育运动的医务监督 ····· 187

第七章　大学生体育文化与素养

第一节　校园体育文化发展与传播 ····· 195
第二节　大学生体育文化素养 ····· 209
第三节　体育文化现代化 ····· 218

第八章　终身体育的发展

第一节　终身体育的内涵 ····· 227
第二节　终身体育与学校体育 ····· 231
第三节　终身体育的实施 ····· 240

参考文献 ····· 250

第一章　体育与健康

体育运动对人们的身体、心理和行为健康，以及对一般生活技能、生存能力、独立性、竞争力和个人价值观的影响至关重要。本章分析和探讨了体育与健康的基础方面。

第一节　体育的概述

"体育"这一术语在含义上有一个演化过程，当它传入我国时，就是指身体的教育，是作为学校的一门课程，作为教育的一个组成部分出现的。在当时我国还很少有竞技运动和其他群众性的体育活动，以其狭义的含义来使用这一术语，还没有太大的矛盾，与国际上的理解也相一致。但中华人民共和国成立后，随着我国体育事业的发展，原来仅作为体育手段的竞技运动（sport）有了很大的发展，在内容、组织、制度等方面形成了独立的体系，并在社会生活中越来越显示出极其重要的地位，其社会职能和功能也都超出了原来"体育"（狭义）的范畴。再则随着人们生活水平的提高，为了健身和娱乐的身体锻炼和身体娱乐活动也越来越多地开展起来。在这种情况下，仍用一个狭义体育来代表外延已经扩大了的活动，已显不足。自中华人民共和国成立以来，在我国宪法和政府工作报告等许多有关文件中，都用"体育运动""群众体育""竞技体育"等名词作为次概念或第二位概念。因此，在我国"体育"一词就有了狭义和广义两种用法。用于狭义时一般指体育教育，用于广义时则和通常所说的体育运动相同，即包括体育教育、竞技运动和身体锻炼。这三者既有区别又互相联系，并逐渐发展成为一个与教育和文化相并列的新的体系。一方面，通过以发展身体为核心的教育过程，承担着人体完美发展、增强体质的重任，并与德育、智育、美育、劳动教育密切配合，以实现共同培养全面发展人才的任务；另一方面，通过以健身、健美、医疗、卫生为目标的身体锻炼，以及以创造优异运动成绩和提高运动技术水平为目标的竞技运动，达到人体自我完善，挖掘人体内在潜力，充分发挥其在物质文明建设和精神文明建设中的特殊作用。

综上所述，体育（广义的）亦称体育运动，包括体育教育、竞技运动和社会体育，是以身体练习为基本手段，以发展身体、强身祛病、提高运动技巧、娱乐身心为目的的社会活动的总和。它随着人类社会的发展而发展，受社会的生产力和生产关系、经济基础和上层建筑所制约，同时又对社会政治、经济、文化的发展有重要的促进作用。但必须指出的是，体育的概念并非固定不变的，随着社会的不断发展和人类需求进入高层次，人们对体育的认识还将会进一步深化。

广义体育的概念表明，体育教育、竞技运动和身体锻炼三个不同内容和范围的"体育"，其共同点是以身体运动为基本手段，全面发展身体和增强体质，都有教育、教学、竞赛、提高诸因素。但根据其目的、对象和社会施予的影响不同，目前普遍认为体育可由学校体育、竞技体育和社会体育三个主要部分组成。

第二节　健康的概述

联合国世界卫生组织在1948年成立时宣布，健康不仅是没有疾病或不虚弱，而且是一种完全的身体、精神和社会福祉。换言之，健康不仅是没有疾病或不虚弱，而且是一种身体、精神和社会完全健康的状态。1978年，世界初级保健大会通过的《阿拉木图宣言》赞同这一观点，并宣布健康是一项基本人权。如今，健康的概念得到了进一步发展，包括生理健康、心理健康、道德健康和良好的社会适应能力。

一、生理健康

生理健康，是指机体组织结构的完整性及其正常的生理功能。当前环境恶化的趋势令人担忧，因为许多因素显然仍在朝着不利于人类生存的方向发展。细菌和病毒感染对人类健康的威胁是全人类面临的一个严重问题。

二、心理健康

心理健康是生理健康的延伸。心理学家提出了以下三项评估原则，以确定心理功能是否正常：

（1）心理与环境的同一性：这意味着心理所表达的客观现实必须与外部环境在形式和内容上保持一致。

（2）心理和行为的完整性：是指一个人的认知、情感、意识、经验和心理行为是一个完整和连贯的整体，人的心理现象是整体性的。

（3）人格稳定性：在多年的生活中形成的、相对稳定的独特心理人格特征。

三、道德健康

德是一个民族的灵魂，可以简单地理解为理想人格和个性的自我发展，是社会文明发展的基础，是"人之所以为人"的标准和操守。全社会要坚决倡导"爱国守法、明礼诚信、团结友善、勤俭自强、艰苦奋斗"等基本道德规范，提高人们的道德素养，促进人的全面发展，培养一代又一代有理想、有道德、有文化、有纪律的社会主义公民。道德健康是一个人的"基本素养"，是提高公民文化修养和素质，使其思想、品质和个人行为更加理想的必要基础。据世界卫生组织全球健康观察站统计，肺结核、流感、肺炎、糖尿病、脑血管病、缺血性心脏病等常见疾病的死亡与道德和文化有着密不可分的关系。

道德文化水平越高，这些疾病患者的死亡率就越低。中国有句古语："君子坦荡荡，小人长戚戚。"道德健康的最高标准是"利他无私"，最基本的标准是"利己利他"，不健康的行为是"损人利己"或"损人不利己"，其后果显然是不健康的。

四、社会适应能力

社会适应主要是指适应自己在社会生活中的角色，包括工作角色、家庭角色以及在工作、家庭、学习、休闲和社会交往中的人际关系变化。良好的社会适应需要良好的生理、心理和道德健康、社会交往能力、工作技能、广泛的科学文化知识、在社会生活中扮演不同角色的能力、为社会做出创造性贡献的能力以及获得成就感和满足感。适应性健康是全民健康的最高境界。

社会适应对健康的影响是深远的，主要取决于社会环境因素，即社会为人们日常生活提供的衣、食、住、行等物质条件，以及社会制度、文化传统、经济发展等相关因素。因此，影响人们健康的主要因素包括饮食和饮食习惯、生活环境、卫生资源、婚姻状况、卫生习惯、生活方式和行为模式等。

第三节 体育锻炼对健康的影响

通过体育锻炼能使人对自然界的适应能力增强，抗御疾病的能力增强，使人体气血调和，百脉通畅，脏腑功能旺盛，肌肉丰满，关节灵活，能消除人的紧张情绪，发泄内心的冲动、烦闷和单调，提高人的自信心和责任感，满足人与人之间的交往和有益的需要，磨炼人的性格和意志。经常参加体育锻炼，能显著地放松人们紧张的精神状态，改善人的自我感觉，消除沮丧和失望情绪，从而使人体魄健全，壮实有力，精力旺盛，思维敏捷，动作自如，反应灵敏，精神愉悦，情绪舒畅，又能防止和减缓衰老的进程，减少疾病，促进健康和长寿。

古今中外，重视平时的体育锻炼而明显促进身体健康的事例，不胜枚举。例如，我国古代著名的医药学家孙思邈，活到一百多岁身体仍然十分健壮，并能著书立说。其根本原因在于他数十年如一日地坚持打拳、按摩和气功。又如，美国著名科学家、发明家富兰克林，在青少年时期就经常进行游泳、划船或体操等体育锻炼，他八十多岁时，仍身体健壮，精力旺盛地在为人类科学事业深入研究。

一、体育锻炼对生理健康的影响

人体是由神经系统、循环系统、呼吸系统、运动系统、消化系统、排泄系统、内分泌系统和感觉器官等组成。体育活动亦是人体各器官系统协调配合所完成的。同时，体育锻炼又可以对各器官系统的活动产生良好的影响。

（一）体育锻炼对运动系统的影响

1. 体育锻炼对骨头的良好影响

人体长期从事体育锻炼，通过改善骨的血液循环，加强骨的新陈代谢。使骨径增粗，肌质增厚，骨质的排列规则、整齐，并随着骨形态结构的良好变化，骨的抗折、抗弯、抗压缩等方面的能力有较大提高。

2. 体育锻炼对关节的影响

体育锻炼可以增加关节面软骨和骨密度的厚度，并可使关节周围的肌肉发达、力量增强、关节囊和韧带增厚，因而可加强关节的稳固性。

3. 体育锻炼对肌肉的影响

体育锻炼对肌肉产生的影响表现在三个方面：肌肉体积增加、肌肉力量增加和肌肉弹性增加。

（二）体育锻炼对心血管系统的影响

1. 窦性心动徐缓

体育锻炼，特别是长时间小强度体育活动可使人体安静时心率减慢，这种现象称为窦性心动徐缓。窦性心动徐缓现象被认为是机体对体育锻炼的适应，可使心脏有更长的休息期，以减少心肌疲劳。

2. 每搏输出量增加

经常参加体育锻炼的人或运动员无论是在安静还是在运动状态下，每搏输出量均比一般人高。特别是在运动状态下，每搏输出量的增加就更为明显，这种变化使人体在体育锻炼时有较大的心输出量，以满足肌体代谢的需要。

（三）体育锻炼对血液循环的影响

1. 血液的组成

血液是存在于心血管系统内的流动组织，包括细胞和液体两部分。细胞部分是指血液的有形成分，总称为血细胞。液体部分称为血浆。人体内的血液总量占体重的7%~8%，在正常情况下，每千克体重的血量，男性多于女性，幼儿多于成年人。

2. 体育锻炼对血液系统的良好影响

（1）体育锻炼对红细胞数量的影响。体育锻炼时红细胞数量可产生良好的作用，主要表现在可使红细胞偏低的人红细胞数量增加。

（2）体育锻炼对白细胞数量和免疫机能的影响。体育锻炼能否提高机体的抗疾病能力主要与白细胞的数量及免疫蛋白含量有关。

（四）体育锻炼对呼吸系统的影响

1. 肺活量增加

肺活量是青少年儿童生长发育和健康水平的重要指标。经常参加体育锻炼，特别是做一些伸展扩胸运动，可使呼吸肌力量增强，胸廓扩大，有利于肺组织的生长发育和肺的扩张，增加肺活量。另外，体育锻炼时，经常性的深呼吸运动，也可促进肺活量的增加。大量实验证实，经常参加体育锻炼的人，肺活量值高于一般人。

2. 肺通气量增加

由于体育锻炼加强了呼吸力量，可使呼吸深度增加，以有效地增加肺的通气效率，因为在体育锻炼时，如果过快地增加呼吸频率，会使气体往返于呼吸道，使进入肺内的气体量反而减少。适当地增加呼吸频率，从而使运动时的肺通气量大大增加。研究表明，一般人在运动时肺通气量能增加到60升/分钟左右，有体育锻炼习惯的人运动时肺通气量可达 100 升 / 分钟以上。

3. 氧利用能力增加

体育锻炼不仅可以提高肺的通气能力，更重要的是可以提高机体利用氧的能力。一般人在进行体育活动时只能利用其氧最大摄入量的 60% 左右，而经过体育锻炼后可以使这种能力大大提高，体育活动时，即使氧气的需要大大增加，也能满足机体的需要，而不致使机体过分缺氧。

二、体育对心理健康的影响

（一）改善情绪状态

不良情绪是导致生理和心理不健康的重要因素之一，而体育锻炼能直接给人们带来愉快和喜悦，并能降低紧张和不安，从而控制人的情绪，改善心理健康状况。其中，跑步可以显著地改善紧张、困惑、焦虑、愤怒和抑郁等不良情绪状态，长期有规律的中等强度的体育锻炼有助于情绪的改善和心理承受能力增强。

（二）培养坚强意志和良好的适应能力

积极进取、勇于拼搏的竞争精神，是社会发展的动力，是事业取得成功的必备素质之一，体育锻炼作为一种具有丰富强烈的情绪体验的活动，是帮助大学生克服困难，培养坚强意志、获得奋发进取精神的有效手段。通过体育竞赛使学生增强自信，自我激励，争取不断地超越他人，超越自我，获得奋发向上的积极情绪体验，体育竞赛永远伴随成功与失败，它可以增强学生承受挫折与失败、克服困难的能力以及培养不屈不挠的良好意志品质。体育竞赛有着严格的纪律与规则要求，学生必须按照规则进行比赛，不仅有利于培养学生的纪律性与自制力，还可以帮助学生妥善控制自己的情绪。

室外环境下进行体育锻炼，风吹日晒，尤其在炎热的夏天和寒冷的冬天，参与者必须具备顽强的毅力、克服困难的决心和吃苦耐劳的精神，还必须具有适应各种恶劣环境的健康体格。体育锻炼有利于提高学生对外界环境的适应能力。

（三）培养学生的自信心

自信心是一种最为可贵的品质，它能使人们在挫折中崛起。纵观古今中外，在事业上有成就者，大多是非常自信的。自信心是超越自我的内在动因，是人们走向成功的基石。体育竞赛不仅是对手之间的体能、技能和智慧的较量，也是对每个学生心理素质、意志品质的考验。在取得体育比赛胜利之后，每个人都会有一种获得成功的情感体验，正是这种体验，使学生产生自信心；即使比赛失败，在经过找差距、找方法、勤学苦练之后取得成功，获得的自信心会更加坚定。

（四）提高智能

长时间地进行脑力劳动后，进行体育锻炼有益于呼吸、血液循环和神经细胞兴奋与抑制的交替，更有助于学生的注意力、记忆力、想象力、思维分析能力等心智能力的健康发展，并使其情绪稳定，性格开朗，疲劳感下降等，这些非智力成分对人的智力发展具有促进作用。

（五）正确对待挫折

体育锻炼中的挫折随处可见，只要比赛就会有输赢，有胜利就会有失败。挫折、失败并不都是坏事，它给人以打击，给人带来损失和痛苦，但也能促进人的思考和奋起，使人变得更坚强，它能打破主观唯心的认识和人们盲目追求完美的幻想，运动竞赛的失利、体育运动的失误往往给学生心理留下印记，产生情绪反应。然而挫折既已发生，应该勇敢面对它、适应它，摆脱挫折阴影的纠缠，在反复经历了体育锻炼中各种挫折的磨炼后，心理承受力会不断提高。只有正视现实，激发迎接挑战、战胜挫折的内在动力，才能摆脱危机，继续前进。

三、体育锻炼对道德健康的影响

道德健康是人的一种"本质力量"，由思想品德和人格自我完善两部分构成。通常认为，思想品德是一种社会意识形态，它一般以善与恶，正义与邪恶，真诚与虚伪等概念来评价人的各种行为，调整人与人之间以及个人与社会之间的关系。人格则是反映人基本的稳定心理结构的特质和过程，融合个体的经验，并形成个体特有的行为与对周围环境的反应。严格地讲，思想品德作为完善人格的基础，是决定精神健康的重要内容；而人格自我完善的过程，就是不断提高自身的文化修养水平，使个体思想、品质与行为趋于理想化的过程。据世界卫生组织监测发现，大部分疾病的死亡率，与道德、文化修养有着千丝万缕的联系。道德文化水平越高，患这些疾病的死亡率越低。

奥林匹克之父——顾拜旦曾饱含激情地对体育做了赞颂，同时，他也对体育的功能进行了全面的阐述，其中一个特殊功能就是通过体育锻炼能增进道德健康。现代体育的发展进一步证实了前人的观点。体育在健美身体的同时，也在塑造和谐的心灵和精神。在体育活动中，提倡公正、守法、民主、平等、竞争、团结、协作、友谊、谦虚、诚实等道德观念,参加者必须遵守这些道德观念。这些道德观念也是人在社会活动中必须遵守的道德观念。由此可见,在培养道德情操方面,体育活动具有其他活动所不具备的得天独厚的条件。

(一)体育锻炼培养公德意识

在体育活动时,必须遵守各运动项目的规则,规则就是竞技场上的法律。无论是大牌球星,还是无名小卒,在规则面前人人平等。体育活动真正体现了公平、公正,参加体育锻炼的人都要受到规则的约束,就能比其他人更亲身感受到法律对自身的约束,这样更有利于其养成遵守法律和社会公德的习惯。

(二)体育锻炼培养文明礼仪

在体育比赛中,经常可以看到比赛前后双方的教练员和队员互相致以问候、握手、敬礼等,并对观众、裁判员致意等场面,这是体育比赛特有的礼仪,这些礼仪,无论是日本、韩国的鞠躬礼(柔道、跆拳道、空手道)、中国的抱拳礼仪(武术)、法国骑士的举剑礼仪(击剑),还是西方式的握手拥抱,都充分显示了人类的文明。经常参加体育锻炼的人,不仅在锻炼过程中提高了身体素质,更重要的是可以体会到在其他活动中很少体会到的文明礼仪,因而,也有利于养成良好的文明举止。

(三)体育锻炼培养协作精神和团队意识

作为社会的一员,人需要与他人交流。一个人的力量很小,集体的力量却很大,一个人必须与他人交流,与他人团结协作,使自己融入集体、融入社会,才能使自己的聪明才智得到充分的发挥。因此,当今社会特别强调协作精神和团队意识,参加体育锻炼正是培养协作精神和团队意识的最好途径。体育比赛都是在详细的计划下、周全的策略中进行,作为一名参与者,不仅要承担比赛中的任务,还要与同伴或队友团结一致,齐心协力,这样才能充分发挥每个人的特长,从而获得胜利。在集体项目中,这一点表现得尤为突出。无数的事实告诉我们:树立起团队精神的运动队将是无坚不摧的;如果没有团队精神,即使由再好的运动员组成的运动队也是一盘散沙。即使是在个人项目中运动员也不是个人的单打独斗,而要与教练、领队、医生相互配合、相互协作。训练时制订切实可行的训练计划,使自己的成绩不断有所突破,在比赛时制定相应的战术才能战胜对手。

(四)体育锻炼培养责任感

在体育比赛中,可以看到任何一个优秀的运动员都表现出一种不向困难低头的意志品质，他们直面困难，勇于承担责任，表现出强烈的进取心和责任感。当国歌响起、国旗徐徐升起时，无论运动员还是观众此刻都将自己和国家的荣辱紧密地联系在一起，油然而生一种强烈的责任感。经常参加体育锻炼，可以从中体会到"祖国在我心中"的那种祖国荣辱重于一切的强烈的责任心，更有利于摆正个人、集体、社会、国家的利益关系。

四、体育锻炼提高人适应社会的能力

在现代社会中，人类一方面改造环境，使之符合人们的要求；另一方面改造我们自己，去适应社会的要求。若想很好地适应社会，仅有健康的体魄、健全的心理是不够的，体育锻炼以其特有的优势，使人的个性得以形成并完善，成为提高人们适应社会能力的有效方法之一。

体育锻炼对大学生适应社会能力的提高，主要表现在以下几个方面：

（1）有助于学习和规范社会行为。体育是一种特殊的社会文化活动，在这特殊的领域中，人们制定了明确而又细致的各种行为规范，如比赛规则、运动守则、比赛规程等，并有公正的仲裁、裁判等制度。由于这些体育活动可在专业人员的指导下反复进行，这就使大学生在体育活动中学习了社会的行为规范准则，有助于大学生学习和理解其他的规范行为。

（2）有助于培养良好的团队协作的精神以及改善人际关系。在体育锻炼中，有许多的团体项目，如篮球、排球、足球等运动早已广泛普及在大学生的生活中。在大学生们投身于这些运动强身健体的同时，也学会了如何处理个人与集体的关系，学会了如何与他人沟通合作以及如何融入集体中，并让大学生们加强了个人的组织性和纪律性。同时还能使他们相互之间产生亲切感，从而改善了人际关系，变得友好和谐。

（3）有助于适应不同的社会角色。大学生要想成为一名符合社会要求的成功人士，就必须学会如何适应社会角色。各种体育活动则有机会让大学生体验各种不同的角色，明白在不同的岗位上"要做什么，要怎么做"的社会意义，为他们走向社会打下良好的基础。

总而言之，体育锻炼对一个人的影响是多方面的，尤其是在提高人的社会适应能力方面起到举足轻重的作用。

第二章 大学生的健康素养

健康是一切社会活动的中心。保持身体健康，最重要的是注重科学学习和健康生活方式，并将两者有机结合起来，使自己的身心处于最佳状态。本章主要介绍大学生的基本体育知识和理念、健康的生活方式与行为以及体育运动基本技能。

第一节 大学生的基本体育知识和理念

体育是人类社会一种特有的文化现象，历史源远流长。原始社会时期，体育表现为人类为了生存而与自然界进行的各种斗争；现在，体育已经成为人们锻炼身体、增强体质、娱乐身心的一种手段。体育被赋予了更多的人文主义色彩，其内容也得到了极大的充实。

随着体育事业的发展，作为祖国未来的大学生更应该掌握体育健康知识，养成终身体育锻炼的好习惯。

一、体育的功能

从性质上看，体育是社会文化的组成部分。体育是一个有机的整体，一个多功能、多目标的系统。体育的功能主要包括健身功能、文化功能、娱乐功能、教育功能、经济功能和政治功能。

（一）健身功能

所谓"健身"就是健全体魄，增强体质。在进行体育活动时，通过身体运动锻炼的多次重复过程，可以对各器官系统起到一定强度和量的刺激，使身体在形态结构、生理机能和生化等方面发生一系列的适应反应，达到促进身体健康发展和增强体质的目的。

适当的体育活动，可以促进大脑兴奋，提高大脑分析、综合能力，可以促进机体的生长发育，促进骨骼变粗、骨密质增厚，抗弯、抗折、抗压力增强，可以增加肌肉的能量储备，提高体力，可以促进人体内脏器官构造的改善和功能的提高，能增强人体免疫力，提高对疾病的抵抗能力。体育锻炼还可以增强人的意志，催人奋进，培养集体观念，协调人际关系，从而促进心理调节能力的提高，有利于排解各种不健康的心理因素，使个体在环境的和谐统一中感到欢快和轻松，实现精神健康。

（二）文化功能

体育本身就是社会的一种文化现象，体育文化是现代文明的标志之一，主要从媒体传播、体育服饰、体育竞技、民间体育、体育表演、体育设施等方面反映一个国家的文明程度。体育还是一种高雅的文化生活，它与欣赏音乐、舞蹈、艺术、文学有着不解之缘，是人类文明与智慧的结晶。

（三）娱乐功能

体育本身具有游戏性、艺术性、惊险性、默契性等特征，人们结合自己的兴趣，参加一些个人喜爱和擅长的体育运动项目，可以起到调节心理，松弛神经、丰富文化生活和愉悦身心的作用。在完成各种练习的体验中，可以提高自信心和自豪感，提升与同伴的默契，增进相互之间的理解。胜利后的狂喜，也会给人带来巨大的心理陶醉。在欣赏体育运动时，运动员所表现出的高超技艺，使人赏心悦目，心旷神怡，赛场上起伏跌宕的戏剧性，稍纵即逝的机遇性，激烈的对抗性，胜败的悬念性，音乐、色彩及力与美的协调性，会给人们带来精神上的巨大愉悦，使人们在和谐的氛围中获得精神快感，情绪得到释放，情感得到净化。

（四）教育功能

在国际体育比赛中，每当有我国运动员获得冠军，赛场上响起我国国歌，升起我国国旗时，都会激发起全民族的爱国热情。

实施素质教育，全面贯彻党的教育方针，即以提高国民素质为根本宗旨，以培养学生的创造精神和实战能力为重点，以注重形成人的个性为目的的教育。通过体育活动，不仅能有效地培养人的体育素质，发展人的个性，培养竞争意识，而且有助于基本素质的提高和培养，使人们树立"终身体育"的思想。

(五)经济功能

在国际体育运动中，体育的经济目的已成为最大特点之一。大大小小的赛事，尤其是奥运会，可以给各个举办国带来巨大的商机。

除了极具魅力的体育产业外，由于我国老百姓对健康的关心，使各种各样的体育消费大踏步地走向生活、进入家庭，群众性的体育锻炼和休闲体育的市场展现出不可估量的庞大需求。体育服装、体育广告、体育器材、食品、旅游等综合服务获得了十分可观的经济收入。社会体育消费、体育用品、练习器材、场地设施等产品的极大发展，创造了更多的经济价值。进入21世纪，体育产业有力地推动了我国经济继续增长，促进了我国改革开放和经济事业的发展。

(六)政治功能

体育作为人类的一项文化活动，不是一种孤立的社会现象，而总是同一定社会的政治、经济、文化相互联系，又相互影响的。竞技体育，特别是奥林匹克体育运动，更是从一开始就同政治结缘。

作为国力强弱的标志之一，竞技比赛的成绩直接影响国家的声望和威信。竞技比赛，特别是奥运会等大型国际竞赛，对世界各地影响的广度和深度，是其他任何活动都无法比拟的，比赛胜负直接关系到国家的荣誉。作为强大的精神动力之一，重大竞技比赛的胜利可满足民族自尊心，增强自豪感，激发起巨大的爱国热情。在2008年北京奥运会上，中华健儿一鼓作气，勇夺51枚金牌，实现了历史性的突破。国人沸腾，海外华侨欢呼雀跃，海内外掀起了巨大的爱国浪潮。作为社会感情的调节要素之一，体育可以欢娱身心、稳定情绪，从而有助于社会的安定与团结；作为增进友谊的桥梁之一，体育能够促进各国人民之间的相互了解，在特定情况下还可以提供灵活的外交场合和机遇。在国际比赛中，作为人民使者的各国运动员，通过场上交流和场下的广泛接触，可展示各国人民的风采，加深与他国选手的友谊。竞技比赛可以使任何国家，甚至政治上有隔阂乃至敌对国家的运动员走到一起，同场竞技。与此同时，双方的官员也要进行必要的接触。在特定情况下，往往取得意想不到的重大的外交突破。

二、体育运动的基本原则

体育应该是一个确有实效，而又能不断提高的实践活动；体育锻炼则应是人们所进行的、有效的、合理的身体活动。要使这种身体活动有效和合理，就必须遵循一定的依据，这种依据就是所谓的体育锻炼的原则。

体育锻炼原则是体育锻炼客观规律的反映，也是参与者制订锻炼计划、选择锻炼内容、运用锻炼方法必须遵循的基本准则，它包括以下几个方面：

（一）主动性原则

主动性，是指体育锻炼者有明确的健身目标，充分认识体育锻炼的价值，积极主动地进行体育锻炼活动。在体育锻炼过程中，锻炼者要深刻地认识到参加体育锻炼的目的，要自觉自我地进行锻炼。

体育锻炼是一个自我锻炼、自我完善，并需要克服自身的惰性，战胜各种困难的过程。同时，还要有一定的作息制度作为保证，把体育锻炼当作生活中不可缺少的一部分，才能奏效。要明确"生命在于运动"的科学道理，树立正确的锻炼目的，把体育锻炼当作日常生活和学习的自觉需要，激发锻炼的主动性，从而调动锻炼的积极性，做到身心融为一体。

（二）经常性原则

经常性，是指体育锻炼必须持之以恒地经常进行，使之成为日常生活中的重要内容。体育锻炼对人体给予刺激，每次刺激都产生一定的作用，加快体内物质的合成，从而使机体内部的物质得到补充、增加和积累。连续不断地刺激才能产生作用并积累，这种积累使机体结构和机能产生新的适应，这样体质才会不断增强，动作技能形成的条件反射也会不断得到强化，而只靠少数几次的强化刺激是达不到要求的。若前次锻炼的效果已经消退，就丧失了对后一次锻炼的积累所产生的积极影响，因此必须持之以恒地进行体育锻炼。

如何才能持之以恒地进行体育锻炼？

首先，根据个人能力所及，确立一个能够在现阶段实现的体育锻炼目标（不宜太高），制订一个切实可行的锻炼计划。

其次，加强体育锻炼意识，坚持把体育锻炼作为日常生活内容，保证有一定的体育锻炼时间，逐步养成习惯，使体育锻炼成为生活的重要组成部分。体育锻炼的效果并非一劳永逸，如果锻炼间隔的时间过长，效果就会不明显，但也并不是一定要天天进行，可根据身体适应程度，运动负荷的能力和锻炼的形式不同而不同，一般以每周不少于2～4次为宜。

（三）全面性原则

体育锻炼应全面发展身体的各个部位、各器官系统的机能，提高各种身体素质和基本活动能力，并且追求身心的和谐发展。人体是一个整体，各器官系统是相互影响相互制约的。任何局部机能的提高，必然促进机体其他部位机能的改善，当某一运动素质得到发展时，其他运动素质也会不同程度地有所发展，某一方面的锻炼与发展，也会对其他方面产生积极的影响。如果体育锻炼的内容和方法单一，会给锻炼带来很大的局限性，机体不能获得良好的整体效应。因此，在选择体育锻炼的内容和方法时要做到全面发展。

（四）循序性原则

循序性，是指体育锻炼必须遵循人体自然发展、机体适应的基本规律，从不同的主客观实际出发，合理安排运动负荷，在循序渐进的基础上提高锻炼水平。在体育锻炼过程中，运动负荷的大小直接影响人体机能的变化，负荷是否合适，对锻炼效果的好坏都有很大的影响。运动负荷的大小因人、因时而异。即便是同一个人，在不同的机能状态、不同的时间，人体对负荷的承受能力也不尽相同。因此，进行体育锻炼时应循序渐进，随时调整运动负荷，逐步提高锻炼水平。

（五）适量性原则

适量性，是指体育锻炼要有恰当的生理负荷。适量是相对的，是在渐进的基础上有节奏地进行。锻炼效果的大小很大程度上取决于运动刺激的强度，弱的刺激不能引起机体功能的变化，过强的刺激有害于健康。只有适宜的强度，才有利于能量的消耗和恢复。因此，锻炼时要根据自身的年龄特征、环境情况、营养、兴趣等综合因素来安排运动量和运动时间，使锻炼更有针对性。

（六）个体性原则

进行体育锻炼应根据个人的实际情况，确定锻炼的内容和方法。由于性别、年龄、体质和健康状况等的差异，体育锻炼要从自己的实际出发，并结合自己工作、学习、生活等的实际情况，有目的、有计划地选择适合自身的运动项目、练习方法，合理安排锻炼时间和运动量，这样体育锻炼才能达到最大的效果。

上述各条原则相互联系，在实际运用中不可顾此失彼，争取达到最佳锻炼效果。

三、体育运动的基本方法

想要通过体育锻炼提高身体素质，就必须采用一定的方法，不同的练习方法，对身体器官的结构、身体素质的影响也有差别。合理运用各种方法，有利于人体各个器官功能和身体素质的提高，有利于提高锻炼者的兴趣，加速疲劳的消除和节省体力。

（一）反复训练法

反复法，是指在不改变动作结构和运动负荷的前提下，根据完成的基本要求进行重复练习的方法。由于重复练习是对同一动作的多次重复，这有利于对技术动作的掌握和熟练，同时由于多次重复，可使机体生理负荷达到较高程度，可提高身体素质及各器官机能水平，是掌握技术、提高身体素质的重要手段。

（二）间歇训练法

间歇法，是指严格规定各次练习的内容、强度及每次锻炼和休息时间相互间歇的方法。

由于间歇法对练习的强度和间歇的时间有严格的规定，往往是身体各器官还没有完全恢复就开始下一组的练习，因此对机体的要求高，能有效地提高身体各个器官系统的功能，增强身体素质。

（三）持续训练法

持续训练法，是指强度较低、运动时间比较长的练习方法，主要用于发展有氧代谢能力。由于机体各个器官功能惰性较大，大约在运动后3分钟才能发挥最高机能水平。因此为发展有氧代谢能力，练习持续时间应在5分钟以上，甚至可持续练习20~30分钟。

（四）循环训练法

循环训练法由数个不同内容的联系点组成，练习者按规定的时间在各个点上完成一定的练习，一个点上的练习一经完成，练习者就迅速移到下一个点，练习者完成了各个点上的练习，才算完成了一个循环。

这种训练方法对锻炼者的技术要求并不高，但简单实用，效果明显，能充分利用时间加大锻炼者的运动量和训练密度，对锻炼者的身体素质及各项基本活动能力都有良好的作用。此外，由于内容的多样及变换，也有助于提高锻炼者的兴趣。

四、体育活动应注意的几个问题

（一）体育活动要因人而异，合理锻炼

锻炼身体的方法很多，仅以广泛开展的运动项目来看，就有田径、游泳、体操、球

类、举重、武术等；仅从一种田径项目来说，又可分为短跑、中跑、长跑、跳高、跳远、推铅球、掷手榴弹等。可以概括地分为竞技项目和一般健身项目两大类。

体育项目这么多，应该怎样选择呢？

我们锻炼身体的目的，是把身体练得结实健壮。因此，在选择锻炼项目时，就应该从这个目的出发，不能单凭个人的爱好和兴趣。当然，锻炼时要注意掌握循序渐进和因人制宜的原则。

另外，要使身体得到较全面的发展，采用多种多样的项目进行锻炼是必要的。每个人要根据自己的具体条件选择项目，开始时可以从一两个项目入手。必须有恒心，待有相当基础时，再由简到繁，由易到难逐步增加锻炼项目。

在进行锻炼时，应当注意因人制宜、因时制宜、因地制宜。所谓因人制宜，即应当根据自己的健康状况、年龄、性别、工作特点等来安排锻炼的时间和进度。所谓因时、因地制宜，就是在进行体育锻炼时要考虑到季节、地区、自然环境等因素。一般来说，在锻炼开始阶段应该从一些最简单和轻缓的动作着手练习。运动量和运动强度要逐渐增加，但运动量也不能太小，否则，就达不到锻炼的效果。在每次锻炼后都要使自己感到有一点累，逐渐积累经验来掌握适宜的运动量。

此外，还应注意采用多种多样的运动项目来进行锻炼。特别是青少年，正处在长身体时期，想使身体得到全面发展，打好基础是很重要的。

（二）体育锻炼前要做的准备活动

锻炼或比赛之前进行一些准备活动，目的是使人体能够有准备地从安静状态逐步过渡到运动状态。准备活动做得是否适当，对锻炼、比赛的效果有很大影响。

在进行剧烈的运动或比赛时，运动器官能很快地从安静状态过渡到剧烈的运动状态。这时，人体能量消耗骤然增加，对氧气及其他能源物质的需要量也突然增加了，代谢产生的废物也需要及时排除，这就要求心脏、肺脏等内脏器官加倍地工作来满足运动时的需要。但是，由于内脏机能惰性较大，在运动一开始，运动机能和内脏机能之间就出现了矛盾，不相适应。只有内脏机能的惰性逐渐得到克服以后，人体的运动能力才能得到充分发挥。

如果在正式练习或比赛前，先做一些准备活动，内脏机能的惰性预先有所克服，就可以给正式训练或比赛创造有利条件。

另外，准备活动在普遍提高中枢神经系统兴奋的前提下，还能提高全身的物质代谢水平，加强肌肉韧带的柔韧性和弹性以及肌肉的黏滞性，因此，对预防运动外伤也有重要作用。

每次准备活动，大致分为两个部分：第一部分是一般性的，第二部分是专门性的。一般性的准备活动，首先调节好人体神经系统的活动，并使人体各器官系统的工作能力提高，这样就可保证在正式运动时充分发挥人体的工作效率。

为了更好地提高锻炼效果和运动成绩，不同的运动项目有不同的专门性准备活动。这是为了在人体的最高指挥部——大脑皮层中产生对某一项运动所特有的合适的兴奋，以便集中力量指挥各个器官的活动。由于专门性准备活动是针对专项运动的特点，因此其内容和要求也就各不相同。

一般性的准备活动包括走、跑、跳、徒手操等。在专门性准备活动中，应该按照锻炼或比赛的项目来选择。例如，今天要掷标枪，就应多做一些上肢、腰和背的活动；如果要参加跳高，就应做腹背运动、两腿屈伸、助跑起跳和试跳等活动；若参加赛跑，就应多做些两臂摆动、原地跑、起跑和快速跑等。

准备活动量的大小和时间长短，是因时、因地、因人而异的。在具体安排准备活动时，应按照以下几点进行准备：

（1）时间。一般以20分钟左右为宜，但在冬季应稍长些，约25分钟；在夏季可短些，约15分钟。

（2）强度。以全身发暖，微微出汗为准，当然在夏季出汗多些，在冬季出汗就少些；脉搏、血压比安静时增高，比运动后稍低些较为适宜。

（3）性质。将一般性和专门性准备活动结合起来做比较适宜。

（4）要注意自我感觉。准备活动要做到身体发热、出汗、四肢关节灵活。身体轻松、有力，使专项运动的机能灵活运用。

（5）准备运动与正式锻炼或比赛之间间隔不可过长。如果间隔时间太长则准备活动的效果就丧失了，这时再开始运动便会出现和没做准备活动时同样的缺点。但是，准备活动不是千篇一律的，应该因情况不同而异。准备活动适宜与否，不能做硬性规定，应以主观感觉为主。

五、体育运动的疲劳与恢复

（一）运动后能量物质的恢复

运动时体内代谢过程加强，以不断满足运动时能源的需要；运动中及运动停止后，人体会有疲劳感，能量物质需要不断进行补充与恢复，能量物质的恢复过程大致分为三个阶段。

第一阶段是运动进行当中，恢复过程就已开始。这时机体进行运动消耗的同时也进行能量物质的恢复补充。但由于锻炼中消耗太多，此时的恢复跟不上消耗的量，因此能量物质储备逐渐下降。

第二阶段是运动结束后，此时体内能量物质消耗逐渐减少，而恢复过程却不断加强，锻炼中消耗的能量物质不断得到补充，直至补充到锻炼前的水平。

第三阶段是超级恢复阶段，能量物质恢复到原水平时并未停止，而是继续恢复补充。

在一段时间中，能量物质的恢复可超过原来储备的水平，比运动前能量物质的储备量还要多，称超量恢复。过一段时间后能量物质的储备又回到原来水平。如果经常进行体育锻炼，体内能量物质不断消耗，而恢复能达到更高程度，就能不断增强体质。

（二）运动后有机体的超量恢复

人体在运动中承受了超量负荷，身体内各种能量物质逐渐消耗，在运动后不仅可以恢复到原有水平，而且会超过原来的水平，这种现象叫作"超量恢复"。超量恢复的程度和运动负荷的大小有关，据国内外学者研究证明：在一定范围内运动负荷越大，能量物质消耗越多，超量恢复就越明显。只有肌肉运动达到一定程度的负荷即承受了超量负荷后并经过足够的休息和营养补充后，超量恢复才会产生。超量恢复出现的早晚，与运动量大小、疲劳程度以及营养供给有关，在身体锻炼中，运用人体超量恢复的规律来指导身体锻炼应注意以下三种情况：

（1）一次身体锻炼时间较短且运动强度不大，不会引起机体较大的反应，超量恢复不显著。

（2）重复进行身体锻炼的间歇时间要掌握好，如果间歇时间过短，且身体又长期处于疲劳状态，对健康是不利的。另外，应正确确定两次练习之间的间歇，一般是采用测心率的方法来控制。例如，练习后的心率达到140~170次/分钟，间歇时待心率恢复到100~120次/分钟再进行下一次练习较为合适。

（3）要根据各自的身体条件、年龄和锻炼基础合理地安排运动量和锻炼持续时间，既能引起机体超量恢复，又不会超过机体适应的界限。

（三）运动后的营养补充

1. 糖类的补充

肝糖是运动时的主要能量来源之一，存在于肌肉和肝脏中。肌肉中的肝糖只能供给肌肉细胞使用，而肝脏中的肝糖可以葡萄糖的形式释放到血液中，供给肌肉以及身体其他器官所用。

研究显示，在运动后的2小时内，身体合成肝糖的效率最高，2小时后则恢复到平常的水准。因此，如果在运动后迅速补充糖类，就可以利用这段自然的高效率时段迅速地补充体内消耗的肝糖。如果下次运动是在 10~12 小时后，这段高效率期间特别重要，因为错过这个时段，即使在后续的时间吃进了足够的糖类，身体可能没有足够的时间完全补充消耗这些肝糖，这就使体内的肝糖存量一次比一次降低，越来越容易疲劳。若是下一次运动在 24~48 小时之后，即使错过这段时间，接下来只要着重于摄取高糖类的食物，仍然有足够的时间补充所有消耗掉的肝糖。

建议在运动后 15~30 分钟进食 50~100 克的糖类（大约是每千克体重需要补充 1 克糖类），然后每两小时再吃 50~100 克糖类。正餐以及其他运动期间饮食也应该以富含糖类的食物为主。

2.肌肉和组织的恢复

即使是没有身体接触的运动，也会造成肌肉纤维和结缔组织的伤害。身体接触性的运动，如篮球、足球等会造成更多的肌肉伤害。运动后迅速地补充蛋白质，有助于修复受伤的肌肉和组织，受伤的肌肉合成和储存肝糖的效率也会提高。因此，身体接触性运动或是比赛后受伤的运动员需要补充更多的糖类，也更需要把握运动后 2 小时后那段高效率的恢复期间有效地补充体内消耗掉的肝糖。

第二节　大学生的健康生活方式与行为

健康的生活方式主要包括有规律地生活、健康的生活习惯、体育锻炼行为习惯、定期体检、及时消除疲劳保持心情舒畅和良好心态等。

一、有规律地生活

有序生活的关键：明确的目标、科学的规划、适度的节奏。明确的目标是以主观和客观的能力为基础，以可变的方式逐步制定要完成的目标和任务；科学的规划是制定实现目标所必需的手段、方法、程序、过程和突发事件；适度的节奏是发展个人的生理、心理和社会素质。就环境而言，即制定和实施适当的作息时间表和通常的课程表，使机体自动适应其最佳状态。适度的节奏是指定期制定和实施适当的作息时间表和课程，使机体能够自动适应其最佳状态，这与个人的生理和心理素质以及社会环境有关。

生活节奏应注意两个方面：一是工作与休息的节奏，二是脑力劳动与体力活动的节奏。大学生往往忽视休息，如果不注意休息，不注意人体的恢复和再生，不仅工作效率低,而且容易生病。工作和学习一两个小时后应短暂休息,四五个小时后应较长时间休息,每天工作和学习不应超过12~16个小时。脑力劳动和体力劳动应交替进行。对于从事脑力劳动的人,建议每天进行2~4小时的体育锻炼,可分为两次进行。

二、健康的生活习惯

(一)良好的生活习惯

良好的生活习惯对健康的生活方式非常重要。良好的生活习惯包括以下几个方面:

(1)卫生。饭前便后洗手,定期清洗内衣和床上用品,衣着得体,使用湿纸巾和专用纸巾,清洁眼睛和鼻孔,不要用尖锐物品抓耳挠腮,睡前洗脸洗脚,清洁肛门和外阴,不在公共场所使用眼镜或餐具。在公共场所尽量保持清洁;不要乱扔抹布或纸巾;不要随地大小便或溅到他人身上。

(2)行为。严禁吸烟、酗酒、吸毒、嗑药、过量饮酒、赌博、粗心大意、鲁莽行事、粗鲁无礼和违反道路交通安全规则。

(3)生活安排。早睡早起,劳逸结合,保证充足的休息和睡眠,不要睡得太多,不要让大脑负担过重,不要看太久电视,白天不要工作或学习时间太长,不要请太多的假。

(二)合理的饮食习惯

1. 营养均衡

一日三餐,包括米饭、面食和菜肴,都应保证足够的质量和数量,最大限度地发挥每种食物所含的营养成分。平衡膳食不仅要包括含有足够热量和各种营养素的食物,以满足人体的正常生理需要,还要促进营养素的吸收和利用,达到平衡膳食的目的。在选择平衡膳食时应注意以下原则:

(1)足够的热量。热量需求因人而异。吃得太多可能导致肥胖,吃得太少可能导致能量不足:青少年每天需要的热量,女孩约为2400卡路里,男孩约为3000卡路里。

(2)优良的蛋白质。动物蛋白质含有最高量的必需氨基酸,而且质量上乘,因此建议至少摄入每日需要量的一半以上,尤其是在生长、发育、怀孕、哺乳和病后恢复期间,其质和量都应该提高。

(3)足够的矿物质和维生素。这些营养素(如矿物质和维生素)支持人体的各种功能,它们之间密切相关,不应缺乏。不同年龄、性别、工作条件等对营养素的需求各不相同。

(4)适当的水和食盐。除非有特殊原因,否则多喝水对身体有益。天热或工作出汗时,盐分和水分都会流失,因此需要经常补充水分。

（5）适量的纤维素。富含精制食品的饮食应含有纤维，这种纤维易于消化和吸收，并能刺激肠道蠕动和排便。简单的菜叶和嫩茎就能满足这一功能。

（6）三餐分配均衡。为了满足营养所需，每餐都要摄取五大类基本食物，25%~30%的热量应来自早餐，40%~50%来自午餐，25%~30%来自晚餐。

2. 良好的饮食习惯

良好的饮食习惯是人体获得最大营养的必要条件。良好的饮食习惯需要注意以下几点：

（1）确保良好的口腔卫生：健康的牙齿和良好的咀嚼有助于食物的消化和吸收。

（2）保持轻松的用餐氛围：避免在用餐过程中谈论影响情绪的话题。

（3）注意饮食卫生习惯：饭前洗手，饭后刷牙漱口，定时进餐，不暴饮暴食，不吃零食，不共用餐具。

（4）饭前饭后避免剧烈运动：以防胃肠道血流量减少和胃肠功能受损。

（5）良好的排便习惯：摄入充足的纤维和液体以及经常锻炼有助于预防便秘和痔疮。

（6）不偏食：以适当的比例摄入各种营养素。

3. 错误的饮食观

传统习俗以及药品和食品广告的误导导致了人们对营养的误解。一些长期患病的人放弃正常饮食，购买昂贵的营养补充剂以寻求奇迹，这不仅浪费金钱，而且有损健康。很多人误以为某些食物有争议，吃了会上瘾或导致死亡。糖尿病患者不应该摄入过多的糖，但有些人却错误地认为过多的糖会导致糖尿病。有些人认为某些食物会导致肥胖，但肥胖的真正原因是吃得比消耗得多。有些孕妇因为害怕分娩而不敢吃东西，但这会导致流产，甚至难产和不健康分娩。很多节食者吃得很少或不吃，这对消化系统影响很大，导致体重下降。

三、体育锻炼行为习惯

大学体育在终身体育中发挥着重要作用，是通向终身体育的重要桥梁，也是奠定体育基础的重要一步。大学体育为学生提供了掌握各种体育技能和学习促进健康新知识的机会。终身体育活动是一种促进健康的行为和生活方式，不仅是享受体育运动的重要因素，也是提高当今人们生活质量和终身健康的重要因素。人类有在大空间舒展肢体的生理需求，也有不断挑战自我、挑战自然、寻求新刺激的心理需求，这是社会进步和人类发展的重要力量。在大空间锻炼可以让人与大自然互动，通过体育锻炼展现纯粹的自然。

习惯的形成是一个发展知识、信念和行为的过程。首先，它是获得有关体育与健康的信念和知识的过程。其次，学习者获得对信息的信心并形成现实的信念。最后，是将知识和信念转化为实践和行动的过程。通过反复练习，行为会变得"根深蒂固"或习以为常。习惯是自动形成的行为模式，一旦形成，就不再需要监督或控制。鼓励养成习惯对终身体育活动至关重要。通过培养终身运动体育锻炼习惯，可以实现终身体育。

四、定期体检

"健康长寿"说明了只有身体健康，才会有生命长寿。但临床实践证明，许多老年病不是到了老年才发病，而是发生在中年时期。有些疾病因早期症状不明显而被忽视，一旦发现就已是晚期了，因此定期体检是非常重要的。体检可以使一些疾患在早期就被发现，以便早治疗，防患于未然。

五、及时消除疲劳，保持心情舒畅和良好心态

快速的生活节奏和压力会让人身心疲惫。及时消除疲劳则有利于身心健康。消除疲劳的方式有很多，如心情不好时，可找朋友聊天或参加一些健康有益的文娱活动。及时宣泄自己的不良情绪，讲究心理卫生，加强品德修养，进行心理调节，经常保持愉快的心情，做一个乐天派；适时参加一些强度不太大的体育活动；睡眠是消除疲劳的最有效途径，睡前可以洗一个热水澡或用热水泡脚，可促进睡眠，更有效地消除疲劳。

第三节　大学生的体育运动基本技能

一、运动与技能

"运动"（Sport）的本意是指离开工作，是与工作相对应的概念。它在英语中没有固定的词义，通常包括娱乐、消遣、游戏、玩耍、户外活动、比赛等。韩丹认为，运动是指专门的竞赛活动。在这一活动中，个人或集体为了充分发挥体能（具体表现为记录本人或对手的优胜）而紧张地从事各种身体练习。《牛津高级英汉双解词典》的解释是：运动是为了娱乐和健康的身体活动，是通常在户外进行的比赛。从上述对运动概念的界定中可以得知：广义的运动包括两个基本要素，一是娱乐，二是比赛。其中，运动的高级

形式——竞技，它的本质属性应该是身体运动文化。狭义的运动，是指人通过各种身体活动对身心的生物化改造过程。它的本质功能是娱乐、消遣和健身。由此衍生出来的社会功能包含文化、教育、政治和经济等诸多方面，这也进一步说明运动在人类社会生活中的重要性。

技能（skill）的基本含义有关词典做了解释。《心理学大词典》的注释是："个体运用已有的知识经验，通过练习而形成的智力动作方式和肢体动作方式的复杂系统。"《辞海》（教育学·心理学分卷）的注解是："运用知识和经验执行一定活动的能力叫'技能'；技能包括在知识经验基础上，按一定的方式进行反复练习或由于模仿而形成的初级技能，也包括按一定的方式经多次练习使活动方式的基本成分达到自动化水平的高级阶段，即技巧。如刚刚学会写字的人只有写的技能，必须通过反复练习才能形成书法熟练。技能和熟练只有在实践活动中，通过勤学苦练，才能形成与发展。"《英汉双解教育辞典》对技能的定义是："技能是通过练习、重复和反省习得的体能、心能或社会能力。个体对这种能力的提高也许总是无止境的。"另外，英国学者罗米斯卓斯基的观点具有代表性，他认为，技能是学习者为达成某一目标用适当方式做出的行为表现，并随着学习者的经验和练习得以掌握和提高，包括认知技能（cognitive skill）、动作技能（motor skill）、反应技能（reactive skill）和交互技能（interactive skill）四种类型。在体育教学实践中，这些观点对运动技能的具体教学措施有一定的价值。

二、运动技能与运动技术

在体育教学领域，运动技能与运动技术是一对相互联系又有一定区别的概念。一般认为，运动技术是运动技能的基础，运动技能是运动技术发展的高级阶段。运动技术是一个运动项目在规则的许可下所特有的运作序列。运动技术的另一个特点是客观存在性，即它是不随人的意志为转移的，同时也不具备个人的特性。运动技能则不一样，它是人经过学习而掌握的具有个性化的自动化的行为方式，具有明显的个人特征。

近年来，关于运动技能的概念，不同学者的理解是不同的。李捷认为："运动技能的学习过程是大脑的感知过程与人的主动目标导向行为的结合，是泛脑网络在目标导向下的多级网络自组织反应。"张洪谭认为："运动技能，不是运动技术加能力，而是练习者对运动技术的掌握程度，即程序化知识的操作状态。"王建认为："所谓运动技能，从狭义上讲是个体或群体通过反复练习从而对其从事体育运动行为的潜能进行整合的过程；从广义上讲是个体或群体从事各种身体活动的总称。换言之，运动技能是按照技能规律对运动行为的资源（运动项目与规则）进行整合或调控过程的总称，包含目标、知觉、动作和练习四个基本要素。"一些工具书和专著对运动技能概念的解释是：有特定操作目标，涉及自主身体或肢体运动的技能。在2000年中国体育科学学会和香港体育学院联合出版的《体育科学词典》中把运动技能定义为："按照一定的技术要求，完成某种动作的能力，也称动作技能。"我国一些体育专业主干教材对运动技能的定义的表述各不相同。《运动生理学》认为："运动技能是指人体在运动中掌握和有效地完成专门动作的能力，是在后天获得性基础上建立的复杂的、连锁的、本体感受性的运动条件反射。"《运动训练学》指出："运动技能是指个体或群体在体育活动中，按照一定的技术规格，有效完成专门运动技术的能力。"《运动生物力学》则这样理解："运动技能是练习者身体活动主要因素的合理组合和适宜匹配。"《体育运动心理学》的解读是："运动技能包括书写、跑步、体操、骑车、操纵生产工具等，即是指在学习活动、体育活动、生产劳动中的各种行为操作。"这些教材对运动技能界定的外延涵盖范围相对较窄，对运动技能概念的描述比较偏重其发生过程的外在特征，但针对性和可操作性较强。国外的许多学者对运动技能曾经进行了定义。希亚等把运动技能定义为："作为练习功能和经验而发展的动作能力。"马吉尔认为："运动技能是达到专门目的或任务而进行的高规格的动作表现。"克伦巴赫认为："运动技能是习得的，能相当精确执行且对其组成的动作很少或不需要有意识的注意的一种操作。"伍尔福克等则把运动技能定义为："完成动作所需要的一系列身体运动的知识和进行那些运动的能力。"

通过上述对运动技能定义研究的分析，可归纳出：运动技能是通过后天学习而获得的，而不是先天固有的；运动技能是在神经网络、内分泌和免疫系统控制下的一种习得行为，须通过重复练习、强化而改进；运动技能是由知觉、动作、练习构成的一个完整的三维体系。

由此可见，运动技能的习得过程实际上是根据某种规则或要求对练习者所进行的生理、心理和社会的长期改造过程。因此，进一步了解运动技能的形成过程，探究运动技术的学习过程也是十分必要的。在体育教学中，无论学习何种类型运动技能，都要随着学习主体的感知和外显动作的不断改进，都要经过反复练习才能形成技能，进而达到强健体魄、愉悦身心、追求美感之目的。在这个过程中，运动技术的合理性和有效性会随着运动项目本身的发展、规则的变化、场地器材的更新，以及练习者运动能力的提高而发生变化。

运动技能与运动技术二者之间既有联系，又有区别。这里所讲技术和技能指学生参加身体活动或运动中的技术和技能。可以将"技术"理解为一个运动的某种方式，是一个客观和群体的概念，如"排球扣球技术"；将"技能"理解为某个人进行运动的能力，是一个主观和个体的概念，如"小李的扣球技能"。二者之间的关系表现为：一个人因学习了某个运动的技术而具有该运动技能；一个人因学习合理的技术后而具有较好的运动技能。一个是学习的对象，一个是学习的结果，两者是一个学习过程的两个侧面。

三、运动技能的分类

运动技能是指有特定操作目标，涉及自主身体或肢体运动的技能。运动技能是人类生活不可或缺的重要组成部分，涉及人们日常生活、学习活动、生产劳动和体育活动中的各种行为操作。例如，日常生活中吃饭时筷子和勺子的使用，学习活动中的写字和打字，生产劳动中对生产工具的操纵，体育活动中的游泳、打球等运动技能，主要是借助骨骼肌的运动和与之相应的神经系统的活动而实现的对器械的操作或外显的肌肉反应。打高尔夫球和跳远这两种运动技能，前者主要体现为对球和杆的操作，后者主要体现为外显的肌肉反应。无论使用还是不使用器械，运动技能总是包含神经系统对有关肌肉的控制。

运动技能纷繁复杂，对其进行科学分类是进行该领域研究的前提。目前被广为接受且应用较多的运动技能分类方法有以下四种。

（一）封闭性与开放性运动技能

根据技能操作中环境背景的稳定性特征，可以将运动技能分为封闭性和开放性运动技能，操作中的环境背景包括个体操作技能的支撑平台、操作目标以及操作过程中涉及的其他个体。

封闭性运动技能的环境背景特征是稳定的，环境背景特征在技能操作过程中不会发生位置上的变化。例如，固定靶射击、跳水、体操、游泳、跳远、标枪、高尔夫球、篮球的罚球等均为封闭性运动技能。在完成封闭性运动技能的过程中，环境特征和技能的操作程序基本是固定的，个体很少需要根据环境和对手的情况来进行直接、迅速和反复的动作调节，可以较多采用本体感受器所介入的反馈来调节动作。学习这种运动技能关键在于反复练习，直到达到标准的模式和自动化程度为止。开放性运动技能的环境背景特征是不稳定的，即技能的操作目标、支撑平台和其他人始终处于运动状态。在完成开放性运动技能的过程中，个体必须根据环境的变化适时地对动作进行相应的调整，个体完成动作的时机和采取的动作主要由相关的环境线索决定。例如，拳击、击剑、足球的防守等都是开放性运动技能。学习开放性运动技能应达到减少开放性，或者说减少不可预测性，使个体确切把握环境的变化。

（二）非连续性和连续性运动技能

根据技能操作过程中动作的连贯程度，可以将运动技能分为非连续性和连续性运动技能。

非连续性运动技能的主要特征是运动技能的开始和结束非常明显，并且持续时间相对短，动作的完成带有一定的爆发性。例如，铁饼、标枪、举重、篮球的投篮等都是非连续性运动技能。连续性运动技能的主要特征是，运动技能由一个接一个的动作组成，没有明确的开始与结束。例如，游泳、滑冰、跑步等都是连续性运动技能，这些技能可以任意确定开始点和结束点。在非连续性和连续性运动技能之间，存在大量的系列技能。系列技能的运动操作是由一组非连续性运动技能联结在一起组成的一个新的、更加复杂的技能动作。例如，三级跳远、跨栏、跳高等都属于系列技能。完成系列技能的关键是系列动作之间的节奏。

（三）低策略性和高策略性运动技能

根据技能执行时所需要的认知策略多少，可以将运动技能分为低策略性和高策略性运动技能。

低策略性运动技能，是指技能操作成功的决定因素是动作本身的质量，主要要求操作者怎么做，对该做什么动作的知觉和决策要求比较小，如举重、游泳、体操等。高策略性运动技能，是指技能操作成功的重要因素是决策在什么情况下做什么动作。例如，在羽毛球比赛中，杀球、勾球、放网等基本动作每个运动员都会，重要的是要知道在什么情况下用什么动作，才是比赛取胜的关键。现实中多数的运动技能包含决策制定和动作实施的复杂组合。

（四）小肌肉群和大肌肉群运动技能

根据完成动作时肌肉参与的不同，可以把运动技能分为小肌肉群和大肌肉群运动技能。

小肌肉群运动技能，是指以小肌肉群活动为主的运动技能，具有细微、精巧的特点。例如，绣花、织毛衣、写字、打字等都是小肌肉群运动技能。大肌肉群运动技能，是指以大肌肉群活动为主的运动技能，如举重、摔跤、跑步等都是典型的大肌肉群运动技能。这两类运动技能由于肌肉参与的差别极大，因此彼此之间的相关性很低。

四、运动技能的建构

运动技能学习的过程依据它的外在表现形式，从运动生理学角度一般划分为相互联系的三个阶段，即泛化阶段、分化阶段、巩固提高与自动化阶段。从心理学角度一般划分为认知阶段、联结阶段、改进精炼阶段和自动化阶段。这是根据人体在表现技术时是否准确、流畅，是否出现多余的动作，以及在技术表现上是否经济、有效来确定的。随着练习者的认知水平和能力的提高，逐步从运动技能的认知阶段（泛化阶段）上升到自动化阶段。

一般我们将运动技能划分为三个层面，即基础类运动技能、专门类运动技能与专项类运动技能，各自有不同的技能学习要求，对于学习者而言，习得能力也存在差异。例如，基础类运动技能的技术难度较低，要求不高，易于开展，绝大多数人能够通过习得而达到。专项类运动技能阶段，强调动作的系统性和完整性，难度不断提高，能够掌握的人数越来越少。根据运动技能学习的迁移理论，学习者在学习那些较为复杂的技能之前应先学习最基础的基本技能，随着自身能力的提高，再学习技能要求高、难度复杂的专项技能，这才是一个合乎逻辑顺序的技能学习过程。从基础类技能—专门类技能—专项类技能的发展趋势分析，呈现出逐步上升发展态势，越接近专项类技能，动作掌握程度越趋于熟练，动作表现就越有效、合理、经济，表现出一种个性化的特征。因此，依据运动技能学习的基础理论，针对学校运动技能教学情况，本书提出"金字塔结构"。所谓金字塔结构，是由运动技能三个层次组成的：基础类运动技能处于金字塔的底端，是技能学习的初级阶段；专门类运动技能处于中间部分，是基础与专项类技能的过渡阶段；专项类运动技能位于金字塔结构的顶端，是技能学习的高级阶段。在不同学段，发展不同的运动技能。金字塔结构表明随着学生的不断学习，技能水平不断提高，从金字塔的底部到达顶端的过程中，对技能动作的有效性、合理性、经济性即"三性"的表现效果越来越明显。

五、三类运动技能的概念、内容、特征及教育价值

（一）基础类运动技能

1. 基础类运动技能的概念

基础类运动技能，是指在人遗传获得的运动基因的基础上，经过后天的教育，建立的时空、时序等方面协同发展的一系列的条件反射所形成的人们赖以生存、生活、工作、学习和体育专门、专项运动技能发展的一种基础性运动能力。

2. 基础类运动技能的内容

基础类运动技能主要包括四个方面：第一，基本身体素质，如灵敏、柔韧、协调、力量素质等。第二，基本运动方式，如走、跑、跳、投、攀爬、悬垂、支撑、搬运、负重、平衡、对抗、角力、滚翻等。第三，感知觉运动能力，是指对外界环境中的刺激所做的观察和理解，并做出相应调节动作的能力，如视觉、听觉、触觉以及协调能力等。包括控制准确性、速度控制、多肢体协调、身体灵活性等。第四，认知运动能力，是指在以肌肉收缩为特征的运动活动中人的认识活动的表现水平。包括运动知觉、运动表象、运动记忆和运动思维等能力。

3. 基础类运动技能的特征

基础类运动技能是在遗传的基础上，通过不同类型的训练方法与手段，随着时间的积累，在潜移默化中形成的。基础类运动技能还具有迁移性、适应性、概括性和工具性等特性。这里的迁移性实际上是指基础技能与其他技能的最大相关性或相似性。相关性或相似性大，其迁移转化性就强。总之，共同因素越多，越容易产生正迁移，基础技能动作越相同，迁移也越大，面也较宽。比如，基础类运动技能是由基本的走、跑、跳、投等基础动作构成的，这些基本的技能有利于其他各运动项目的迁移。因此，基础技能的掌握，对其他项目的学习迁移具有促进作用。适应性是指基础技能的最大适用可能性。适用可能性大，对下一阶段的学习和工作来说实用性就强。概括性是指基础类运动技能的代表性。代表性强，就可以举一反三、触类旁通。工具性则是实践工作、学习、生活的服务性和有效性，这两性强，实用性就更强。

4. 基础类运动技能的教育价值

（1）基础类运动技能为身体全面发展打好基础。学校的体育教学的本质是通过运动的方式促进人的身心全面发展。走、跑、跳、投、翻滚等运动形式，首先考虑的是发展学生全面的基础运动能力，发展这些基础性的运动能力，对中小学生在生长发育阶段打好体能的基础和素质的基础具有重要的意义和作用。

（2）基础类运动技能是培养学生终身体育行为的基础。通过体育教学向学生传授体育基础类运动技能是培养学生终身体育行为的关键，这就要求在体育教学中要注意打好基础类运动技能的基础。如果通过体育教学，学生连最基本的走、跑、跳、投等能力基础都未具备，连参与体育活动应达到的最基本的运动技能都未掌握，那么他们就不可能在走出校门后的体育锻炼中挑战新的运动项目，更不可能在未来的生活中运用体育运动去锻炼身体和愉悦身心。

因此，我们应从社会、学生对体育学科的要求注重基础性的运动技能教学。

（3）基础类运动技能是智能构建的重要环节。随着人们的认识不断发展，很多研究已经证实基础类运动技能在智能构建中的重要作用。在意大利著名女医生蒙台梭利的教育方法中，儿童不是被教会怎样写作的。蒙台梭利使儿童达到流畅写作的步骤，几乎都是与写作无关的基础类运动技能的培养，如爬行阶段玩大皮球、一个月堆积木、一个月做小钉板游戏、玩水等，说明教会儿童写作是通过发展儿童的动作能力及其他技能进行的。

（二）专门类运动技能

1. 专门类运动技能的概念

专门类运动技能是人类在走、跑、跳、投、支撑、翻滚等基本技能的基础上，经过对各种基本动作的组合、叠加、变换等形成的特殊方式的身体活动能力，是以休闲、健身、娱乐等为主的身体活动方式，并且具有与人们的日常生活、学习、工作密切相关的运动能力。

2. 专门类运动技能的内容

专门类运动技能主要包括八个方面：第一，各种形式的走，如正步走、快步疾走、携带物体快步走、绕过各种障碍物的走等；第二，各种形式的跑，如绕过各种障碍物的跑、集体协作跑等；第三，各种形式的跳跃组合，如左右脚互换跳跃、单脚接双脚跳借助物体的跳跃等；第四，各种形式的投掷，如投手榴弹、沙袋、实心球、抛飞碟、打水漂以及多种形式的投远、投准组合练习等；第五，多种形式的滚翻组合，如鱼跃前滚翻、屈体后滚翻等；第六，专门化感知觉能力，如球类运动的"球感"、水上运动的"水感"，田径等项目运动员的"时间感""速度感"等；第七，时尚休闲类运动，如街舞、轮滑、放风筝、垂钓、呼啦圈等；第八，民间传统项目，如踢毽子、跳长绳等。

3. 专门类运动技能的特征

首先，专门类运动技能内容极为丰富，广义上说，凡是人以自身能力进行的走、跑、跳跃等自然动作的各种练习，都可以成为专门类运动技能的练习内容。其次，专门类运动技能规则简便，有些练习本身就是人类的基本运动方式，不受规则的限制，因此能够为大多数人所接受，使人们在无所约束或少约束的条件下进行锻炼。练习负荷可以根据练习者的年龄、性别和身体状况进行自我调控和调节，以最适宜的健身锻炼负荷进行练习，常年坚持，老少皆宜。再次，专门类运动技能可全面发展人体的力量、速度、耐力、灵敏等素质，也可提高机体对外界环境变化的适应能力，对促进青少年的生长发育、维持和提高成年人旺盛的生命活力以及延缓老年人的衰老过程，都有积极的作用。最后，专门类运动技能对运动场地、器材的要求不高，走、跑可以在平坦的各种道路上进行；跳跃运动可以在沙坑或松软的土地上进行；投掷运动则可以利用各种投掷物在空旷的场地做投远或投准练习等。总之，专门类运动技能可以因地制宜地在多种环境和条件下进行。

在技能学习的过程中，随着正确动作概念的建立和本体感觉的不断准确，大脑皮质兴奋与抑制的不断完善，表现出动作更加协调、准确，在完成动作过程中更加经济、有效、合理。

4. 专门类运动技能的教育价值

（1）为培养体育意识与良好心理素质打好基础。专门类运动技能练习的运动负荷相对较小，而练习的内容与方式丰富多样。专门类运动技能与日常生活中的动作方式比较接近，因此练习者进行练习的兴趣较高，练习的效果好。与竞技体育项目技术的学习相比，专门类运动技能的练习难度较小，练习者不易产生厌倦、排斥和畏惧心理，可以积极主动地参加学习和锻炼，可以在发展身体运动能力的同时，养成锻炼身体的习惯和培养体育健身意识，并对健康的心理素质的培养有积极的促进作用。

（2）丰富教学内容，活跃教学气氛，提高教学质量和效果。专门类运动技能的健身、娱乐等特点体现出教学手段的多样化，可以丰富教学内容，活跃教学气氛，提高教学效果。转变以竞技技术学习为目标的教学思想，克服以传统的技术"专门练习"作为教学主要手段的倾向，在健身、娱乐的层面上去思考，设计教学手段，使学生在练习中处于新鲜有趣、跃跃欲试的学习状态，对提高教学质量和效果有积极作用。

（3）为学习其他竞技体育项目打好基础。专门类运动技能的价值还在于提高身体素质的全面性和动作方式的基础性。通过多种形式的练习，发展学生的基础运动能力和动作技巧，为他们学习竞技体育项目打下坚实的基础。

（三）专项类运动技能

1. 专项类运动技能的概念

专项类运动技能是个体或群体通过反复练习，最大限度、最有效地发挥人的潜能的一种个性化运动能力，即在基础类技能与专门类技能的基础上形成的高级阶段。

2. 专项类运动技能的内容

专项类运动技能位于金字塔结构的顶端，是基础类运动技能发展的最高表现形式，即高级阶段。此处的专项类运动技能就是竞技体育项目，如田径类的田赛、径赛项目等，体操类的健美操、徒手体操、器械体操等，球类的篮球、排球、足球、乒乓球等，武术与技击类的武术、跆拳道、散打等，水上运动的游泳、跳水、帆船等。

3. 专项类运动技能的特征

（1）达成目标的最大确定性。专项类运动技能有效的重要标志是准确无误地达到动作目的，也是它本身的意义所在。例如，很多学生喜欢打篮球，但这并不意味着他们都是优秀的篮球投手。对他们来说，偶尔投进球的结果也许只是许多失败的投篮尝试中"走运"的一次。只有那些能够在复杂情况下连续多次成功投篮的人，我们才能说他不是靠"撞大运"，而是具有娴熟的投篮技能，即具有很大程度的达成目标的确定性。这也是为什么我们在欣赏体育明星的高超动作技艺时总是能够得到力与美的享受，他们在运动场中经常能够凭借自己出色的专项技能在关键时刻协助队友力挽狂澜、赢得胜利，但毕竟不是每个人都能够成为乔丹、姚明。

（2）最小的能量和精力消耗。专项类运动技能有效的另一个标志是执行动作过程中能量和精力消耗的最小化，在有些特殊情况下是为了保持体力。当然，这不是所有专项技能的目的，如推铅球，运动员唯一的目标是把铅球推到最远的距离。但对许多其他的专项技能来说，能量消耗的最小化就意味着对不必要的多余动作的减少。这个特征对那些必须经济地使用能量、保持体力项目的运动员取得比赛最后的成功是极其关键的。例如，高水平的马拉松运动员知道如何保持最经济和有效的动作方式，优秀的柔道运动员懂得如何保持体力在比赛关键时刻出奇制胜。最小的精力消耗还意味着有些运动项目的高水平运动员能够在以减少心理负荷的情况下完成动作任务。运动员通过提高他们动作的自动化水平，可以把多一些的精力用于动作任务的其他要求，如中长跑运动员使用的战术和艺术体操运动员个人动作的创造性表现力。

（3）最短的动作时间。专项类运动技能有效的第三个标志是达到动作目的所需时间的减少，或者说是提高达到动作目标的速度。许多项目的运动员，如赛跑和跨栏、游泳和皮划艇等的运动员，都是把使用最短的时间作为比赛的主要目的。其他的运动项目也有很多情况是把尽量快地完成动作作为动作质量高低的标志。例如，拳击运动员出拳的速度、投掷运动员最后用力出手动作的"爆发力"，篮球比赛中的快攻、排球比赛中的"短、平、快"打法等。当然，也有一些专项技能不是靠"快"来评价的，如太极拳运动、棋类和瑜伽。因此，在考察动作的有效性时，必须依据动作目的在多项要求中取得平衡，追求最佳化的整体效果。

4. 专项类运动技能的教育价值

（1）有助于培养人的竞争、进取、拼搏精神和意识。竞技竞争追求卓越、崇拜优胜，人人以实力进行展示，人们只要投身到竞技体育中，就能受到这种机制的激励作用，并潜移默化地受到其影响。在竞技体育中，每个人都不是常胜将军，可能胜利也可能失败，因此人们必须学会接受、适应激烈的竞争，而且学会正确面对竞争中的成败，进而塑造人的竞争、进取、拼搏精神和意识。

（2）有助于培养人的审美情趣和体验乐趣。竞技运动是一种审美文化。在近代体育中，人们能够看到体育美的本质特征，如形象性、愉悦性和创造性。现代竞技体育借助运动员身体悠然自得的飘逸、造型完美的组合、集体智慧的和谐、拼搏奋进的抗争，使人们领悟美的超脱意境。通过欣赏竞技体育的美，进而可以转化为人们体验竞技体育的乐趣，竞技体育为参与者带来了体验的快乐。在参与者掌握运动技术之后，身体进入无障碍、自由的运动状态，在流畅的动作中感受本质的自我，快乐将劳累、痛苦、紧张取而代之。人类对于更快、更高、更强的追求是永无止境的，竞技体育带给参与者最大的快乐，莫过于在竞技中发现自我、超越自我的畅快。

第三章 大学生的身体素质和体质测试

在体育运动中，身体素质包括体格、速度、力量、耐力、灵敏度、柔韧性和敏捷性。它们不仅是学习运动技能和提高运动成绩的基础，也是衡量一个人体能水平的重要指标之一。本章主要介绍各项身体素质以及体质测试的相关理论知识。

第一节 良好的身体素质

一、力量素质

肌肉质量，是指肌肉克服内部和外部阻力的能力，是衡量健身水平和基本运动质量的重要指标之一。肌肉力量主要由三部分组成：第一部分是运动结束时肌肉群的总收缩力，主要取决于参与体育活动的每块活动肌肉的最大收缩力。力量可以通过逐渐增加阻力的训练来提高。第二部分是主动肌同对抗肌、协同肌、固定肌的协同能力。可以通过重复某些动作来提高主动肌的协同能力。第三部分是骨骼肌的力量，这取决于肌群的牵拉角度、两臂的阻力和肌臂的相对长度。

（一）发展力量素质的方法

由于肌肉收缩有等长和等张两种形式，因此，肌肉力量也可分为静力性和动力性两种形式。

1. **发展静力性力量**

静力性力量是肌肉在等长收缩时产生的力量，也称为等长性力量。练习包括：

（1）对抗性静力练习：当需要发展某些肌肉以采取某种姿势时，保持固定姿势，利用自身重量降低身体，以发展肌肉力量。

（2）负荷静力练习：需要保持恒定的姿势、发展特定肌肉的力量、创造特定的姿势和支撑特定的重量。

（3）慢速动力练习：动作非常缓慢，不考虑反弹和惯性，肌肉处于紧张状态的练习。

2. 发展动力性力量

动力性力量是指肌肉等速收缩时产生的力，即身体产生较大位移或推动另一物体移动时产生的力。运动力可分为重量力（如举重时）和速度力（如投掷、跑步或踢腿时）。根据作用在人体上的力与其质量之间的关系，可将其分为两种类型：绝对力和相对力。绝对力是作用在人体上的最大力，与体重无关，而相对力是每公斤体重的力：

相对力量＝绝对力量／本人体重

（1）绝对力量训练：通常以最大负荷的 85%~100% 进行训练。

（2）发展速度力量：速度力量是指肌肉在短时间内快速收缩的能力。因此，练习时重量要适中（如最大负荷的 60%~80%），重复次数要少，速度要尽可能快。爆发力是速度的最大特征，在跑步、跳跃和投掷等运动中尤为必要。

（3）发展力量耐力，通常至少重复 12 次，重量不超过最大重量的 60%，速度要稳定，用力到极限，不能停止。应经常进行深蹲和挺举，通过有效的阻力练习来增强上肢、背部和腹腔的肌肉力量。

3. 发展力量素质的注意事项

（1）在进行力量练习之前，要注意做好适当的准备工作，使用的重量要有轻有重，动作速度要由慢到快。

（2）力量训练的一般原则是：举一定重量→增加次数和组数→增加重量→再增加次数和组数→再增加重量。必须反复进行这样的循环，才能取得进步。

（3）为了增加耐力，通常在训练 3~5 天后，肌肉力量会有所下降。将参加力量训练的人分成两组，一组隔天训练，另一组每天训练，一定时间后统计两组的肌肉力量增长情况，隔天训练的一组力量增长为 77.6%，而每天训练的一组肌肉力量增长为 74%。这表明，隔天锻炼更有利于增强肌肉力量。

（4）力量训练应与速度和放松练习相结合。例如，一些间歇训练组可将力量训练与高速冲刺练习（或空中飞人跑或高抬腿跑）结合起来。在一些关于肌肉放松练习对速度和力量发展的影响的研究中，将同龄的年轻人分为两组，一组进行肌肉放松练习，另一组不进行肌肉放松练习，其他条件相同，实验组的肌肉放松能力比初始值随机增加了 8 倍，而对照组只在短时间后增加了 8 倍；实验组的肌肉放松能力提高了 8 倍，而对照组仅提高了 1 倍。由此可以得出结论，肌肉放松练习有助于发展速度力量，提高三级单跳、30 米步行和 100 米跑的成绩。

（5）力量教育应注重身体各部位的全面发展，包括上肢力量、躯干力量（腹部、背部和臀部肌肉）、下肢力量以及举重、负重、站立和跳跃的能力。当不同的身体部位和动作交替进行时，力量训练最为有效。在所有力量训练中，保持良好的姿势和发展正确的动作非常重要。

（二）力量素质的自我评价

肌肉力量是完成各种运动技能的基础。力量是对运动或静止物体施加力的能力，是肌肉收缩和放松的能力，是人体在运动时的基本特征，也是其他特征发展的基础。

根据肌肉收缩的类型，力可以分为静力（肌肉等长收缩产生的力）和动力（肌肉等张收缩产生的力）。肌肉以恒定的力量幅度移动物体的收缩形式是等长收缩，而肌肉在短时间内（如拉、坐或伸展时）发力的收缩形式是等张收缩。肌肉在短时间内对静止的身体施加力量（如拉、坐或伸展）的肌肉收缩形式称为等长收缩。肌肉或骨骼突然收缩产生的动力称为爆发力，而肌肉持续工作的能力称为肌肉耐力。

1. 静力性力量的评价

静力性力量评价通常用于评估手部握力和背部肌力。手臂握力测量的是前臂和肩部的屈伸，而背部肌肉力量测量的是上半身的伸展。

2. 爆发力的评价

一般来说，可采用立定跳远法和跳远法在实地评估爆发力。立定跳远法测量的是下半身垂直向上跳跃时的爆发力，而跳远法测量的是下半身向前跳跃时的爆发力。

3. 肌肉耐力评估

肌肉耐力通常用深蹲（男生）、俯卧撑（女生）、立定跳远（女生）和引体向上来测量。深蹲测量的是肩腰部和双臂的力量，俯卧撑测量的是双臂的力量，立定跳远测量的是腹部肌肉的力量，而引体向上测量的是双臂和肩腰部的力量。

二、速度素质

速度是指人体快速运动的能力，即在一定时间内完成一定的动作或距离。速度的提高能改善中枢神经系统的协调性和大脑皮层在兴奋和抑制之间灵活切换的能力。短跑训练主要是无氧肌肉代谢，可增加肌肉磷酸肌酸储存能力和肌糖原含量，同时提高无氧分解代谢能力。速度可分为反应速度、动作速度和运动速度。

(一)发展速度素质的方法

1. 发展反应速度

反应速度是指身体对外界刺激做出反应的快慢。通常是让学习者对某种信号(如哨声或手部动作)做出反应。

2. 发展动作速度

运动速度是指在一定速度下身体移动的快慢。以下练习可以提高你的运动速度:

(1)降低练习难度,增加跳跃等力量技巧。

(2)重复轮式方法,增加练习难度,如跳远前负重、药球/常规推举前负重和跳远或药球/常规推举。

(3)时限法。例如,以恒定的速度奔跑,或通过改变运动速度或节奏来跟随快速移动的人。

(4)减少空间和时间限制。例如,在狭窄的空间进行带球训练时,可以通过限制活动时间和活动量来加快训练速度。

3. 发展运动速度

速度是身体在单位时间内移动的距离,常用于跑步或游泳等运动。提高速度的运动有:

(1)全速跑,包括短距离重复跑、接力跑和短跑。在这些练习中,时间不宜过长,重复次数不宜过多,每次练习一般应持续 20 秒,强度应控制在 85%~95%。

(2)加快运动速度的运动,如高频越野跑、精确计时的腿部跳跃和快速手臂运动。

(3)下肢爆发性力量,如突然跳跃、单脚跳和马蹄跳。

发展速度素质时,应注意以下几点:

(1)快速运动应在人的身体处于警觉状态并有强烈的运动欲望时进行,以刺激快速运动条件反射。这种运动更有效,也更不容易受伤。

(2)速度发展与肌肉力量、灵活性和运动协调性的发展密切相关。通过重复动作(如跑步跨步、游泳跨步)提高速度是速度发展的重要组成部分。

(3)当速度增加到一定程度时,往往会出现停滞和发展问题,即所谓的"颠簸"。要克服这些问题,就必须积极利用拉力赛、变速赛、引导赛和竞赛,并进行系统和长期的训练。

(4)儿童和青少年时期是发展速度的最佳时期,速度的影响在 10 岁时最为明显。

(二)速度素质的自我评价

速度,是指在尽可能短的时间内移动并对刺激做出反应的能力。反应时间是指身体对刺激做出反应所需的时间;运动速度是指身体完成一个动作所需的时间;动能速度则是指身体向特定方向运动的速度。速度的质量是体育运动的一个重要特征。速度受感觉功能、刺激强度、压力、肌肉张力、疲劳和健康等因素的影响。速度的质量因人而异。速度有遗传因素，但可以通过训练得到改善和提高。

1. 反应速度的评价

一般来说，反应速度可通过选择→反应→动作，单手反应、双手反应来评估。选择→反应→动作测量的是对选定刺激做出快速、准确反应和移动的能力，单手反应测量的是手对视觉刺激的反应速度，双手反应测量的是双手反应和移动的结合速度。

2. 运动速度的评价

运动速度的测量与技能参数的定义有关，因为摔跤、跳跃和游泳等技能活动中的运动速度与运动速度的测量有关。例如，手速、冲击速度、角速度和加速度的测量与技能参数的定义有关。还可以连续多次进行相同的动作，以确定平均速度。

3. 移动速度的评价

跑步时进行 50 米短跑和 30~60 米短跑是评估跑步速度的常用方法。

三、耐力素质

耐力是人体长时间进行肌肉运动的能力，也可以理解为承受疲劳的能力。培养耐力对改善健康和健身非常重要。培养耐力可以提高中枢神经系统的协调性，中枢神经系统控制着人体肌肉的长期运转，提高人体内脏器官尤其是心血管系统和呼吸系统的运动能力，提高人体自身供能的能力。

（一）发展耐力素质的方法

1. 发展有氧耐力

有氧耐力训练的强度可调整为心率 140~170 次 / 分钟。这种强度对提高心脏性能特别有效，对改善血液循环和肌肉摄氧量尤为重要。研究表明，当心率控制在这一强度时，人体耗氧量达到最大值的 80% 左右，心包容量增加，骨骼肌和心肌的毛细血管扩张得到加强。当心率超过每分钟 170 次时，运动效果会发生逆转，因为人体需要制造氧气。当心率低于每分钟 140 次时，心脏每分钟的跳动次数不会达到更高的数值，但吸入的氧气量会减少，从而影响运动效果。有氧耐力训练期间的负荷取决于运动员的体能水平。体能较好的运动员可以承受较高的负荷，如跑步一小时以上，而体能较差的运动员只能承受较低的负荷。一般来说，有氧耐力运动应至少持续 5 分钟，但通常建议持续 15 分钟。有氧耐力训练的主要方法有以下几种：

（1）各种形式的长跑，如障碍赛跑、越野跑、变速跑。

（2）长时间的零星体育活动，如跳绳、滑冰、划船、骑自行车、游泳等。

（3）长期重复的重复性动作。例如，排球中的重复旋转动作。

（4）在阻力较小的情况下，长时间持续进行超过体重的运动。

（5）循环练习。

2. 发展无氧耐力

无氧耐力训练的强度应由医生监测，因为心率通常应高于每分钟 160 次。要增强耐力，可以考虑以下方法：

（1）从特定的时间、距离和运动量开始增加时间和距离，直至"尽可能接近"（高于初始阻力水平）。阻力负荷水平由运动的绝对强度（如运动速度）、运动持续时间、休息时间、休息类型（主动或被动休息或主动休息的形式）和重复次数决定。这些因素的组合决定了对身体的影响。

（2）由于肌肉力量与耐力密切相关，一些力量训练方法可以用来发展耐力，但阻力必须小，重复次数必须多，持续时间必须长。

（3）耐力锻炼需要学生的意志力，因为只有在克服一定程度的疲劳后才能培养耐力。应重视耐力锻炼，通过努力和毅力培养学生的意志力。

（4）少儿接受阻力训练时，负荷量应适当，年龄越小，越应重视无氧耐力训练。

（二）耐力素质的自我评价

耐力反映了心血管功能的水平，是重要的身体特征之一。下面将介绍有氧和无氧耐力的评估。

（1）有氧耐力通常通过跑一定距离（如 800~5000 米）或进行 12 分钟计时赛来测量。

（2）1 分钟锻炼，如 400 米跑，可作为无氧耐力的指标。

四、灵敏素质

灵敏，是指一个人在突然变化和复杂情况下，灵活、快速和准确移动的能力。它是获得运动技能和通过训练发展运动技能的结合。感官质量的提高对大脑皮层的灵活性、反应能力、动作的速度和准确性、协调性以及对不同动作的学习都有积极的影响。灵活性可分为一般灵活性和特殊灵活性。一般敏捷性，是指通过完成各种复杂动作来适应不断变化的外部环境的能力。职业敏捷性，是指根据特定职业的要求适应外部环境变化的能力，与职业技能密切相关。

（一）发展灵敏素质的方法

（1）学生应能完成各种快速、准确、和谐的跑跳动作，包括各种快速变向跑，各种推拉动作和各种急停、急转动作。

（2）一系列改善身体定向的练习，包括使用模拟器完成各种复杂动作。

（3）一系列专门设计、复杂多变的练习，包括站立深蹲、多方向跑和复合跑。

（4）各种游戏，如改变方向、同时对多个信号做出反应等。

（5）在确定敏感性是好是坏时，应考虑以下因素：

①应在热身后身体状态最佳时改进动作。不建议在疲劳时做动作。

②考虑到运动的内容和速度是不断变化的，敏感度的质量控制难度。

③速度训练应与技术动作、速度、力量和其他运动技能的提高相结合。

④敏感特征在青春期（通常在二次生长高峰后一年左右）发展得最为有效。一般来说，女孩应该在青春期之前就开始发展敏感特质。

（二）灵敏素质的自我评价

灵敏性是指对刺激做出快速、准确反应的能力，在复杂情况下灵活控制和随机应变的能力，以及充分利用运动技能和各种特性的能力。这些综合技能与人体、人体器官和系统、各种身体特征和相关运动技能以及力量、速度、灵活性和协调性的协同和整合密切相关。学生的各种运动技能发展得越多，动作就越灵活，协调性就越好。通过强化训练可以有效地发展灵活性。评估灵活性的方法包括立卧撑、反复横跨、折线跑、四级跳、十字变向跑和横向移动。

（1）立卧撑：评价人体迅速变换体姿和准确完成动作的能力。

（2）反复横跨：评价快速侧移能力。

（3）折线跑：评价在快速中急停和快速转变运动方向的能力。

（4）四级跳：考核人体双脚起跳和快速变换位置的能力。

（5）十字变向跑：评价人体在快速奔跑中迅速变换方向的能力。

（6）横向运动：评估身体在横向运动中的灵活性。

五、柔韧素质

柔韧素质，是指人体向不同方向移动关节以及拉伸肌肉、韧带和其他软组织的能力。活动能力的提高对运动范围、运动控制和运动质量都有积极影响，并有助于预防损伤。活动度的质量由三个因素决定：第一，关节的骨骼结构；第二，关节周围组织的数量；

第三，关节周围韧带、肌腱和肌肉的柔韧性和弹性。此外，活动能力的好坏还取决于神经系统的发育，尤其是中枢神经系统，它支配着对立肌肉的协调以及调节肌肉张力和放松的能力。

柔韧度可分为一般柔韧度和特殊柔韧度。一般柔韧度，是指所有运动中所需的身体主要关节的活动范围，如肩、膝和髋关节。特殊柔韧度，是指某项运动所需的柔韧性，为此必须掌握基本要求。

（一）发展柔韧素质的方法

柔韧素质主要通过拉伸来训练，拉伸可分为强化拉伸和静态拉伸。

（1）强化拉伸是通过有节奏地多次重复同一动作来逐渐拉伸软组织。每个拉伸动作（如行走、摆动等）通常重复5~30次。

（2）静态拉伸运动，最初缓慢拉伸肌肉和其他软组织，然后将肌肉和其他软组织拉伸到一定程度，再进行暂时的静态拉伸，让软组织继续拉伸。在静态拉伸过程中，力度应以刺痛感、胀痛或疼痛为限，保持8~10秒，重复8~10次。

（3）通常情况下，训练者可以将两种方法结合起来。即把拉伸练习与静态、静态和动态练习结合起来，以达到更好的效果。例如，可以利用推、扭、切、割、摆、肺活量、拉伸和绑带练习来增加肩、腿和手臂的柔韧性，而利用立体站立前屈、仰卧背部伸展、扭转释放和腰部伸展来增加脊柱的柔韧性。

（4）在规划灵活性的质量时，应考虑以下几点：

①运动应在适当的热身和体能热身后进行，动作幅度应逐渐加大，速度由慢到快，力量由弱到强，不可超负荷。

②柔韧性和速度都与关节活动范围有关，但与速度不同的是，柔韧性侧重于"刚性柔韧性"，在增加活动范围的同时提高运动速度和力量。因此，提高柔韧性应注重速度和力量。

③虽然运动技能发展迅速，但消退也很快，因此定期锻炼很重要。移动能力训练应从7岁开始，并争取在12岁之前得到提高。成年人也可以通过了解和监控运动中移动技能的发展，来帮助预防受伤和提高自己在运动中的作用。在实践中，注重增加活动范围可以提高日常训练和生活中的活动能力质量。

（二）柔韧素质的自我评价

柔韧性，是指关节、韧带、肌肉、肌腱和皮肤在体育活动中移动和伸展的能力。在体育运动中，灵敏度对发展运动所需的速度、力量、运动自由度和协调性以及预防运动损伤起着重要作用,尤其是在体操、短跑、游泳、蹦床跳跃和艺术体操中。活动能力通常通过以下方式进行测量:前纵屈、前纵转、纵向扭转、肩关节外展和旋转。前垂直屈伸测量臀部、腰部、背部和大腿肌肉的伸展情况;垂直伸展测量腿部前后肌肉的伸展情况;肩部屈伸测量肩部、手臂和手部的运动情况;肩部旋转测量肩关节的运动情况。

这五种素质通常被称为运动员的基本素质。每项素质都与其他素质密切相关。如果其中一项发生变化,其他素质也会受到影响。例如,速度素质与力量和灵敏度密不可分,因此提高速度会使力量和灵敏度提高。又如,速度素质的过度发展会影响力量素质的发展,反之亦然。无论动作速度的快慢,执行动作的速度和柔韧性的好坏都是密不可分的。不同的训练方法、重量、练习次数以及力量和耐力的作用都会对动作质量产生不同的影响。

不同运动技能的发展也与身体部位的训练和运动有关。就灵敏性训练而言,其主要作用是增加腿部的活动范围,拉伸肌肉和韧带,而不是耐力。因此,为了提高训练质量,需要明确的目标、正确的练习选择和恰当的训练方法。从婴儿时期到青少年时期,每个运动特征都有一个"发展敏感期",因此该特征的发展更科学,效果更明显,但必须兼顾每个运动特征的全面发展,促进机体的全面发展。

第二节 大学生体质测试的项目与评分标准

大学生的身体形态、身体机能和身体素质等方面的综合评定不仅是评定大学生的体质健康水平的标准,也是促进大学生健康发展、激励其积极进行身体锻炼的一种教育手段,是国家学生发展核心素养体系和学业质量标准的重要组成部分。本节即对大学生体质健康的相关项目、测试以及标准进行论述。

一、身体形态测试项目

该项目是将身高和体重综合起来,以每厘米身高的体重来确定学生的体形匀称度,可反映学生是营养不良、正常体重,还是超重和肥胖。

如果所测得的体重指数数值小于或大于同年龄段的体重指数的范围,就说明身体的匀称度欠佳,需要通过调整饮食结构或积极参加体育运动来增加肌肉组织或减少体内多余的脂肪。

（一）测试器材

测试器材为身高体重测量仪。

（二）测试方法

受试者赤足，立正姿势站在测试仪托盘上，同时上肢自然下垂，足跟并拢，足尖分开约成60°，足跟、骶骨部及两肩胛区同时与立柱相接触，躯干自然挺直，头部直立，耳屏上缘与眼眶下缘齐平。

测试者站在受试者右侧，将水平压板轻轻沿立柱下滑，轻压于受试者头顶，然后读出身高测量结果，读数时注意双眼与压板水平面一致。接着读出体重测量结果，并将其记录下来。

身高的测量单位为cm，测量结果精确到1位小数，测量误差不得超过0.5cm。体重的测量单位为kg，测量结果精确到1位小数，测量误差不得超过0.1kg。

（三）评分标准

表3-1　大学生体重指数（BMI）单项评分表（单位：kg/m^2）

等级	单项得分	男生	女生
正常	100	17.9~23.9	17.2~23.9
低体重	80	≤17.8	≤17.1
超重		24.0~27.9	24.0~27.9
肥胖	60	≥28.0	≥28.0

二、肺活量测试

肺活量是指在不限时间的情况下，一次最大吸气后再尽最大气量所呼出的气体量，单位为ml。它是反映人体呼吸系统机能状况、人体生长发育水平的重要机能指标之一。

（一）测试器材

测试器材为电子肺活量计和干燥的一次性吹嘴。

（二）测试方法

将电子肺活量计放置在平稳桌面上。受试者面对仪器站立，手持吹嘴，试吹1~2次，检查仪器表有无反应和吹嘴或鼻处是否漏气。如果仪器一切正常，受试者深吸气，然后屏住气对准吹嘴尽力深呼气,直到不能呼气为止。此时液晶屏上显示的数字即为肺活量值。测试中不得二次吸气、吹气,被测者也不必紧张,以中等速度和力度吹气效果最好。每位受试者测3次,每次间隔15s。测试者记录每次数值,选取最大值作为测试结果。

(三)评分标准

表3-2 大学生肺活量单项评分表(单位:ml)

等级	单项得分	男生		女生	
		大一、大二	大三、大四	大一、大二	大三、大四
优秀	100	5040	5140	3400	3450
	95	4920	5020	3350	3400
	90	4800	4900	3300	3350
良好	85	4550	4650	3150	3200
	80	4300	4400	3000	3050
及格	78	4180	4280	2900	2950
	76	4060	4160	2800	2850
	74	3940	4040	2700	2750
	72	3820	3920	2600	2650
	70	3700	3800	2500	2550
	68	3580	3680	2400	2450
	66	3460	3560	2300	2350
	64	3340	3440	2200	2250
	62	3220	3320	2100	2150
	60	3100	3200	2000	2050
不及格	50	2940	3030	1960	2010
	40	2780	2860	1920	1970
	30	2620	2690	1880	1930
	20	2460	2520	1840	1890
	10	2300	2350	1800	1850

三、1000m跑(男)、800m跑(女)与50m跑

1000m跑(男)与800m跑(女)是一项要求学生较长时间保持较高速度行进的项目,

是对学生的速度、耐力、协调性、灵敏性和柔韧性等要求较高的体能类测试项目。50m 跑是国际上通用的测试项目，通过较短距离的高强度跑步测试学生的速度素质。速度素质可以反映人体中枢神经系统的机能状态和神经与肌肉的调节机能，也可以综合反映人体的爆发力、反应速度、柔韧性等素质。

（一）测试器材

400m、300m、200m 田径场跑道，发令旗一面，秒表若干块。

（二）测试方法

受试者至少两人一组进行测试，以站立式预备，当听到"跑"口令后开始起跑。发令员在发出口令的同时摆动发令旗，此时计时员开始计时。当受试者身体到达终点线的垂直面时，停止计时。

1000m 跑（男）与 800m 跑（女）的测量单位为 min 和 s，测试结果不计小数；50m 跑的测量单位为 s，测试结果保留 1 位小数。

（三）评分标准

1. 大学男生 1000m 跑单项评分标准

表 3-3　大学男生 1000m 跑单项评分表（单位：min·s）

等级	单项得分	大一、大二	大三、大四
优秀	100	3'17"	3'15"
	95	3'22"	3'20"
	90	3'27"	3'25"
良好	85	3'34"	3'32"
	80	3'42"	3'40"
及格	78	3'47"	3'45"
	76	3'52"	3'50"
	74	3'57"	3'55"
	72	4'02"	4'00"
	70	4'07"	4'05"

续表

等级	单项得分	大一、大二	大三、大四
及格	68	4'12"	4'10"
	66	4'17"	4'15"
	64	4'22"	4'20"
	62	4'27"	4'25"
	60	4'32"	4'30"
不及格	50	4'52"	4'50"
	40	5'12"	5'10"
	30	5'32"	5'30"
	20	5'52"	5'50"
	10	6'12"	6'10"

2. 大学女生 800m 跑单项评分标准

表 3-4　大学女生 800m 跑单项评分表（单位：min·s）

等级	单项得分	大一、大二	大三、大四
优秀	100	3'18"	3'16"
	95	3'24"	3'22"
	90	3'30"	3'28"
良好	85	3'37"	3'35"
	80	3'44"	3'42"
及格	78	3'49"	3'47"
	76	3'54"	3'52"
	74	3'59"	3'57"
	72	4'04"	4'02"
	70	4'09"	4'07"
	68	4'14"	4'12"
	66	4'19"	4'17"
	64	4'24"	4'22"
	62	4'29"	4'27"
	60	4'34"	4'32"
不及格	50	4'44"	4'42"

续表

等级	单项得分	大一、大二	大三、大四
不及格	40	4'54"	4'52"
	30	5'04"	5'02"
	20	5'14"	5'12"
	10	5'24"	5'22"

3. 大学生 50m 跑单项评分标准

表 3-5　大学生 50m 跑单项评分表（单位：s）

等级	单项得分	男生		女生	
		大一、大二	大三、大四	大一、大二	大三、大四
优秀	100	6.7	6.6	7.5	7.4
	95	6.8	6.7	7.6	7.5
	90	6.9	6.8	7.7	7.6
良好	85	7.0	6.9	8.0	7.9
	80	7.1	7.0	8.3	8.2
及格	78	7.3	7.2	8.5	8.4
	76	7.5	7.4	8.7	8.6
	74	7.7	7.6	8.9	8.8
	72	7.9	7.8	9.1	9.0
	70	8.1	8.0	9.3	9.2
	68	8.3	8.2	9.5	9.4
	66	8.5	8.4	9.7	9.6
	64	8.7	8.6	9.9	9.8
	62	8.9	8.8	10.1	10.0
	60	9.1	9.0	10.3	10.2
不及格	50	9.3	9.2	10.5	10.4
	40	9.5	9.4	10.7	10.6
	30	9.7	9.6	10.9	10.8
	20	9.9	9.8	11.1	11.0
	10	10.1	10.0	11.3	11.2

四、立定跳远

立定跳远是测试爆发力的项目，爆发力是在最短时间内发挥的最大力量。爆发力的大小不仅取决于力量，而且取决于力量和速度的配合。立定跳远的测量单位为 cm，测试结果只保留整数。

（一）测试器材
测试器材为沙坑、丈量尺。

（二）测试方法
受试者两脚自然分开，站立在起跳线后，脚尖不得踩线，跳跃时两脚同时起跳，不得有垫步或连跳动作。每人试跳 3 次。

立定跳远的距离是指起跳线后缘至最近着地点后缘的垂直距离。测试结果取 3 次成绩中最好的一次。

（三）评分标准

表 3-6 大学生立定跳远单项评分表（单位：cm）

等级	单项得分	男生		女生	
		大一、大二	大三、大四	大一、大二	大三、大四
优秀	100	273	275	207	208
	95	268	270	201	202
	90	263	265	195	196
良好	85	256	258	188	189
	80	248	250	181	182
及格	78	244	246	178	179
	76	240	242	175	176
	74	236	238	172	173
	72	232	234	169	170
	70	228	230	166	167
	68	224	226	163	164
	66	220	222	160	161
	64	216	218	157	158
	62	212	214	154	155
	60	208	210	151	152
不及格	50	203	205	146	147
	40	198	200	141	142
	30	193	195	136	137
	20	188	190	131	132
	10	183	185	126	127

五、引体向上（男）

引体向上主要测试上肢肌肉力量的发展水平，为男性上肢力量的考查项目，也是衡量男性体质的重要参考标准和项目之一。

（一）测试器材

准备秒表、高单杠或高横杠若干，杠的粗细以受试者手能握住为准。

（二）测试方法

受试者面向单杠，自然站立；然后向后摆动双臂，跳起，双手分开与肩同宽，正握杠，身体成直臂悬垂姿势。待身体停止晃动后，双臂同时用力，向上引体（身体不能有任何附加动作）；当下颌超过横杠上缘时，还原，成直臂悬垂姿势，为完成1次。测试人员记录受试者完成的次数。以次为单位。

（三）评分标准

表 3-7　大学男生 1 分钟引体向上单项评分表（单位：次）

等级	单项得分	大一、大二	大三、大四
优秀	100	19	20
	95	18	19
	90	17	18
良好	85	16	17
	80	15	16
及格	78		
	76	14	15
	74		
	72	13	14
	70		
	68	12	13
	66		
	64	11	12
	62		
	60	10	11
不及格	50	9	10
	40	8	9
	30	7	8
	20	6	7
	10	5	6

六、仰卧起坐（女）

仰卧起坐是一种比较安全地测试腹肌力量和耐力的项目。由于腹肌在仰卧起坐中发挥主要作用的同时，髋部肌肉也参与了工作，因此，这种测试既能够反映腹肌的耐力，也能够反映髋部肌肉的耐力。女生这两部分肌肉的力量和耐力与其某些生理功能有密切的联系，因此，仰卧起坐被单独列为女生的一个测试项目。仰卧起坐直接用次数作为评价指标。

（一）测试器材

测试器材为垫子、秒表。

（二）测试方法

受试者身体仰卧于垫子上，膝部屈成 90° 左右，两手指交叉于脑后，找同伴帮忙压住其踝关节，以便固定下肢；腰部发力将上体卷起，然后缓慢下降使身体复位。受试者起坐时两肘触及或超过双膝为完成 1 次，仰卧时两肩胛必须触垫，连续做 1 分钟。

（三）评分标准

表 3-8　大学女生 1 分钟仰卧起坐单项评分表（单位：次）

等级	单项得分	大一、大二	大三、大四
优秀	100	56	57
	95	54	55
	90	52	53
良好	85	49	50
	80	46	47
及格	78	44	45
	76	42	43
	74	40	41
	72	38	39
	70	36	37
	68	34	35
	66	32	33
	64	30	31
	62	28	29
	60	26	27

续表

等级	单项得分	大一、大二	大三、大四
不及格	50	24	25
	40	22	23
	30	20	21
	20	18	19
	10	16	17

七、坐位体前屈

坐位体前屈是用于反映人体柔韧性的测试项目。柔是指肌肉、韧带拉长的范围；韧是指肌肉、韧带保持一定长度的力量。柔韧性对于保护关节不受损伤具有重要意义。长时间缺乏柔韧性练习，可导致关节或关节周围软组织发生变形、挛缩，甚至粘连，因而限制了关节的运动幅度，牵拉时必然产生疼痛，因此扩大关节运动的幅度即扩大了人体活动的无痛范围。

（一）测试器材

测试仪器为坐位体前屈测试计。

（二）测试方法

受试者双腿伸直，两脚距离 10~15cm，平蹬测试纵板坐在平地上。测试时，受试者上体前屈，双臂伸直向前，两手并拢，并用两手的中指指尖轻轻推动标尺上的游标，直到不能向前推动为止。

坐位体前屈的测量单位为 cm，测试结果精确到 1 位小数，然后查表评分。

（三）评分标准

表3-9 大学生坐位体前屈单项评分表（单位：cm）

等级	单项得分	男生		女生	
		大一、大二	大三、大四	大一、大二	大三、大四
优秀	100	24.9	25.1	25.8	26.3
	95	23.1	23.3	24.0	24.4
	90	21.3	21.5	22.2	22.4

续表

等级	单项得分	男生		女生	
		大一、大二	大三、大四	大一、大二	大三、大四
良好	85	19.5	19.9	20.6	21.0
	80	17.7	18.2	19.0	19.5
及格	78	16.3	16.8	17.7	18.2
	76	14.9	15.4	16.4	16.9
	74	13.5	14.0	15.1	15.6
	72	12.1	12.6	13.8	14.3
	70	10.7	11.2	12.5	13.0
	68	9.3	9.8	11.2	11.7
	66	7.9	8.4	9.9	10.4
	64	6.5	7.0	8.6	9.1
	62	5.1	5.6	7.3	7.8
	60	3.7	4.2	6.0	6.5
不及格	50	2.7	3.2	5.2	5.7
	40	1.7	2.2	4.4	4.9
	30	0.7	1.2	3.6	4.1
	20	−0.3	0.2	2.8	3.3
	10	−1.3	−0.8	2.0	2.5

八、台阶试验

台阶试验（又称哈佛台阶试验），可以用来评价大学生在受到运动负荷时的心血管机能、心肺功能适应性。以学生在定量负荷运动后脉搏的变化情况，获得的评定指数大小评价学生的心血管循环系统机能状况。台阶试验评定指数的数值越大，代表大学生的心血管循环系统的机能水平越高，反之则越差。

（一）测量器材

（1）台阶或凳子（男生使用40厘米，女生使用35厘米）。
（2）节拍器（需校准）。
（3）秒表（需校准）。

(二)测试方法

测验前让大学生做拉伸活动准备,活动下肢关节。准备活动做好后,静坐10分钟左右。按照节拍器的节律(每分钟120次)上、下台阶,速度应保持在2秒上、下一次,其频率应保持在每分钟30次,连续做3分钟。

上、下台阶的动作:

(1)大学生一脚踏在台阶上,一脚站在地面上;

(2)踏在台阶上的腿伸直,另一脚站上台阶呈直立状态;

(3)先前踏在台阶上的脚先着地,先前站在地面上的脚踏在台阶上;

(4)重复前三步的动作。

做完后,大学生坐在椅子上对其测量恢复期情况记录第1分钟、第2分钟、第3分钟后30秒内的3次脉搏数。并用公式算得评定指数,计算结果有小数的,对小数点后一位四舍五入取整后进行评分。

$$评定指数 = \frac{踏台阶上、下运动的时间(秒) \times 100}{2 \times (3次测定脉搏的和)}$$

如果大学生无法坚持完成3分钟的负荷运动,则以其实际上、下台阶的持续时间进行计算,公式和方法同上。

(三)注意事项

(1)患有心脏系统疾病的大学生不能参与测试。

(2)当大学生跟不上节拍器节奏时应及时提醒,三次都跟不上应停止测试;测试过程中如感到身体不适,应停止测试,以免发生伤害。

(3)上下台阶时,保持膝关节都伸直的正确姿势。

(4)脉搏的测量需他人协助,大学生不应自测。

九、握力测试

握力测试针对个体的前臂和手部的肌肉力量,是反映人手部活动能力的重要方面。握力测试属于全身肌力测试的一部分,它还可以准确地量化人体肌体衰老的程度,因此也是我国大学生的体质测试项目。

握力测试的目的是测试大学生上肢肌肉力量的发展水平。握力体重指数,即每公斤体重的握力,不仅反映前臂和手部肌肉的力量,同时也是反映全身各个肌群与肌肉总体力量的一个重要指标。该测试是把握力的大小与被测人的体重相联系,以获得科学的评价。其计算公式是：

$$握力体重指数 = \frac{握力（公斤）}{体重（公斤）} \times 100$$

（一）测量器材

电子握力计。

（二）测试方法

打开设备的电源，查看初始数值是否为零，否则做调零操作。大学生应以直立姿势站立，双脚自然分开，单手持握力计全力紧握。数据记录员宣布成绩并记下握力计显示的数字。每位大学生可连握两次进行测试，结果取最大值，精确到小数点后一位。

（三）注意事项

（1）测试时保持握力器水平或垂直不动，应尽量避免摆动。尽量不要将设备贴到身体或衣服上。

（2）连续测试时，要等到数值回到零才能进行第二次测试。

（3）在测试中，大学生手部用力不要停歇，待显示达到最大握力数值后再停止用力。

十、平衡测试

本体感觉（平衡）是身体理解和利用身体空间位置信息的能力。它让你不用看就能控制你的四肢。来自脚底的信号，内耳与重力的关系，以及你所看到的促使身体激活或关闭肌肉以保持你喜欢的姿势。每次你站着、走下台阶、举重、穿衣服、抱小孩踮起脚尖时，它都会这样做。增加平衡能力可以改善协调和姿势以及运动技能，可以增加稳定性并减少伤害。

目前，平衡功能的评定主要有传统的观测法、量表法和平衡测试仪评定法等几种常用方法。

（一）闭眼单脚站立测试

（1）测试目的：闭眼单脚站立主要反映人体静态平衡能力。

（2）场地器材：平地、电子秒表或闭眼单脚站立测试仪。

（3）测试方法：

①受试者光脚，双手叉腰或置于身体两侧。

②将非支撑腿抬离地面，确保非支撑腿不能靠在支撑腿上。

③当非支撑腿离开地面时，开始计时。

④如出现以下情况，立即停止计时：手离开腰部；支撑腿摇晃或者向任何方向；非支撑腿接触到支撑腿。

⑤三次测试中取最好成绩。时间保持越长，平衡能力越好。

（4）注意事项：出于安全考虑，需要站在受试者后方保护，以防失去平衡摔倒。

（5）国民体质测试成人部分评分标准：见表3-10和表3-11。

表3-10 男性闭眼单脚站立评分表（单位：s）

年龄/岁	得分				
	5分（优秀）	4分（良好）	3分（合格）	2分（较差）	1分（差）
20~24	>98	42~98	18~41	6~17	3~5
25~29	>85	36~85	15~35	6~14	3~5
30~34	>74	30~74	13~29	5~12	3~4
35~39	>69	28~69	12~27	4~11	3
40~44	>54	22~54	10~21	4~9	3
45~49	>48	20~48	9~19	4~8	3
50~54	>39	17~39	8~16	4~7	3
55~59	>33	14~33	7~13	3~6	2

表3-11 女性闭眼单脚站立评分表（单位：s）

年龄/岁	得分				
	5分（优秀）	4分（良好）	3分（合格）	2分（较差）	1分（差）
20~24	>90	37~90	16~36	6~15	3~5
25~29	>84	33~84	15~32	6~14	3~5
30~34	>72	29~72	13~28	5~12	3~4
35~39	>62	24~62	10~23	4~9	3
40~44	>45	19~45	8~18	4~7	3
45~49	>39	16~39	7~15	3~6	2
50~54	>33	14~33	6~13	3~5	2
55~59	>26	11~26	6~10	3~5	2

(二)闭眼软垫站立测评

(1)测试目的:测试感觉统合能力。

(2)场地器材:软垫、秒表。

(3)测试方法:

①双手叉腰或抱胸,光脚,分开站立在软垫上。

②闭眼后开始计时。

③如出现双手打开、双腿移动、挣眼,立即停止计时。

④测三次,取最好成绩,时间保持越长,平衡能力越好。

(4)注意事项:出于安全考虑,需要站在受试者后方保护,以防失去平衡摔倒。

(三)Romberg 静态平衡能力测试

(1)测试目的:测试感觉统合能力。

(2)测试仪器:秒表。

(3)测试方法:

①双脚前后站立,采用足尖接足跟的直立方式。

②双臂交叉放在胸上部。

③站立好,闭眼后开始计时。

④两脚有移动或身体出现失稳时停止计时。

⑤测三次,取最好成绩,时间保持越长,平衡能力越好。

(4)注意事项:出于安全考虑,需要站在受试者后方保护,以防失去平衡摔倒。

(四)闭目原地踏步测试

(1)测试目的:测试动态平衡能力。

(2)场地器材:平地、秒表。

(3)测试方法:

①受试者闭目站立在以 40cm 为直径的圆圈中心。

②听到开始的口令后立即以每秒钟 2 步的频率踏步,直到脚出圈或触圈线。

③记录受试者持续踏步的时间,连续测三次,取最大值。

④时间保持越长,平衡能力越好。

(五)平衡木行走测试

(1)测试目的:测试动态平衡能力。

（2）场地器材：平地、秒表。

（3）测试方法：

①受试者站立在一个宽 10cm、长 3m、高 2cm 的简易平衡木的一端。

②听到开始的口令后立即快速行走，记录在平衡木上往返一次的时间。

③记录以 s 为单位，取一位小数，第二位小数四舍五入。连续测三次，取最大值。

④根据在平衡木上往返一次的时间长短评定受试者的平衡能力强弱。

第三节　体质健康评价的身体指数作用

人体是一个整体，身体的发育是遵循一定的比例关系的，因此可以将两个（或两个以上）指标通过一定的公式关联起来，这类公式的计算结果就构成了身体指数，可以用来评价个人的体形、运动能力和生理功能的发展状况。通常将这种评价体质水平的方法称为指数法。

身体指数是在人体测量发展的过程中逐渐产生和发展起来的。本节对常用的三类身体指数做简要介绍。

一、评价体形的指数

（一）身高胸围指数

$$身高胸围指数 = \frac{胸围(cm)}{身高(cm)} \times 100$$

该指数表明个体胸围发育情况，借以反映人的体型匀称度。1917 年，德国科学家布鲁格施以该指数的中位数为基准，把体型分为窄胸型（小于中位数）、中等胸型（等于中位数）和广胸型（大于中位数）。

（二）身高坐高指数

$$身高坐高指数 = \frac{坐高(cm)}{身高(cm)} \times 100$$

该指数通过坐高与身高的比值来反映人体躯干与下肢的比例关系，借以说明其体型特点。该指数的均值曲线随年龄的变化与身高胸围指数的变化特点相类似。根据该指数值的大小可将个人的体型分为长躯型、中躯型和短躯型。

（三）骨盆宽指数

$$骨盆宽指数 = \frac{骨盆宽度 (cm)}{身高 (cm)} \times 100$$

该指数男性均值随年龄增长而逐渐下降，女性的则随年龄增长而上升，从而反映男、女性不同的体形特征。在同性别、同龄人中比较，该指数值越小越体现出具有粗壮魁梧的体形，这样的人在与力量有关的许多体育运动项目上易于发挥其优势。

（四）艾里斯曼指数

$$艾里斯曼指数 = 胸围 (cm) - \frac{1}{2} 身高 (cm)$$

该指数是由苏联学者提出的，其计算更为简便。通过胸围和身高的关系（横径与纵径之间的关系），反映个体的体形或体格：指数大于零时说明胸廓发育良好；等于零说明是中等胸型；小于零说明是胸廓狭窄胸型。

二、评价营养状况的指数

（一）劳雷尔指数

$$劳雷尔指数 = \frac{体重 (kg)}{身高 (cm)} \times 100$$

这是1908年由德国学者劳雷尔提出的指数，用来反映人体的营养水平。他把人体当成一个立方体，身高是这个立方体的一个边，用体重除以身高的三次方表示1厘米^{3}体积的重量，进而体现肌肉、组织、骨骼和内脏器官的发育状况。劳雷尔指数对体形是否肥胖的反映较为敏锐，因此长期作为个体营养状况数据评价方法被使用，其评价依据和标准如下：

（1）指数大于156时评价为过度肥胖；
（2）指数介于156~140之间（包括156）评价为肥胖；
（3）指数介于140~109之间（包括140）评价为中等；
（4）指数介于109~92之间（包括109）评价为瘦弱；
（5）指数小于或等于92时评价为过度瘦弱。

（二）克托莱指数

$$克托莱指数 = \frac{体重(g)}{身高(cm)} 或 \frac{体重(kg)}{身高(cm)} \times 100$$

该指数是 19 世纪比利时的克托莱提出的肥瘦系数，通过每 1 厘米身高的体重（克）来反映人体的宽度、厚度、围度以及机体组织的密度，进而表示人体的充实程度和营养状况。该指数的均值通常随着年龄的增长而增大，但在女性 19 岁、男性 21 岁以后会逐渐稳定。评价依据和标准如下：

（1）大学女生克托莱指数：小于 19 评价为消瘦；19~24（包括 19）评价为正常；大于或等于 24 评价为肥胖。

（2）大学男生克托莱指数：小于 20 评价为消瘦；20~25（包括 20）评价为正常；大于或等于 25 评价为肥胖。

三、评价生理功能水平的指数

（一）布兰奇心功指数

$$布兰奇心功指数 = 心率（次/分）\times \frac{收缩压（mmHg）+ 舒张压（mmHg）}{100}$$

采用该指数评价是同时评定个体的心率和血压，因而可以较全面地反映其心脏和血管的功能。

评价依据和标准：该指数介于 110~160 之间（包括 110）时评价为心血管功能正常，此时其平均值是 140；如果该指数大于或等于 200，则需要警惕，最好去做心血管系统的进一步检查。

（二）肺活量指数

$$肺活量指数 = \frac{肺活量(ml)}{体重(kg)}$$

该指数利用体重对肺活量的相对值进行机体肺部能力大小的评定，对研究大学生的体质和有氧工作能力均有重要的意义。

（三）握力指数

$$握力指数 = \frac{双手平均握力（kg）}{体重(kg)}$$

因为肌肉力量的发展与体重有密切的关系，所以这项指数利用体重计算后更具有可比性。

第四章 体医融合与大学生健康

在我国高等教育体育教学课程深入发展的今天，顺应健康中国建设的大格局，从中创新出体医融合的新路径，以推动体育事业发展、逐步实现课程完善，让学生拥有强健的体魄。本章即针对体医融合与大学生健康进行阐述与分析。

第一节 体医融合概述

一、体医融合政策

党中央历来高度重视我国医疗卫生事业的发展，在党的十九大报告中"体医结合"表达了对人民群众健康的深切关怀。"体医结合"是将"医疗干预"转变为"医疗保健"的新理念，提倡以预防为主、"自力更生"的新型医疗干预，即"保护人们科学能力和预防疾病的新型医疗干预"。健康中国战略的实施将推动形成体育与健康共同发展、体育与健康合作共治的新型发展模式。

2016年10月，中共中央、国务院印发的《"健康中国2030"规划纲要》强调体育是促进健康的重要内容，并提出加强非医疗健康措施，引入体医结合的健康服务和疾病管理模式等。体医结合是《"健康中国2030"规划纲要》议程的重要组成部分，也是促进全民健身和全民健康的重要手段。

2019年7月发布的《国务院关于实施健康中国行动的意见》提出，成立国家级健康中国行动推进委员会，制定发布《健康中国行动（2019—2030年）》。实施《健康中国行动（2019—2030年）》的主要内容包括倡导健康生活方式、优化医疗卫生服务等方面15项综合措施的目标、任务和责任。同日，国务院办公厅发布了《健康中国行动组织实施和考核方案》，提出了健康中国建设评价指标框架，并提出将主要健康指标纳入各级党委和机关绩效考核。若干具体指南提出了"全民体育"与"全民健康"相结合的新要求，为加强体育与卫生等不同公共服务之间的协同管理提供了框架，并制定了卫生服务融入"体育与医学"的模式。建议提供强有力的政治支持和制度保障，以加强包括体育与健康在内的不同公共服务之间的协同增效管理，并制定将"体育与医学"纳入卫生服务的模式。

二、体医融合概念及内涵

2007年，宣海德首次提出并描述了"体医结合"一词，这是"体医融合"一词的前身。顾名思义，"结合"就是两个学科的结合。从字面上理解，"体医结合"可以理解为体育与医学的结合。运动医学结合是将体育运动的方法和手段与现代医学的理念和技术有机结合，将体育运动的要素与医学的各个方面科学、系统地结合起来，由相关专业人员在疾病预防、临床治疗和康复等阶段将医学和体育运动的技能和技术结合起来，以提高个人的身体健康水平。它是在疾病预防、临床治疗和康复阶段，通过综合应用医疗和体育技术和技能，改善人们的身体健康和卫生资源，以及相关专业人员的干预。这包括以下几个方面：（1）将体育运动作为健身、疾病预防、康复和辅助治疗的有效工具；（2）在体育运动风险预防中发挥重要作用的医学理论和技术，包括健身和体育运动增强、体育运动风险评估、体育运动损伤预防、体育运动损伤和疾病的诊断和治疗；（3）在政府的领导下，社会各界在促进体育健身、疾病预防、治疗、康复和其他健康措施方面的合作方式。其目的是通过体育健身、疾病预防、治疗和康复，提高全民健康水平，最终预防和控制疾病的发生和发展，降低治疗费用，提高生活质量。

这一目标主要通过以下几种措施来实现：（1）加强体育和卫生专业人员之间的专业交流；（2）集中体育和卫生专业人员的资源；（3）建立运动指南图书馆；（4）运动治疗和体育活动咨询，提供体育和卫生服务；（5）建立"健康和保健中心"；（6）宣传"体育促进健康"的理念，传播有关体育运动的科学知识，推广体育运动。

三、体医融合研究现状

国外体医融合的出现源于"文明病"的滋生，其表现形式多为健身俱乐部与医院的合作，目的是共同促进健康。早在19世纪，美国就已经出现体医结合，但真正尝试是在20世纪六七十年代，美国政府高度关注国民健康问题，开始从国家宏观政策层面部署体育与医疗相结合的治理框架，初步探索从体医结合入手，到后期体医融合在促进健康等方面的广泛应用，产生了良好的实践效果。同样是注重医疗健身行业的日本，与美国的健身俱乐部有异曲同工之妙。2001年，日本政府出台了《关于健康运动指导员知识和技能审定机构的认证规定》（厚生劳动省2001年第98号令），开始倡导"体医融合"的发展理念。通过提高国民身体素质，降低国家医疗负担。2012年，在英国的国际体育科学、教育与医学大会（ICSEMIS）上，体育与医学界的专家学者提出了对体育与医学的融合的期盼。梳理相关文献，发现国外对于"体医融合"的研究主要是从"运动处方"入手，由于开展时间较早，研究成果较为丰富。相较于其他发达国家，我国"体医融合"尚处于萌芽阶段，"体医融合"尚未形成固定化、模式化的内容和形式。随着经济的快速发展、生活方式的改变以及"现代文明病"的流行，"体医融合"在我国日益受到关注和讨论。近年来学者们的研究也逐渐增多，主要集中在以下四个方面：

一是"体医融合"理论探讨。例如，崔瑞华指出，离开医学监督的体育是盲目的、不科学的，离开体育的医学是没有活力的。胡耿丹、汪波等认为，"体医融合"健康促进模式是"现代文明病"的"克星"，是实现健康生活方式的有效途径，可缓解医疗和社会经济压力。郭建军认为，"体医融合"落实到学校体育，就是生长发育规律与体育教育的融合，就是慢性病防治关口前移与体育教育的融合。刘海平分析了基层体育组织制度保障、人才队伍建设及平台构建方面的制约因素，提出应构建"体医融合"促进全民健康的机制、搭建全民健康服务平台、构建"体医融合"促进全民健康的人才培养体系。杨光研究发现，"体医融合"的内在逻辑为：健康状态时"体育为主、医学为辅的联合预防"，亚健康状态时"体育与医学灵活转换的协同预防"或"体育调节、医学治疗的协作发力"，以及不健康状态时"医学治疗为支撑、体育康复与调理作支援的有力配合"；时代价值表现为：面对"健康"的准确识变、面对"疾病"的主动求变、"医学"角色的科学应变以及"体育"责任的积极转变。徐京朝提出，推动服务供给由"试点化"向"普及化"转变；加强人才供给，搭建对话平台；提升个体预防意识，驱动个体健康自治；提升体育话语权，均衡体育与医学在"体医融合"中的地位四个方面的相关启示。

二是"健康中国"背景下"体医融合"现状与发展研究。例如，戴素果提出，通过"加强老年健康促进的宣传教育和专业人才培养、大力发展与老年健康促进相适应的体育医疗技术、构建基于老年健康大数据与互联网的信息沟通平台"的路径，提高体育锻炼与医学治疗的深度融合。王萍建议，体育与医疗结合防治慢性病的研究应从"健康供给"和"健康需求"两个维度展开。其中，"健康供给"分为制度建设和人才培养的路径和目标，"健康需求"分为生活方式培养和体育文化推广。报告提出了优化各路径的措施，并建议在体育管理者培训中进一步融合体育与医学。周超认为，"体医融合"的成果将集中在体育与医学在大中小学人才培养中的融合、体育与医学在健康促进中的融合、体育与医学在社会中的融合、体育与医学在职业发展中的融合等相关研究。基于我国城市健康促进体系中"体医融合"的两个方面，从创新到完善我国城市健康促进体系中"体医融合"的运行机制，刘海平认为，"体医融合"是"健康中国"建设的一个阶段。将"体医融合"纳入中国城市健康促进体系，要从两个方面入手：搭建"体医融合"纳入中国城市健康促进体系的平台；加强"体医融合"纳入中国城市健康促进体系的人才队伍建设。王世强在《中国健康》中分析了慢性病防治的"体医融合"服务类型，将具有代表性的体医融合服务类型归纳为四种：（1）药品处方模式；（2）医院健康咨询模式；（3）社区健身中心模式；（4）社区健康管理中心模式。接下来，李国锋提出了促进"体医融合"的模式。卢扬认为，构建社区"体医融合"服务体系是实现我国体育和医疗卫生发展，是经济高效地减轻医疗系统压力，提高全民健康水平，实现全民健康的必由之路。丁省伟基于系统论视角，从综合组织管理、健康教育宣传、健康信息管理、指导服务平台、分级诊疗制度、复合人才培养、资源保障服务、监督评价网络八个方面对体医深度融合体系框架进行构建。[①]

三是"体医融合"干预研究。例如，杨晓林、董晓倩等研究发现，"体医融合"措施可有效地改善肥胖女性形态，对高血压、糖尿病的发生有一定的预防作用。邵梦霓研究表明，"体医融合"的运动干预模式能够明显降低绝经后高血脂女性的血脂、提高骨密度，尤其对骨量正常者的骨密度改善更加明显。闻剑飞提出，"政府主导—部门协作—企业运营—专家评估"的"体医融合"模式可以有效地改善女性血压异常人群身体成分，调节血脂及降低血浆 ET-1、D-D 浓度，降压效果明显，值得推广。刘治良、王帅研究表明，"体医融合"干预对社区高血压病患者的生活质量和体适能具有一定的有效影响，对糖尿病患者的生活质量、体适能、空腹血糖都有改善作用。李默提出了将体质检测与健康体检有机结合，使用"1+1+N"的体医结合健康服务新模式。通过对代谢性慢病高危人群实施"体医融合"运动干预管理后，发现运动组人群在身体形态、身体机能、身体素质及机体代谢上有显著改变。

四是"体医融合"背景下的相关研究。例如，崔学军认为，"体医融合"是新时代背景下促进全民健康的新举措，提出了"体医融合"健康促进模式的目标、构建原则、管理组织构架、内容构架、模式应用与保障机制等。姜勇基于"体医融合"的视角探求中小学体育与健康课程的发展路径：秉承"健康第一"指导思想，提高健康教育意识；完善中小学体育与健康课程内容遵循的基本原则；加强中小学体育与健康课程实施的条

---

① 张福兰、张天成、徐涛：《"体医融合"视域下武陵山区农村儿童青少年体质健康促进研究》，西南交通大学出版社 2022 年版，第 250 页。

件保障；丰富中小学体育与健康课程评价内涵。张安骏探讨了"体医融合"背景下的医学院校体育教学改革，指出，体育学与医学领域的融合既要结合医学类院校特色发展医学的人文教育精神，又要结合体育预防、保健、康复三位一体的发展理念，打造一条属于医学类院校的体医融合之路。张学良结合《"健康中国2030"规划纲要》精神与"体医融合"思维提出，成立"健康管理委员会"、改组"体医融合健康管理中心"、构建"金字塔式"健康管理模式、建设"四位一体"数据平台、加强健康教育、培养健康生活方式等大学生健康管理改革发展策略。程嘉浩采用扎根理论获得我国体育产业的多个研究维度，即大健康战略、养老产业发展、健康中国战略、产业创新和人才培养等；结合主轴编码及选择性编码获得体育产业的发展模型；基于"故事线"梳理"体医融合"视角下体育产业的大健康、健康中国和"体医融合"与体育产业革新等三大产业发展模式。

第二节　体医融合与大学体育健康教育

一、体医融合视域下高校体育健康教育路径研究

（一）高校体育健康教育采用"体医融合"模式的必要性

1. "体医融合"有助于全民健身的推动和健康中国的实现

健康是幸福生活的保证，但在实际生活中，健康并不令人满意。现代社会发生了翻天覆地的变化，许多人的生活方式发生了根本性的改变，工作和私人生活远离了大自然和体育运动，尽管人们认识到体育运动的重要性，但体育运动的强度、频率、种类和方式并不符合科学的体育锻炼标准。根据中国国家卫生健康委员会、中国疾病预防控制中心、国家心血管病中心和国家癌症中心联合发布的《中国居民营养与慢性病状况报告（2020年）》，中国超过70%的人口体重不足，慢性病是中国居民的主要死因，而缺乏体育锻炼是慢性病发生的主要因素。西方发达国家的研究表明，身体活动是预防和治疗慢性病的重要组成部分，通过促进身体活动来控制和预防慢性病是现实而有效的。当前，"体医融合"在全民养成健康生活方式中发挥着重要的引领和支撑作用，实施"体医融合"将为提高国民体质、建设健康中国做出贡献。推进"体医融合"，保障人民健康，为健康中国建设贡献力量，我们的体育健儿正当时。

2. 有助于高校学生健康素养的提升和身体素质的提高

健康素养，是指个人获取、理解和有效利用健康信息以促进和保持健康的能力。提高学生的健康素养是提高中国居民健康素养的重要一步，首先要从中小学和大学抓起。

目前，中国学生的总体健康素养水平较低，这导致了不健康的生活习惯和行为，影响了中国人口的总体健康素养。研究表明，体育锻炼意识的自我评估取决于健康素养水平，并与健康素养水平呈正相关。学生健康素养水平普遍不高，必然导致体育锻炼意识淡薄，对其长期健康产生负面影响。据《中国青少年体育发展报告》数据，大学生体质健康水平普遍低于高中生，且呈持续恶化趋势。当代大学生缺乏体育锻炼，加之身体素质差、身材矮小、肥胖和超重现象日益严重，严重威胁着他们的身心健康。作为体育教师，我们有不可推卸的责任和义务，从"体医融合"的角度，帮助学生更多地了解疾病和体育运动，培养健康科学的生活方式，养成终身体育的良好习惯。

（二）高校体育健康教育"体医融合"现状

1. 高校体育健康教育缺乏"体医融合"意识

党和国家一直致力于提高公众健康水平，建设健康中国，并采取了许多相关政策来提高公众健康水平。因此，高校越来越重视体育教学和学生健康。然而，部分高校对体育与健康教育中的"体医融合"认识和理解不到位，仍以传授具体的运动技能和基础知识为主，无法有效实施"体医融合"模式。因此，"体医融合"的健康教育模式无法得到有效推广。因此，作为体育教师，我们需要加深对"体医融合"的认识和理解，使体育教学更加科学有效，更好地保障学生的身体健康。

2. 高校"体医融合"体育健康教育课程体系不完善

目前，仍有许多大学的体育与健康科学课程侧重于基本体育技能和体育专项技能，但缺乏"体医融合"的课程。即使在学校，也很少有将体育与医学相结合的健康课程。这种体育与健康教育课程体系无助于实现《"健康中国2030"规划纲要》体教结合，"加强体医融合和非医疗健康干预"的目标。因此，高校应围绕"体医融合"，加强相关课程建设，完善体育与健康教育课程体系，实现"体医融合"。

3. 高校"体医融合"体育健康教育师资不足

体育教师在大专院校的体育与健康教育中发挥着重要作用。他们主要负责维护和促进学生的健康，这对学生的全面发展非常重要，也是必不可少的。要实现"体医融合"，高校体育与健康教育应包括：从医学角度认识体育与健康教育；了解体育教育的价值、体育教育对身体健康的影响以及体育教育的作用机制；将科学的方法应用到体育教育中，促进学生健康；向学生介绍身体健康的原因，提高学生的敏感性，使学生意识到自身健康的重要性。我们可以一起找出学生这样做的原因，提高他们的健康意识，鼓励他们主动锻炼身体。要有效地开展这类体育与健康教学，体育教师需要了解"体医融合"的知识。然而，由于目前高校缺乏对"体医融合"的理论研究，体育学院与医学学院之间、医学学院与培养体育人才的体育学院之间缺乏合作，阻碍了高校"体医融合"课程的开发。此外，大学和院系缺乏培养体育教师在"体育与医学结合"领域的知识和能力的途径，导致现代体育教师难以成为"体医融合"方面的专家。所有这些问题导致许多大学体育教师短缺。

（三）"体医融合"视域下高校体育健康教育路径探析

1. 高校需提高体育健康教育"体医融合"意识

根据《"健康中国2030"规划纲要》的精神，高校应组织学习和宣传活动，促进体育与医学的融合，将体育在促进健康和提高学业成绩方面的作用放在首位，积极推动体育与健康的终身发展。因此，高校体育与健康教育的负责人不仅要注重在健康教育中传授具体的体育技能和基本的体育知识，还要转变教学方式，提倡"体医融合"的观点，为学生提供科学的健康指导，促进学生的健康，端正健康观念，帮助学生养成适当的体育锻炼习惯。学生在学业结束后，不仅能掌握一两项运动技能，还要养成用科学、有效、安全的运动方法进行锻炼的习惯，以持续促进健康，预防疾病和慢性病。同时，高校领导应推动"体医融合"的发展，制定政策，创建体系，投入科研资源，整合学校层面的体育与医疗资源，有效促进体育与医疗技术的融合，强化"体医融合"在健康促进中的作用。加强"体医融合"在健康促进中的作用，应切实推进体育与医疗技术的结合。

2. 高校需完善"体医融合"体育健康教育课程体系

应从两个层面发展体育与健康教育。面向全日制学生的"体医融合"体育与健康教育体系，不应局限于国家必修课《大学体育与健康》，而应包括医学常识和体育活动，开设丰富多彩的健康与健康促进选修课，以弥补国家体育科目内容的不足，应提高大学生健康素养的认知度和普及度，为学生毕业后的未来生活提供安全、有效、可持续的知识基础。应开设各种健康促进和健康科学选修课，以补充大学生对健康素养的认识和普及，为他们毕业后的未来生活提供安全、有效和可持续的体育活动基础。医学与体育学院应更加重视未来健康科学专业学生的医体融合，深化医体融合理论研究，加快医体融合课程开发，为学生提供可持续的体育锻炼基础。以发展为目标，开发"体医融合"系列课程，通过这些活动，共同培养高素质多学科人才的医学知识和运动技能。通过这些活动，共同培养具有医学知识和体育技能的高素质复合型人才，为"体医融合"的可持续发展储备人才。

3. 体育教师应依托网络教学平台创新体育健康教育模式

现代社会是互联网时代，学生的生活与互联网上的信息和数据紧密相连，这就为体育课程"融入"运动医学创造了新的契机。首先，在体育课前，体育教师可以利用网络学习平台，普及学生应提前学习的运动医学相关健康知识。体育课中，将运动心理学、运动医学和健康知识融会贯通，讲解具体的技术和理论，让学生知其然，知其所以然，从而提高学生的学习兴趣和积极性。体育课后，学生结合运动医学测试知识进行练习，根据身体状况推荐运动项目，在运动中根据身体状况优化和调整动力，从而指导体育活动。同时，体育教师应利用大数据平台对学生的校外体育锻炼数据进行监测和管理，真正做到"体医融合"，科学施教，提高学生健康水平。

4. 高校需加强"体医融合"专门人才师资建设

加强"体医融合"领域的大学师范教育计划的第一个起点是体育系。在大学里，体育系是体育与健康教育的中心，在这里，应将促进健康的理论与体育运动的具体知识一并传授。建立"体医融合"教育小组可以从培训体育教师开始。学校可以将体育与健康资源联系起来，传播健康知识，为体育教师开展进修课程。学校还可以提高教师的科研热情，对有实际科研成果的教师给予适当的奖励，以提高体育教师在"体医融合"方面的教育和培训水平。体育教师的教育和培训水平有待提高。同时，高校体育院系应吸纳有"体医融合"教学经验的专家，如临床康复专家、中医专家及其他医学教育专家等，使高校能够整合体育与医学资源，更好地了解医学与体育这个大家庭，确保全体学生能够共同关注自身健康。

二、大学体育健康教育与"体医融合"的体育教学模式

（一）体医融合理念下高校体育教学改革的必然性

1. 青少年体质急剧下降

在人类社会飞速发展的今天，慢性疾病已严重威胁到我国人民的身体和精神，而这些疾病是威胁我国国民身体素质的重要因素。据2010年国家体育和卫生调查报告，我国目前的肥胖人口比例呈现快速上升趋势，7~22周岁的青少年儿童肥胖比例高达20%。这表明中国的青少年已经步入了一个真正的肥胖流行阶段，需要国家、社会、学校、家庭的关注。大量的实验结果显示，运动对于防治慢性疾病是一种行之有效的方法。因此，促进青少年身体数值提升是后续推行"健康中国"战略目标发展的关键。显然健康的体魄是青少年的主要标志之一，是我国今后发展的关键进程。

2. 高校体育课程需改革

（1）体育课程偏向形式化。在高校体育教学中，大部分是以理论教学的方式进行，而与之配套的实践教学相对比较薄弱，其中最大的缺点就是学生的实际操作能力跟不上理论性的积累，以及在实验过程中出现的问题。比如，在传授保健推拿基本技巧时，大部分教师采用了讲课的形式，这就导致学生难以独立地进行实践，对技巧和技巧的理解也不够透彻，从而导致他们的综合素质和能力的提升缓慢。

实际上，体育教学形式化问题产生的根源是学生的"身心健康"观念尚未得到贯彻。"健康中国"的发展规划建议高校学生每天的运动时长不得低于1小时，每周至少参加适度的运动锻炼3次。但在现实生活中，由于高校学生对体育的兴趣较弱，对体育锻炼参与的积极性也不高，因此，在体育课上的运动强度远低于目标水平。同时，体育课程的设计形式化问题严重，也导致课堂整体缺乏活力，难以激发学生的学习兴趣。

由此可见，在体育健康教育的课堂上，教师的课堂教学形式单一、固定化是一个十分突出的问题。目前，我国高校体育课无论采取师资评估体系，还是实行"教、评"分开的体制，都不能改变"以获取学分"为目的参加体育课的观念。随着时间的推移，教师失去了对体育教学的兴趣，导致了体育课的形式主义倾向。

（2）高校体育课程健康元素设置不足。体育与健康课程是高校开展体育工作的基础性工作，也是培养高校学生体育能力和引导其健身的有效途径。但随着我国高校学生运动健康教育类课程的日益普遍，我国的体育健康教育也面临着越来越多的问题。简言之，就是长期以来人们对体育运动缺乏足够的关注，导致了"重智轻体"观念的滋生。

目前，我国的体育健康学科的教学中，仍然存在大量的传统教学模式，而在实践中，由于教学设计的不断发展，越来越不能满足现代教育的需要。不完美的教学计划将会直接影响课程的教学效果，从而降低教学的质量。比如，很多教师在进行"包扎"和"止血"课时，过分强调了"理论"的设计，而对"实习"的指导思想却很薄弱，这就造成了很多学生不能很好地把"理论"和"实际操作"相联系。

（3）与医学知识结合不够紧密。当前的高校体育教学课程中，大部分的课程设置是技能训练，具体的教学内容也围绕着体育相关的知识和运动技巧，可以发现在实际教学过程中理论知识几乎不会出现，即便是体育专业或者体育高职院校也很少出现"体医融合"相关的教学课程。而学生在缺乏运动医学知识的前提下，盲目训练很容易拉伤，或者打击其自身健身的积极性。

（二）体医融合理念下高校体育教学改革的建议

体育是高校课程中一门必不可少的内容，它在增强学生的身体素质和促进学生的综合素质提升等方面都能起到很大的作用。为此，必须按照《"健康中国 2030"规划纲要》提出的有关建议，进行高校体育教育的改革。"体医融合"的教学模式路径如图 4-1 所示。

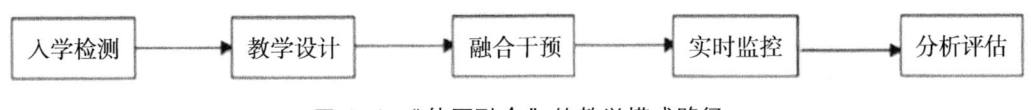

图 4-1 "体医融合"的教学模式路径

1. 从"体医融合"的角度设立教学目标

体育教育目的，是指在体育教育中实现的预定目标。为此，在高校进行体育教学时，应从学生的运动医学认知出发，向他们灌输科学的相关理论。在全面提高体育素质的同时，加强对医学知识的全面了解，使其具备良好的健身素质。目前，我国的高校体育课程仍然主要是教授运动技巧，很少进行理论教育，因此，可以将运动损伤的相关知识、减轻运动损伤的相关方法、简单的运动康复方法、科学健身知识普及、基础营养学普及等知识融入教学内容，使体育教育更加多元化，增加高校体育教育的趣味性。

2. 立足于健康中国背景创新体育教学模式

《关于深化教育改革全面推进素质教育的决定》提出，在我国高校的体育教学中，要把"健康第一"作为一种新的教育理念。我国实施"健康中国"的重大举措，把卫生教育作为当前教育改革的重要内容。以"体医融合"为主线，并立足于当前新的体育教育模式，最终构建了一种全新的"体医融合"的教学模式。

该教学方法是把运动处方教学模式与体育课程结合起来，在传统的体育课程教学中引入运动处方，结合学生兴趣与学校的教学条件，采用适合学生现实需要的教学方式。并在以后的实践中，对仪器进行监控，对其进行改进和优化，以实现提高学生的身体素质和体育终身学习兴趣的目的。

3. 构建多元化高校体育教学评价方法

目前，我国的体育教学评估系统是教师和学生共同参与的，包括教学手段、教学方法、教学环境评估。在高校体育教育中，教师的教学评估是一项非常有意义的工作，当前评价的主流方式有四种：描述性评价、量化评价、过程评价和多元评价。现有的师生互动评估，尽管是从师生两方面进行的，但其视角仍然太过单一，评估也失之偏颇。在"体医融合"的教学中，高校的体育评价应该与"体医"的融合方案紧密地联系在一起，采取多元评价的方法，既有教师和学生之间的相互评价，又有长期的身体健康状况的监测结果。另外，评价的角度要多样化，既要从教学目标的完成度、个性化的差异化的程度，又要从学生的理论基础、健康状况、运动习惯和认识等方面进行综合评价，这样才能保障评价结果的全面性和科学性。

4. 教育部门应意识到"体医融合"的重要意义

为了使"体医融合"的教学模式得以成功，学校应进一步深化对体育教育的认识和研究，了解体育教育的重要作用，从而推动体育教育的改革，转变体育教育的理念，调整高校体育课程的教学内容与目标，从而更好地为体育院校的复合型人才培养计划服务。

"体医融合"的教学模式应根据高校内不同专业的特点，设置与之相适应的课程内容与目的，从而达到运动与医学的完美融合。为达到上述目的，最直观的方式就是进行教学改革，即从学生的现实出发，把"体医"的整合教学分为三大模块：运动康复治疗模块、医务监督模块和保健按摩模块。

在体育健康教育教学模式的变革中，应根据不同的学习特点、基础水平和教学需要，选择适合的教学方式。从高校学生的课堂学习情况来看，在体育课理论教学中，他们处于比较松散的阶段，在实践教学阶段则更为活跃，但是，与之对应的教学秩序的维持却显得比较困难。因此，在实施该模式时，必须根据实施方式选择相应的教学方式。比如，采用"任务导向"的方法进行教学，教师可以指定一位组长来维护团队的秩序，并在完成时，组长负责组织和安排工作，营造轻松的班级学习气氛。目前，在运动医学专业中，很多教师已经找到了比较有效的方式，可以根据课程内容、课程目标等来选择合适的课程，从而提高其教学质量。这些有效的教学方式包括启发式、探究式、参与式和讨论式，增加案例式教学和课外开放式现场教学的教学时间。

5. 不断提高高校教师的综合素质

"体医融合"的教学方式对体育师资的要求越来越高，为适应当前的教育需求，教师应具备多种学科的专业知识。教师在吸收新资讯的同时，也有必要随着时代的变迁而持续地提升和更新自己的专业技能。同时要具备知识的实际运用能力，既要有扎实的基础知识，又要有综合运用知识的灵活运用，教师要在实际教学过程中积累知识，不断地提升自己的知识运用水平。此外，在体育教育的实践中，要敢于学习新知识、发现新规律，突破常规，发展新思想、新方法，不断改进和优化"体医融合"的教育方式。

6. 构建相应的教学体系

"体医融合"的教学模式建立在体育康复教育的基础上，即通过提升高校学生对体育康复理论、康复操作技能和科学训练的理解程度，从而达到指导他们后续终身学习的目的。同时，要加强教学内容，将理论与实践性教学有机地结合起来，以"体医融合"为基础，以学科内容为基础，促进"体医融合"技术与职业素养的统一。

过去的体育健康学考试多以考勤、考试成绩和实验报告为主要参考指标，因而考评制度也存在一些缺陷，如实验报告的剽窃等。因此，在构建评估系统时，要确保评估系统的公平性、科学性和合理性，同时要重视学生的学习进程，让他们能够实时掌握自己的学习情况。比如，教师可以将学生的日常表现融入评估系统中，通过实验测试，将学生的操作能力、合作能力、实验效果等指标转换为一定的分数，从而更好地体现出个人能力，保证考核的公平性。

第三节 体医融合与大学生健康管理

一、体医融合是大学生健康管理改革的可行性因素

（一）体医融合是健康管理发展的新思维

要推动形成体医结合的疾病管理与健康服务模式，发挥全民科学健身在健康促进、慢病预防和康复等方面的积极作用。目前，体医融合已成为研究热点，郭建军从健康要素视角提出体医融合是运用运动方式结合医疗手段促进健康的模式，是综合运用体育与医疗要素，发挥其在慢性病预防和康复、健康促进等方面的作用。常凤、梁丽珍等从协同发展视角提出体育与医疗系统有天然的共生关系，两者深度融合是健康促进的关键。宣海德也提出体医融合要在医学体检与体质测评、运动保健等方面进行体育与医疗卫生部门的结合与互补，实现疾病防治和健康促进。李憬圆、张鳗在系统观下提出体医融合需要体育与医学系统的人才共享，它是体育和医疗系统改革的路径、对体育健康促进与医疗体制改革有积极作用。在国家大健康战略与健康中国建设的背景下，体医融合已是《"健康中国2030"规划纲要》（以下简称《规划纲要》）着力推进的健康服务模式，它的内核是在融合思维下，积极调动各方健康促进力量和资源，重点运用医学知识与体育科学进行的科学健康促进，是国家推进的健康管理发展的新模式，对大学生健康管理研究有重要意义。

（二）健康管理是健康中国推进的重要举措

健康管理源于美国医疗保险机构对客户健康的系统管理，它借助医疗技术与其他手段，对人体疾病的发生发展进行管控，从而降低医疗成本，减轻医疗机构的赔偿负担。目前，我国的健康管理理论研究成果丰富，如黄建始提出健康管理是以信息技术为支撑，以医疗与保健技术为基础，以帮助服务对象建立健康生活方式为目的，而建立的个性化、细致和完整的服务程序。邹敏提出，健康管理是以个性化的健康档案管理服务为基础，通过教育、体检、评估、康复、治疗和保险等手段，保障人的生命健康。胡俊峰提出，

健康管理是健康咨询、健康干预和健康指导的集合,是通过对个人、群体的健康危险因素与身体健康情况等数据的监测、分析和评估的路径而实现的健康服务。在我国大力推进健康管理事业的背景下,结合《规划纲要》精神认为健康管理的内核是预防与治疗的结合,是通过对健康危险因素的监测和干预,提升人的健康意识和生命质量。而目前健康管理被我国公众接受度较低,但在大健康理念下,健康管理已逐渐成为国家的重大议题事项,亦成为健康中国推进的重要举措。

(三)体医融合与健康管理的相关性探析

《规划纲要》提出,要推动形成体医融合的疾病管理与健康服务模式……让有效的运动服务于健康。目前大学生健康问题严重,以往单靠药物和没有科学介入的身体锻炼难以达到干预、治疗效果。而学生健康是学校工作的主要内容,是"健康校园"建设、"健康第一"理念落实的核心目标。《规划纲要》提出体医融合旨在使卫生健康从业人员能够为服务对象提供科学的运动处方服务,这成为现阶段大学生健康管理有效实施的路径。在《规划纲要》深度解析基础上,结合前述可知,体医融合和健康管理具有显著相关性,它们是全民健康发展的理念下《规划纲要》着力推进的既相对独立又将深度交叉融合的健康促进的举措;在体医融合理念下,高校健康管理应促进运动、医学和卫健部门的体格检查、身体素质测试、运动健身和康复,以及学生管理部门对学生的生活指导、活动监督和评价等多方面的配合与补充,在医学的安全保障下,通过科学评测进行有针对性的靶向精准运动,提供科学的、个性化健康需要的运动种类、运动量与强度、运动形式等。同时,体医融合的融合观念引导着人们对健康、疾病、生活方式等形成科学认知,形成正确的自我健康管理理念,并重新理解运动与健康的关系,对大学生健康管理有积极意义。因此,体医融合下大学生健康管理发展有其应然性,它作为国家推进的健康管理发展的新思维、新举措,是促进大学生健康管理发展的可行性因素。

二、体医融合下大学生健康管理改革策略

(一)成立有实权的"健康管理委员会"

目前,我国高校学生健康管理中多元主体的健康促进政策未能有效聚合,其核心问题是缺少真正意义上的校长直接领导、缺少有实权的校级健康管理机构协调校内外的健康资源,致使部门之间的资源与信息不能共享而形成"管理孤岛"。研究认为,应以体医融合理念为指导构建实权校级机构:"学生健康管理委员会"(以下简称委员会),实行校长负责制,加强对体育、医疗卫生、学生管理和心理健康教育部门和其他健康促进

力量的协调与整合,并积极承担校内外健康资源融通的桥梁角色,以国家发布的高校管理政策要求为导向做好校内学生健康管理的顶层设计与实施保障,促进委员会高效开展工作。

(二)改组"体医融合健康管理中心"

针对体育部门健康角色缺失与传统部门的履职实效不佳等问题。结合《规划纲要》提出的有关体医融合组织机构建设精神为指导,将"学生体质健康测试中心"升级为"体医融合大学生健康管理中心"(以下简称"中心")有积极意义;通过国家体医融合推进的政策保障,能有效融合身体素质与运动表现、医学体检与慢性病防治、学生管理与心理健康教育等学生健康资源,为学生提供素质测试、健康评估与健康促进、运动心理干预与科学锻炼指导等服务。由此,将明确体育部门在学生健康管理中的角色与担当,"中心"也将作为校内学生健康管理部门职能协同的"聚合点",提升各有关部门的职能实效。

(三)构建"金字塔式"健康管理模式

2020年9月22日,习近平总书记在教育文化卫生体育专家座谈会上作专题讲话,要推动健康关口前移,建立体育和卫生健康等部门协同、全社会共同参与的运动促进健康新模式,这为大学生健康管理模式创新指明了方向。目前,心理健康咨询室和校医院结合的模式很难系统地解决学生健康问题。只有将医疗、学生管理与心理健康教育部门,以及其他健康促进力量融合至"中心",构建委员会、医生、学生、教师与教辅人员集合的"金字塔式"健康管理模式(以下简称金字塔式),才能有效促进大学生健康管理的精准实施。金字塔式能强化组织领导,它的显著特征是医生成为团队的核心成员,由委员会负责融通校内外医生和医疗保健资源,增强校医团队的话语权。金字塔式将有效支撑"中心"工作,提升各部门的职能实效、为实施主体之间健康管理链条衔接提供保障。

1. 金字塔式的基本架构

由一名体育教师与一名辅导员组成学生健康工作小组(以下简称工作组)。一位医生指导多个工作组,一个工作组管理若干自然班;以医学诊断为指导,以心理健康检查为支撑,以运动干预为措施,以个性化运动处方为主要手段,以体育教学、社团活动、群体赛事和运动竞赛为主要抓手,全面调动健康促进资源。

2. 技术、资源和话语权的融合

技术上,医疗技术、运动技术与教育技术之间扬长避短,避免对陌生领域的重新学习。资源上，发挥体育部门的运动技术资源、场地与设施资源等优势，发挥学生管理和心理健康教育部门的学生党团组织、学生会和学生社团，以及辅导员、班主任等人力与组织资源优势，发挥医疗部门的医学检查与诊断、卫生保健和疾病防治等资源优势。话语权上，医生的医学与安全建议、体育教师的运动干预指导、教辅人员的组织与管理等在各自领域的话语权威，按金字塔式逐层衔接，实现话语权融合。

3. 核心职责

通过学校政策确立委员会的威信力，以委员会为领导核心，充分实现各实施主体的价值认同。运动处方是"中心"工作的有效"契合点"，委员会应以此为轴，打破部门利益壁垒，出台相应的扶持政策与措施，健全管理制度与协调机制，明晰不同组织和部门的角色和职能。委员会要积极发展学生体育健康社团，重视运动的文化性特征，推广运动是交往的有效路径的理念，用运动的文化特性推动其健康特性，有效促进学生的运动坚持。医院负责疾病诊断和合理用药，以及运动禁忌证和运动建议等医学领域内容。体育部门作为运动干预实施与指导机构，根据医学信息与医生建议，结合学生心理评测，制定并实施运动处方等。学生管理和心理健康教育部门将自身数据与"体医"信息融合，指导开展学生社团活动、监督学生学习生活等。

（四）建设"四位一体"健康管理数据平台

要加强全民健身科技创新平台和科学健身指导服务站点建设。开展国民体质测试，完善体质健康监测体系，开发应用国民体质健康监测大数据，开展运动风险评估。目前，高校并没有让体、教、医等领域学生健康促进力量有效融合的数据平台。应依托学校网络计算机部门的技术优势，建立涵盖学生、校医院、体育部门、学生管理和心理健康教育部门的"四位一体"大学生健康管理数据平台（以下简称数据平台）。数据平台以构建学生健康档案（以下简称档案）为核心，建立学生、体育教师、辅导员、医生的独立用户模式，各用户任务是：学生动态更新个人的健康基础信息、行为习惯与校外医疗服务情况等。医生负责学生体检和校内就诊信息，包括常规检查、疾病筛查和亚健康诊断等，更新门诊、住院和诊疗的数据等。学生管理与心理健康教育部门定期通过平台开展学生心理调查，将评价结果与学生课堂表现、社团活动与社会实践等转存至档案。体育部门将学生素质测评、竞赛成绩和课堂成绩等及时更新至档案。

数据平台应充分利用互联网与物联网，减少教师、医生的额外人力消耗，提升对数据收集的效率、效果。同时由委员会牵头，制定学生健康综合评价指标体系，并科学设定指标权重，使学生的健康评价和基本健康指导由计算机自动实现，借助信息化、互联网技术，精准助力金字塔式落实与"中心"工作高效开展。

(五)加强健康教育、培养健康生活方式

目前,大学生的健康管理需求不满足于日常生理和心理健康知识,更注重社会适应和群体健康危险因素的预防和干预。体医融合下大学生健康管理更重视通过知识传授提升学生的科学锻炼素养,培养学生由原来的营养、静养理念而增加运动养生理念,并认识到有强度的科学运动是生命的必需。为保证健康管理有效实施,应着重提升学生自身健康意识,引导学生做自己健康的第一责任人。目前,多数学生认为运动仅是个人爱好,而实际上,运动不是爱好与否的问题,它是关乎"生命"的问题,是健康管理的核心内容,应建设科普进校园、在线健康知识竞赛等机制,培育大学生责任意识和科学运动健康观;体育课堂教学应树立健身、强体、防病相结合的教学理念,除技能教学外,增设风险预防、健康保健与科学锻炼等内容,用医学视角解释体质与健康风险的强相关性,而防损伤应成为运动知识教育的关键内容,以科学锻炼素养培育作为第一教学要务,使体育课回归至"生命"教育课;应确立学校体育发展的主体地位,准确认识体教融合是国家导向的大学生健康发展的路径选择。同时,高校应正确定位学校是社会的大学,应该以开放的思想融入社会,将社会的医护与健康管理师,以及医疗检查、干预指导仪器设备等健康资源引入学校,将校外的权威医护人员融入金字塔式的医生团队,进行权威的科普教育与健康教育以及宣传指导等。

研究认为,推广健康管理、推广体医融合,归根结底都是在推广健康生活方式,而体医融合就是国家引领的健康生活方式的推广系统。应结合校内外健康资源,编制大学生健康管理手册,通过"体、医、学"等多部门结合,依托金字塔式开展健康指导,从合理膳食、适量运动、健康睡眠等方面培养健康生活方式。同时健康生活方式的发展与媒体传播有关,应积极利用屏幕、广播和其他媒体,提高大学生对健康知识的知晓率。通过运动与医学宣传周、海报、宣传册等形式,让学生了解运动与健康的关系,引导学生从体医融合视角重新发现运动、重新认识医疗、重新了解疾病、重新发展健康,以运动促进健康生活方式的形成,使健康生活方式成为大学生的意识和行为的重要组成部分。

第五章　大学生体育运动的实践内容

大学生享有丰富多彩的体育课程，包括田径运动、球类运动以及其他运动项目等，其中其他运动项目多为选修课，包括传统体育项目如太极拳、长拳、八段锦等，新兴体育项目如啦啦操、健美操、体育舞蹈、健身瑜伽、花样跳绳、跆拳道、散打等。限于篇幅，本章将介绍容易便捷开展的田径运动和球类运动，传统体育项目则介绍二十四式太极拳，以及日常生活中十分重要的体操类运动。

第一节　田径运动

一、田径简介

田径是跑步和竞赛的总称。测量高度或距离的田赛项目称为跳跃或投掷，而测量时间的跑步和马拉松项目称为田径。田径包括田径赛、公路赛、马拉松和跑步比赛，以及由田径赛和跑步比赛组成的十项全能比赛。

自古以来，人类为了与大自然和动物争夺生存空间，不得不长途跋涉、奔跑、跨越障碍、投掷石块和使用各种狩猎工具。在不断重复这些活动的过程中，人们逐渐练成了行走、奔跑、跳跃和投掷等多种技能。随着社会的发展，人们开始有意识地将行走、奔跑、跳跃和投掷作为体育活动和竞争的形式。

第一次有记录的田径比赛是公元前776年在希腊奥林匹克村举行的第一届奥运会，当时只有一个项目，即短距离赛跑（192.27米）。直到公元前708年的第十届奥运会才开始举行田径比赛。1070年，跳远、铁饼和标枪等田径项目被正式引入。当时，只有男子可以参加比赛，妇女甚至不能作为观众。后来，田径被承认为正式体育项目。

现代奥林匹克组织于1894年在巴黎成立，同年在英国举行了第一届国际田径运动会，共设九个比赛项目。1896年在希腊举行的第一届现代奥运会是第一次以田径为主要比赛项目（走、跑、跳和投掷）的大型国际比赛。奥运会沿袭了古代奥运会的赛制，每四年举行一次，田径至今仍是每届奥运会的主要比赛项目。自1928年第九届奥运会以来，女子田径一直是奥运项目的一部分，从那时起，妇女一直活跃在田径赛场上。

田径是世界上历史最悠久、最受欢迎的运动项目之一。田径与游泳和滑雪一样，是奥运会五大金牌项目之一。如今，田径仍然是最精彩的运动项目之一。我国奥运会田径比赛有许多优秀的运动员获得过出色的战绩，如王军霞、刘翔、苏炳添、王丽萍、朱建华等。

国际田联规定，参加奥运会的运动员必须在规定的时间内达到强制性参赛标准，最多可以有三名运动员参加标准A项目的比赛。如果没有运动员达到标准A，则符合标准B的运动员可以参赛；如果没有运动员达到标准B，则可以有一名男运动员和一名女运动员参加除七项全能、十项全能和室外七项全能以外的所有项目的比赛。每个俱乐部每队最多可派六名运动员参加每个项目的比赛，其中包括两名不符合资格标准的运动员。田径是一项重要的体育运动，中国已将其纳入重点发展项目。虽然与欧美甚至非洲田径运动相比，中国田径运动的整体水平相对较低，但女子长跑、女子铅球和男子跨栏等传统模式培养了中国人对田径运动的热爱。

二、跑

（一）短跑

跑400米以内称为短跑。短跑是一项针对肌肉骨骼系统和内脏器官的高强度无氧运动项目。它对人体的内脏器官和神经肌肉系统是一种极好的锻炼，在发展速度、力量、灵活性和其他基本动作方面起着重要作用。

短跑的极限特征是重心高、频率高、起跳幅度大、腿部跨度大、手臂轴向拉力强而轻、起跳速度快、重心前移快、两腿"剪绞"释放阶段快、起跳力量大腿部和上下肢的力量必须在地面上自然流畅地协调，才能得到最大限度的利用。跑步速度，特别是步长和步频，取决于两个因素：要么步长不变，步数增加；要么步数不变，跑步速度随着步长的增加而增加。短跑技术可分为四个主要部分：起跑、起跑后加速、跑步和终点。

1. 起跑

起跑是指前脚蹬离起跑器，后腿向前迈出第一步。快速起跑取决于两个因素：首先是快速反应，其次是在尽可能短的时间内获得最大速度。

2. 起跑后的加速跑

起跑后，应立即尽可能快地加速，通常在 20~25 米后越过终点线。起跑时的第一步步幅不宜过大，以免身体上升过快，后退时要迅速有力，双腿前后摆动，使前脚触地。然后逐渐加快节奏，双脚同时快速加速，双臂、上肢和小腿配合，上身逐渐上升，上升到起跳中点。

3. 途中跑

途中跑的任务是继续比赛和保持快速跑到终点。技术特点：步幅要长，步伐要快，上身向前微屈。双臂应平稳地在身体两侧摆动，向前的动作不应超出身体和下巴的中心，向后的动作应略微向外，大臂不应超出肩部，小臂应与躯干两侧大致平行。所有动作要积极有力、和谐自然，重心要平稳、挺直，力的方向要向前。

4. 终点跑

终点跑是比赛的最后一部分，主要目标是尽快到达终点线。冲过终点线需要良好的跑步技巧和全身肌肉的配合，以最快的速度冲过终点线。当跑到终点线的最后一步时，突然上身前倾，用胸部或肩膀撞击终点线。冲过终点线后，要放慢速度，不要急停，以免受伤。

（二）中长跑

中长跑包括中长跑和长跑。中长跑需要速度和耐力，长跑则需要耐力。现代中长跑技术的特点是身体重心平稳位移，动作高效、轻盈、自然，速度快，步频高，髋关节伸展积极有效，动作快速有力。中长跑的技术可分为以下四个主要部分。

1. 起跑和起跑后的加速跑

中长跑采用站立式起跑。开始前，走近起跑线，左脚在起跑线后方，右脚在左脚的后方。双臂保持在身体前方，或让双臂自然垂在身体前方。起跑枪声响起时，将双脚用力蹬地，双手配合积极快速有力地前后摇摆，使身体加速向前冲。无论起点是直道还是弯道，都要按照规则跑向弯道，在确保有利的战术位置后再向中心移动。

2. 途中跑

途中跑是中长跑的重要组成部分。越野跑简单易行，节省体力，而且需要掌握好节奏。

（1）上臂的位置和运动。上身挺直或略微前倾，头颈自然放松，双臂侧弯，双手弯曲，双肩放松，双臂自然前后摆动，就像木板一样。在长跑比赛中，匀速跑是常态，但现代长跑运动员需要发展各种配速技巧，以适应激烈的比赛。

（2）腾空。当双脚离开地面时，小腿在自然惯性的作用下摆动，膝盖弯曲，腿部上下屈曲，臀部积极快速地向前抬起大腿。

（3）着地与缓冲。在脚着地之前，摆动大腿向下压，小腿顺势前摆并做"扒地"动作。膝关节的弯曲程度与脚应在一条垂直线上。脚触地时，应先用前脚掌或前脚掌外侧着地，然后过渡到全脚掌着地。

3. 终点跑

终点跑是临近终点的一段冲刺跑。冲刺的持续时间取决于比赛计划、体能水平、战术要求和具体比赛条件。通常情况下，冲刺终点的起点是800米比赛的最后200~300米、1500米比赛的最后300~400米、3000米比赛的最后400米或稍长距离。速度出众的运动员往往会沿着赛道冲刺，并在比赛中迅速加速，而耐力出众的运动员往往会选择冲刺，以提前完成比赛。

4. 中长跑的呼吸

在进行中长跑时，注意呼吸节奏非常重要。呼吸频率取决于个人特点和跑步速度。一般来说，跑一两步后呼气，跑两三步后吸气。随着跑步速度的增加，呼吸频率也会相应增加。在激烈的跑步过程中，要张大嘴巴和鼻子呼吸，以最大限度地增加身体的耗氧量。

在中长跑中，内脏器官的惰性会导致肌肉暂时缺氧、胸闷、气短、动作无力，使跑者放慢速度或试图弥补失去的时间，这种生理现象被称为"极点"。出现"极点"时，可以相应放慢跑步速度，注意深呼吸，有坚持下去的意志。

（三）跨栏跑

跨栏跑起源于17世纪至18世纪的英国。当时，英国的一些地区已经开始养牛，牧羊人经常被迫跳过栅栏捕捉走失的牲畜。人们把栅栏移到一块平地上，设置高栏和矮栏，看谁能跳得最近，这就是蹦床跳的雏形。18世纪末，蹦床跳成为一项正式的体育运动，不过当时它还是一项男性运动，被称为跳梯，障碍物是简单的栅栏。后来，地下木栅栏出现后，这项运动就变成了一项比赛，比赛中要用刀子把木头削尖。然而，在这项运动的早期，克服这些障碍始终是一个隐患。20世纪30年代初，随着可移动的"上"型跨栏的出现，跳跃技术得到了发展，1935年，比赛中出现了前端装有4公斤折叠板的L型跨栏。

跨栏跑是在固定距离、固定高度和固定栏数上进行的技术性短跑。国际比赛：男子110米栏，高度106.7厘米，10栏；女子100米栏，高度84厘米，10栏。1990年北京亚运会上，中国选手刘华金在女子100米栏比赛中跑出12秒73，打破了亚洲纪录（12秒89）；2004年雅典奥运会上，中国选手刘翔以12秒91的成绩打破了奥运会纪录（12

秒95）；2008年6月12日，古巴选手罗伯斯以12秒87的成绩创造了新的世界纪录。

跨栏跑比赛必须使用起跑器和蹲踞式起跑。跨越栏架这一步叫作"跨栏步"，包括起跨、过栏和下栏三个部分。

（1）起跨时躯干应保持适宜的前倾，摆动大腿迅速高抬，起跨腿充分伸，摆动腿异侧臂前伸，眼看栏板，起跨角为60°~70°。起跨完成后，摆动小腿向栏板上方前伸，前伸臂继续前伸，躯干前倾。

（2）当摆动腿到达栏板上方时，标志着"过栏"动作开始，摆动腿下压，起跨腿外展前伸臂后摆，完成过栏动作。

（3）下栏时用脚掌牢固地支撑在跑道上，起跨腿向前高抬，躯干保持前倾。

栏间跑最好跑3步。这3步的长度比例大约是1.6∶2∶1.9。栏间跑主要有三点技术要领：前掌着地、保持较高的身体姿势、频率要快。

三、跳

跳跃属于非周期性运动项目，一般分为两类：一类是克服垂直障碍的高度项目，如跳高和撑竿跳高；另一类是克服水平障碍的远度项目，如急行跳远和三级跳远。跳跃由助跑、起跳、腾空和落地四个紧密联系的阶段所组成。其中，助跑和起跳的结合是跳跃的主要环节。跳跃练习可增强下肢力量，提高弹跳力、灵敏和动作的协调性。

（一）跳高

1. 背越式跳高

（1）助跑。背越式跳高一般采用弧线或前段直线后段（最后三四步）弧线助跑，跑5~8步，用远离横竿的腿起跳。助跑开始前几步与一般加速跑相似，最后三四步由于跑弧线（弧线半径3~5m），身体向弧心倾斜，跑的动作与弯道跑相似，因此，在正确完成起跑的前提下，要加快跑的速度。丈量助跑弧线方法很多，常用的有走步丈量法等。

（2）起跳。起跳脚顺弧线的切线方向踏上起跳点，用脚跟先落地并迅速地滚动到全脚掌着地。起跳脚落地时摆动腿蹬离地面开始屈膝摆动，同时重心快跟，上体积极前移，使起跳腿缓冲。当身体重心移到支撑点上方时，身体由倾斜迅速地转为正直，摆动腿和两臂快速有力地向上摆，同时起跳腿积极蹬伸，完成起跳动作。背越式跳高时绕纵轴转体，由摆动腿一侧的髋和摆动腿屈膝向上方摆动使身体转成背对横竿。

（3）过竿和落地腾空后，形成背对横竿，摆动腿的膝关节放松，并自然下放。起跳腿自然下垂，肩继续后倒，同时积极展髋，头和肩先过竿，小腿自然下垂，身体在竿上成仰卧反弓的姿势，背部与横竿成交叉状态仰卧在横竿上，当臀部过竿后，利用身体向后反弓的反弹作用，把未过竿的两腿积极上举。过竿后，身体下落，以肩部先着地。

2. 撑竿跳高

撑竿跳高的完整技术由握竿与持竿、持竿助跑、插穴起跳、悬垂摆体和后仰举腿、引体与转体和推竿、腾越横竿及落地等技术组成。

①握竿与持竿。握竿首先要确定握竿点的位置（以左脚起跳为例），一般是右手拇指握在竿头到横竿高度的距离处，但也要受助跑和起跳的速度、身体素质及技术水平的影响。右手握在握竿点处，左手握在右手下方60~70厘米处，将撑竿斜持于身体齐腰部位，右臂屈肘后引，大拇指在撑竿的外侧，其余四指捏在撑竿内侧，用虎口压住撑竿，左臂屈肘在体前，拇指在下，其余四指在上握住撑竿。

②助跑方法。一种是两脚站在起跑线上，右手握好撑竿，竿头放在体前左侧地面上，然后右脚向后撤半步，同时向后撤竿，身体重心后移，竿头举起偏向左侧，接着身体前倾，右脚前迈，开始助跑；另一种是站在起跑线后4~6米处，先走或慢跑三四步，踏上起跑线即开始助跑。助跑时，两臂要配合助跑的节奏，做外旋内收和上下、前后的自然摆动，力求使竿保持平稳，步幅稳定，逐渐加速，到最后6~4步达到最快速度。助跑的距离一般为35~45米，并根据发挥速度快慢、体力、场地、气候条件等做适当调整。

③插穴起跳。插穴是从倒数第四步开始的，当助跑到倒数第四步时，便开始降竿使竿头对准插斗，第三步时，右臂提肘翻腕，把撑竿由右后方经腰侧向前上方举起，同时，左手沿撑竿滑到离右手15~20厘米处，把撑竿举到额前15~20厘米处，此时倒数第二步摆动腿已着地。当左脚前迈用全脚掌踏上起跳点时，两手把撑竿举到头的前上方，竿头沿插斗底板斜面滑到斗底，这时摆动腿要屈膝并积极快速地前摆高抬，髋部向前，起跳腿做快速有力的蹬伸，头部稍抬起正对前方，整个躯干向前上方充分伸展，肩、胸、腰部都要积极向竿靠拢，使身体形成一个反弓形。

④悬垂摆体和后仰举腿。当起跳脚离地后便进入竿下悬垂摆体阶段，此时右手要紧握撑竿，左肘做有力的直角支撑，摆动大腿和髋部继续积极前送，胸部前挺，起跳腿留在体后，短暂地保持起跳时的反弓姿势。当身体重心摆到接近撑竿时，便开始转入"短摆"，这时右臂伸直，左臂微屈，以肩为轴做屈膝收腹、提臀后仰举腿动作。

⑤引体与转体和推竿。当臀部摆到与两肩同高或稍高于两肩时，利用短摆的力量，通过拉臂和引体，使身体重心继续上升，并把两腿和臀部向上举起，两膝靠拢握竿点，让两腿向横竿前上方举起，再开始向左转，完成180°转体动作，形成支撑倒立姿势，右臂必须很好地控制撑竿，使右臂靠近撑竿，这时两腿已超过横竿，右腿要积极有力地

向上方蹬起，先左臂、后右臂迅速做向下推竿动作，使身体继续腾起，推离撑竿。

⑥腾越横杆及落地。推离撑竿，转入无支撑的腾空阶段，当身体重心上升到最高位置时，已越过横杆的两腿开始下压，这时先含胸、低头、收腹成反弓姿势，紧接着借助推竿和两腿下压的力量，向上挥臂，身体后屈，依次越过横杆，并安全落到海绵包上。如果落地区是沙坑时，当脚着地时，要立即伸踝、屈膝、屈髋尽量加长缓冲的距离来减轻震动。

（二）跳远

1. 急行跳远

急行跳远技术由助跑、起跳、腾空和落地四个部分组成。

（1）助跑。运动员经快速助跑之后，准确地落在起跳板上，以单脚起跳创造有利条件。助跑的距离应根据个人发挥速度的快慢来确定，一般采用两个标记，第一标记是助跑的起跑处，第二标记是在离起跳板后6~8步的地方，助跑时要用起跳脚踏在第二标记上，这样能以更好的节奏进行最后几步的助跑和起跳。

（2）起跳。准确、快速、有力地起跳，在保持水平速度的同时，使身体获得最大的垂直速度，从而获得理想的腾起角度。

起跳动作是从助跑最后一步开始的。起跳时，大腿积极下压，小腿迅速前伸，用全脚掌立即转至脚前掌着地，当身体重心接近起跳腿的支撑点时，起跳迅速用力蹬伸，同时摆动腿以膝领先，积极向前下方摆动，两臂配合腿部动作用力上摆，起跳腿的髋、膝、踝关节充分伸直，上体正直。

（3）腾空。起跳腾空后，摆动腿屈膝前摆，大腿高抬到水平位置，小腿自然下垂，起跳腿自然放松留在身后，上体保持起跳时的正确姿势即"腾空步"。

空中姿势有蹲踞式、挺身式和走步式等。在此简要介绍蹲踞式和挺身式。起跳腾空后，保持腾空步的姿势，当腾空到最高点时，起跳腿向前上方提起与摆动腿合拢，两臂自然下垂，上体稍前倾，在空中成"蹲踞"姿势；快落地时，小腿前伸，同时两臂由前向后下方摆，借高举大腿的惯性，将小腿向前远伸落地。腾空步后，向下方摆动腿，起跳腿放松留在体后，同时两臂由下向后上方振摆，在空中成"挺身"姿势；落地前迅速收腹举腿，上体前倾，两臂向前、下、后摆动，准备落地。

（4）落地。在完成腾空动作后，两大腿向前上方抬起小腿向前伸，同时臀部也要向前移动，上体前倾，两脚着地迅速屈膝缓冲，借助向前的惯性作用，使身体尽快移过支撑点，避免后坐或后倒。

2. 三级跳远

三级跳远助跑沿直线连续三次跳跃，是由单脚跳、跨步跳和跳跃所组成。

（1）助跑。助跑与急行跳远技术基本相同，后几步助跑上体前倾比急行跳远时稍大些，第一跳的起跳要比急行跳远小些。

（2）第一跳（单脚跳）。第一跳是有力的脚起跳，腾空后再用起跳脚落地，形成单脚跳。起跳时，要快速有力地踏跳，摆动腿屈膝向前上方摆动，两臂由下往上摆起，形成第一个腾空步。此时上体要直，起跳腿以大腿带动前摆，同时摆动腿由上向下向后摆动，形成"交换步"，然后大腿下压，脚掌落地两臂协调配合，准备第二跳的起跳。

（3）第二跳（跨步跳）。当第一跳落地缓冲后，起跳腿迅速有力地起跳蹬伸，摆动腿和两臂由身体垂直部位继续向前上方摆动，上体前倾、空中形成"腾空步"，大腿继续向上方抬起，两臂由前上方成弧形向下后侧方摆动，为最后一跳创造条件。

（4）第三跳（跳跃）。经过前两跳，水平速度已降低，第三跳在充分利用所余水平速度的同时要尽量跳得高一些，来增加垂直速度弥补水平速度的不足。

四、投

投掷项目有多种，所使用器械形状、规格、投掷方法，器械重量各不相同，其具体划分为：男子标枪（成年800g，青年700g，少年600g）、女子标枪（600g）、男子铅球（成年7.26kg，少年5kg）、女子铅球（成年4kg、少年3kg）、男子铁饼（成年2kg，青少年1.5kg）、女子铁饼（1kg）。

投掷技术都应符合力学原理。决定投掷远度的因素有器械出手的初速度、出手角度、出手高度、重力加速度、空气阻力，其中起决定作用的是出手初速度、出手角度、出手高度。投掷项目属于物体斜抛运动，斜抛物体的飞行距离等于初速度的平方乘正弦二倍角，除以加速度的值。因此，要提高投掷项目远度，必须使器械在离手时获得最大的初速度（由良好的助跑与最后爆发用力而得）和适宜的出手角度。

（一）铅球

投掷铅球技术分为滑步推铅球、背向滑步和旋转推铅球三种，在此主要介绍侧向和背向滑步推铅球。

推铅球是一个完整的、连贯的技术动作。从技术上可分为持器械、滑出、最后用力、器械出手和维持身体平衡五部分。

1. 握球（以右手为例）

用力量大的一手握球，握球时五指自然分开，将球放于食指、中指和无名指的指根上，大拇指和小指自然地扶住球的两侧。握好球后，手臂放松弯曲，将球放在肩上锁骨窝处，并贴着颈部，使球稳定。

2. 预备姿势

（1）侧向。身体左侧对准投掷方向，两脚左右开立30~50cm，上体稍向左倾斜，右腿弯曲支撑体重，右脚外侧靠近投掷圈后沿，左脚用前脚掌内侧着地。右臂抬起与肩平，手腕微向外展，掌心向前，右臂自然微屈上举。

（2）背向。背向预备姿势有高姿势和低姿势两种，在此简要介绍高姿势。持球后，背对推球方向，站在圈内靠近后沿处。两脚前后开立，右脚在前，脚尖靠近投掷圈内沿，左脚稍后，脚前掌或脚尖着地，左臂微屈上举，上体正直，体重落在前腿上，眼看前下方。

3. 滑步

（1）侧向滑步。做好预备姿势后，左腿向投掷方向预摆1~2次，待身体平衡后，左大腿迅速有力地向投掷方向摆动，带动身体的同时右脚用力蹬地，迅速向前滑步，使身体重心向投掷方向移动。当滑到投掷圈圆心附近，左脚迅速落地，完成滑步动作，为最后用力创造条件。

（2）背向滑步。做好预备姿势后，左腿向投掷方向预摆1~2次，待身体平衡后，左腿向后上方摆起，同时，弯曲的右腿也向上伸展，左腿回摆靠近右腿时，右腿下蹲、上体前屈团身。然后左腿向投掷方向迅速用力摆出，带动身体，同时右脚积极蹬地，并迅速收拉小腿，以前脚掌向投掷方向滑动，在滑动中，右脚、右膝、右髋逐渐向左转动，用前脚掌着地落在圈圆心附近，左脚积极下落，用前脚掌内侧迅速落地，为最后用力创造条件。

4. 最后用力

这一部分是推铅球技术的主要环节，动作是否正确直接影响出手的速度、投掷的角度和出手的高度。滑步后左脚一落地就开始最后用力，推球时，右脚迅速用力蹬地，脚跟提起，膝盖向内转，同时髋也边转边向前送出，上体逐渐抬起向投掷方向转动。当身体左侧接近地面垂直的一刹那，以左肩为轴，右腿迅速伸直，身体转向投掷方向，挺胸，抬头，左腿支撑，右肩前送，右臂迅速用力向前上方推球，同时伸直左腿。推球时，手腕要用力并用手指快速拨球。球出手后，立即做两腿换步动作，降低重心以保持身体平衡。

5. 身体平衡

球离手后,两腿迅速交换,将右腿换到前面,并屈膝,同时上体前倾,使身体重心降低,左腿后伸,并向左转维持身体平衡和防止犯规。

(二)标枪

掷标枪是一项比较复杂的多轴性旋转项目,它是经过持枪助跑获得一定预先速度,通过爆发式的最后用力作用于标枪纵轴上,将标枪经肩上投出的一项运动。技术上大体可分为持枪助跑、引枪投掷步、最后用力和维持身体平衡四个部分。

1. 标枪握法

(1)现代式握法(拇指和中指握法)。标枪斜放在掌心上,拇指和中指握在标枪缠绳把手末端第一圈的上沿,食指自然弯曲斜握在枪杆上,无名指和小指自然握在缠线把手上。这种握法手腕自然放松,便于控制出枪角度,出手时中指和食指一起拨枪,加速了标枪沿纵轴转动,增加标枪飞进时的稳定性,是当前采用较多的一种握法。

(2)普通式握法(拇指和食指的握法)。标枪斜放在掌心上,拇指和食指握在标枪缠绳把手末端上沿,其余的手指按顺序握在缠绳把手上。这种握法手腕比较紧张,不利于控制标枪的出手角度。

2. 持枪

合理的持枪方法便于发挥助跑速度,便于引枪,使投掷臂和手腕放松。目前,多数运动员采用肩上持枪方法。

3. 助跑

预跑阶段,持枪臂可配合节奏做前后的摆动,但摆动幅度不宜过大,更不能做上下摆动,投掷步多采用五步。

第一步:左脚踏上第二标志线,右脚前迈开始了第一步,上体开始向右移动,左臂屈摆向体前,右臂开始向后引枪,眼向前看,右脚掌落地的部位稍偏右。

第二步:当右脚落地,左脚前迈开始了第二步。左腿前迈同时,髋轴向右转动,形成侧对投掷方向的姿势,这时持枪臂继续后引,左肩靠近标枪并稍含胸,以防右臂下降。左脚落地与投掷方向成40°角,左臂摆至身体左侧,眼向前看。

第三步:第二步落地,接着右腿自然屈膝,大腿带动小腿快速向前迈出,左腿用力伸,促使右腿加速前迈越过上体而积极落地,投掷臂充分伸直后引,支撑点在身体前面,而标枪远落身体后面,形成了良好的"超越器械"动作。

第四步:此步为由助跑过渡到最后用力的衔接步,当第三步还未落地,左腿就积极前迈,开始了第四步。左腿前迈时抬起较低,以脚内侧或脚跟先着地,脚的着地点应偏于助跑线左侧25cm处。此时侧对投掷方向，身体向右侧斜，与地面约成45°角，此步长要适当，不要过大，但其速度是四步中最快的一步。

第五步：缓冲步。

4.最后用力与缓冲

第四步未着地前就开始了最后用力。左脚落地后形成了左侧支撑，右脚加速蹬地，转送右髋，使髋轴超过肩轴，从而拉紧了胸部和腹部的肌肉。当上体转至正对投掷方向时，投掷臂已翻到肩上，形成满弓姿势，这时胸部继续向前，以胸带动臂做快速"鞭打"动作，蹬直左腿，挥臂甩腕。使标枪从右臂前上方沿30°~35°角向前飞出。

标枪出手后，因惯性身体必须向前运动，这时右脚向前迈跨出一大步即为第五步（缓冲步），身体稍向左转，降低重心以维持身体平衡。

(三) 铁饼

掷铁饼是一项古老的体育运动，在古希腊的奥林匹克运动会上已被列为比赛项目。随着实践经验的积累和器械、场地、规则等方面的改变及科学的不断发展，投掷的技术有了很大的改进。正式比赛中铁饼的重量男子为2kg，女子为1kg。内圈直径为2.50m，有效区角度为40°。

背向旋转掷铁饼的技术动作分为握法、预备姿势和预摆、旋转、最后用力和维持身体平衡四个技术环节。

（1）握法。五指自然分开，拇指和手掌平靠铁饼，其余四指的最末指节扣住铁饼边沿，铁饼的重心在食指和中指之间，手腕微屈，铁饼的上沿靠在前臂上，持饼臂自然下垂于体侧。

（2）预备姿势和预摆。背对投掷方向，两脚左右开立约一肩半，站于圈内靠后沿处的投掷中线两侧。两脚平行开立或左脚稍后，持饼臂自然下垂于体侧，眼平视。预摆是为了获得预先速度，为旋转创造有利条件。目前常见的预摆有以下两种。

①左上右后摆饼法：开始时，持饼臂在体侧前后自然摆动，当铁饼摆到体后时，体重靠近右腿，接着以躯干带动持饼臂向左上方摆起，当铁饼摆到左上方时，左手在下托饼，体重靠近左腿，上体稍左转。回摆时，躯干带动持饼臂将铁饼摆到身体右后方，身体向右扭紧，体重处于右腿上，上体稍前倾，左臂自然微屈于胸前，眼平视，头随上体的转动而转动。

②身体前后摆饼法：开始时，持饼臂在体侧前后自然摆动，当铁饼摆向体前左方时，手掌逐渐向上翻转，右肩稍前倾，体重靠近左腿。铁饼回摆到体后时，手掌逐渐翻转向下，体重由左向右移动，上体向右后方充分转动，使身体扭转拉紧。这种方法动作放松，

幅度大。

（3）旋转。预摆结束后，弯曲的右腿蹬地，上体向左转动，同时左膝外展，体重由右脚向边屈边转的左腿移动。接着两腿积极转动，并以左脚前脚掌为轴向投掷方向转动，身体向投掷方向倾斜，投掷臂在身后放松牵引铁饼。当左膝、左肩和头即将转向投掷方向时，右膝自然弯曲，以大腿发力带动整个腿绕左腿向投掷方向转扣（右脚离地不能过高），这时左髋低于右髋，身体成左侧单腿支撑旋转，接着以左脚蹬地的力量推动身体向投掷圈的中心移动，右腿、右髋继续转扣。

当左脚蹬离地面，右腿带动右髋快速内转下压，左腿屈膝迅速向右腿靠拢，左肩内扣，上体收腹稍前倾。接着，左脚积极后摆，以脚掌的内侧着地，落在投掷圈中线左侧，圆圈前沿稍后的地方，身体处于最大限度的扭转拉紧状态，铁饼远远留在右后方，左臂自然微屈于胸前，为最后用力做好准备。

（4）最后用力和维持身体平衡。当左脚着地时，右脚继续蹬转，使右髋积极向投掷方向转动和前送。接着，头向投掷方向转动，左臂微屈于胸前，胸部开始向前挺出，体重逐渐移向左腿。当体重移向左腿时，右腿继续蹬伸用力，以爆发式的快速用力向前挺胸挥饼。与此同时，左腿迅速用力蹬伸，左肩制动，成左侧支撑，使身体右侧迅速向前转动，将全身的力量集中在铁饼上，当铁饼挥至右肩同高并稍前时，用小指到食指依次用力拨饼出手，使铁饼顺时针方向转动向前飞行。

铁饼出手后，应及时交换两腿，身体顺惯性左转，同时降低身体重心，维持身体平衡。

第二节　球类运动

一、足球

（一）足球简介

足球起源于古代足球。在中国古代，踢球的游戏被称为"蹴鞠"。现代足球起源于英国。总部设在瑞士苏黎世的国际足球联合会（FIFA），是190多个国家足球运动的国际管理机构。国际足联世界杯每四年举行一次，是世界上规模最大、最具观赏性的足球赛事。其他主要赛事包括女足世界杯、奥运会、欧洲足球锦标赛、南美解放者杯、英格兰足球超级联赛、德国足球甲级联赛、意大利足球甲级联赛、西班牙足球甲级联赛和法国足球甲级联赛。

足球是一项两队通过踢球进行攻防的运动。它是世界上最受欢迎、最具影响力的运动之一，被称为"世界上最伟大的运动"。在一些国家，足球被称为"国球"，一场精彩的比赛会吸引成千上万的观众和数以亿计的电视观众。据不完全统计，全世界注册的足球运动员超过3000万，其中近10万为职业球员。人们对足球的热情在很大程度上是由足球运动的性质和功能决定的。

（二）足球基本技术

1. 运球

运球是指运动员在跑动中将球控制在自己的范围内，用脚步进行的连续腿运球动作。运球是运动员控球与进攻能力的具体表现形式，熟练掌握与合理运用运球技术，对于调控比赛节奏、提高战术、破解密集防守、创造射门机会都具有实际意义。

运球技术的动作包括支撑脚踏地置送、运球脚前摆触球和运球脚踏地支撑三个环节。这三个环节是一个互相连续的整体。因此，各个环节之间要连贯、协调，特别是要处理好运球脚前摆触球环节，它是掌握和提高运球技术的关键。

（1）脚内侧运球。容易控制球，但速度慢，多用在运球寻找配合传球或需要身体掩护球时。

（2）脚背正面运球。直线推拨球，速度快，但运球路线单一，常在前方有较大纵深距离时运用。

（3）脚背外侧运球。灵活性、可变性强，可做直线、弧线和向外变向运球，利于控制运球方向，可提高运球速度和保护球。

（4）脚背内侧运球。控球稳，但速度较慢，多在保护性运球或运球变向时使用。

2. 踢球

踢球是指运动员有目的地用脚的某一部位将球击向预定目标的动作。它是足球技术中最重要的技术，主要用于传球和射门。踢球的方法很多，主要有脚内侧踢球、脚背正面踢球、脚背外侧踢球及脚尖和脚后跟踢球。但无论哪种踢球技术，完整的动作过程都包括助跑、支撑、摆腿、击球和随前动作五个环节。它们是统一、连贯、系统、有序的整体，只是为了分析问题方便而人为地划分。

（1）脚内侧踢球。触球面积大，可控性强，出球平稳准确。由于踢球腿屈膝向外转，小腿的摆幅和摆速都受到一定程度的限制。因此，出球的力量较小。比赛中常用脚内侧踢球进行短传配合和射门。

①进行踢射球时，小腿略呈弧线摆动，踏踢球的侧面，使球侧旋运行。

②踢空中球时，抬大腿，后踢小腿，利用小腿的加速前摆击球。

（2）脚背正面踢球。踢摆动作顺畅，幅度大，速度快，脚触球面积大，出球平稳有力，且性能和路线富于变化，是远距离传球和射门的主要方法。

①搓过顶球时，踢球脚背略平，插入球的底部做切踢动作。

②转身踢球时，助跑最后一步略跨跳，支撑脚趾和膝关节尽可能转向出球方向，击球的侧前部，并利用腰的扭转协助完成摆踢动作。

③削踢弧线球时，踢球的后外侧部位，击球刹那踝关节内旋发力，脚趾勾翘，使球内旋并呈弧线运行。

（3）脚背外侧踢球。预摆动作小，出脚快，能利用膝踝关节的灵活性改变出球的方向和性质，且隐蔽性强，是传球和射门的主要技术。

①踢反弹球时，准确判断球的落点、反弹时间和角度，在球落地的刹那，用小腿加速前摆击球，在球刚反弹离地时击球的后中部。

②侧身踢空中球时，身体侧对出球方向并向支撑脚一侧倾斜展腹，抬大腿，屈小腿，带小腿由后向前急速移动，击球中部。

③跳起踢倒勾球时，踢球脚置地起跳，另一腿同时上摆，使身体腾空后仰；两腿在空中成剪式交叉，击球后中部；踢球后屈臂屈肘，掌、肘、背臂依次着地。

④搓过顶球动作与脚内搓球动作基本一致。

3. 接球

接球是运动员用身体的有效部位将运行中的球有目的地接控在所需位置上的动作方法。接球是运动员获得球的主要手段，是为更好地衔接下一个技术动作服务的。在比赛中，传球的性质、状态各异。因此，应根据情况做不同的接球技术动作。按动作结构分析，接球技术由判断选位、支撑、触球动作和随球移动四个环节组成。

（1）判断选位。判断来球的路线速度性质和落点及时移动选择最佳接球位置。

（2）支撑。根据接球的方法和目的来确定支撑脚与接球点的方向与距离，保持身体的稳定性。

（3）触球动作。接球的关键是削弱来球的冲力，合理的接球部位与正确的接球动作（缓冲、迎撤、压推、切挡、拨转、收挺）是达到此目的的有效方法。

（4）随球移动。接球动作完成后身体重心立即随球移动，紧密衔接下一个动作。接球的部位有很多，可分为脚、腿、胸、腹和头部，下面介绍几种常用的接球方法。

①脚内侧接球。脚与球接触面大、接球平稳、可靠性强、灵活多变、用途广泛。

第一，接地滚球时，膝踝关节外旋，脚趾微翘，触球刹那接球部位做相应的引撤或变向接球动作，将球控制在所需的位置上。

第二，接空中球时，接球腿屈膝提起，可根据需要采用引撤或切挡动作，在球落地时马上将球控住。

第三，接反弹球时，接球腿小腿与地面形成锐角，向下做压推动作时，膝领先小腿滞留在后面。

②脚掌接球。动作简单，控球稳定可靠，适用于接迎地滚球或反弹球。脚掌接反弹球时屈膝抬腿脚尖微翘，使脚掌与地面形成仰角，球落地瞬间，接球腿有控制地放下，前脚掌下点触压球的中上部。为了便于完成下一动作，通常在脚掌触压球后连带一个拉引或推送动作，使球处于所需要的位置上。

③脚背外侧接球。动作幅度小、速度快、灵活性好、隐蔽性强。但动作难度大，接球时常结合假动作和转体动作，适合于接地滚球和反弹球。接地滚球时接球腿屈膝提起，膝踝关节内翻，以脚背外侧拨球的相应部位，将球控制在所需的位置上。

④大腿接球。触球部位面积大且肌肉丰富有弹性，动作简单，适用于接有一定弧度的高球和略高于膝的低平球。

第一，接高球时，踢球腿屈膝抬起，当球与大腿接触的刹那从大腿下侧将球接到相应的位置上。

第二，接低平球时，接球瞬间收撤大腿。如果来球力量较小还可采用大腿垫底的方法，即接球瞬间大腿上抬迎球并相对稳定，将球向上垫起。用这种方法接球时可在球落地前处理球，也可待球落地后将球控制在脚下。

⑤胸部接球。触球点高，触球面积大，接球稳定，是易掌握的一种接高球的好方法。

第一，挺胸式接球。适用于接有一定弧度的高球。

第二，收胸式接球。适用于接齐胸的平直球。

4. 头顶球

头顶球，是指运动员有目的地用前额将球击向目标的动作方法。头顶球技术可以进行传球、射门和抢断球，利用鱼跃头顶球可以扩大运动员的控制范围。

（1）额正面顶球。触球部位平坦，动作发力顺畅，触球平稳有力，易控制出球方向。

①原地顶球时，身体正对，眼睛注视来球，腿开立，微屈膝。球临近时，身体后仰，展腹挺胸，臂张开，颌下收，身体自下而上蹬地，收腹，摆体，当头摆至身体垂直部分时用前额正面顶击球的后中部。

②跑动跳起头顶球时，一般用单脚起跳，选好起跳点，掌握起跳时机，起跳脚用力蹬地跳起，展腹挺胸，形成背弓，眼睛注视来球。跳至最高点时，迅速收腹摆体，下颚紧收，前额积极迎顶发力，击球后屈膝缓冲着地。

③鱼跃头顶球时，对于离身体较远的低空球来不及移动到位处理必须抢点击球时

（射门、救险等）可用此方法。要准确判断来球的路线，掌握好起跳时机和击球点，以单双脚用力蹬地使身体向前跃出，臂微屈平伸，眼注视来球，利用身体向前跃出的冲力，以前额正面顶球。击球后臂肘伸手撑地，然后胸、腹、腿依次缓冲着地。

（2）前额侧面头顶球。跑动跳起头顶球，起跳及第一环节动作与前额正前面助跑跳起头顶球相同。在起跳上升阶段，上体向出球的反方向撤摆，当身体达到最高点时，上体向出球方向加速摆，颈部扭摆甩头，用前额侧面将球击出，屈膝缓冲着地。

5. 守门员技术

守门员技术是指守门员防守球门安全和发动进攻时所采用的动作方法的总称。守门员的技术包括接球、扑球、托击球、发球等。下面介绍几种常用的方法。

（1）接球。接球是守门员的重点技术，是必然掌握的基本动作。

①下手接球。适用于接胸部以下的球。身体正对来球，两臂前伸迎球，掌心向上，小拇指靠拢，手指触球的瞬间屈臂、屈胸、压胸，将球抱于胸前。低手接球的姿势有跪掌式、直腿式和站立式。

②上手接球。适用于接胸部以上的球。接球时身体正对来球，两臂充分伸展迎球，拇指相对呈八字形，当手指触球瞬间，手指手腕适当用力，缓冲来球并将其接住，顺势转腕屈肘，下引将球抱于胸前。

（2）扑球。扑球是守门员的难点技术，当守门员重心无法移动位置时，利用倒地加速重心向球侧移动并将球接住。

①倒地侧扑球。没有腾空动作，重心移动距离较近，适合扑接两侧的近体球和出击扑脚下球。

②跃起扑侧面高球。身体有明显的腾空，重心轨迹呈抛物线状，位移远，适合扑两侧远球。

（3）托、击球。

①托球。通常用于接近球门的防守，对那些力量大、角度刁、靠近球门横梁和立柱的球多采用单臂托球的方法，触球的手腕后仰，掌发力，将球向侧面或向上托出。

②击球。通常用于出击时的防守，在争抢高球无把握的情况下，利用单双拳将球击出。单拳击球动作灵活，摆幅大，击球有力；双拳击球则接触面积大，出球准确性高。

（4）发球。发球是守门员组织发动进攻的技术手段。发动进攻的基本要求是能快则快，不能快则缓，以快为主，保证稳妥。

①单手肩上掷球。充分利用后腿蹬地，持球手臂后引、转体挥臂和甩腕力量将球掷出。一个是肩上后撤引球，另一个是侧下后摆引球。

②侧身勾手掷球。持球臂屈肘后引，体侧转，腰部扭紧。掷球时后脚发力蹬地，迅

速转体，持球臂顺势由后经体侧向上呈弧线抢摆，至肩上方时甩腕发球，将球掷向目标。

③踢发球。这是守门员常用的发球技术，包括踢空中球、反弹球和定位球三种。踢发球的力量大，距离远，方法灵活多变，适合各种发球的需要。

（三）足球基本战术

足球战术是指在比赛中，为了达到预定目的，根据主客观实际所采用的个人行动和集体配合方法的总称。

比赛阵形与队形：比赛阵形是指比赛场上队员的位置排列、攻守力量搭配和职责分工的形式。阵形的序列一般是从后卫到前锋，守门员不予计算。例如，"四三三"阵形从后至前3条线，后卫线4名队员，前卫线3名队员，前锋线3名队员。

1. "四三三"阵形

"四三三"阵形是由"四二四"阵形变化而来的。它是把一名前锋回撤到中场，加强了中场攻防力量。

（1）守门员。守门员的主要职责是守住球门，对各种性质的进攻传球和射门进行有效的处理，排除球门前的危险，控制球门区和罚球区，策应和指挥整个后防线。一旦后卫被突破形成一对一局面时，应迅速判断主动出击，封堵射门角度，甚至扑脚下球。接球后迅速发动快攻或有效的手掷球进攻。

（2）后卫。

①边后卫：主要防守边路区域，盯住对手缩小其活动范围。一旦被突破，就要积极追抢或与中卫夹击抢截。当对方进攻中路时，应适当内收协防中卫。对方异侧进攻时，应向中路收缩，人球兼顾，保持站位，防止对方转移进攻。抢断球后应迅速组织进攻，助攻中场或插上充当边锋。

②中卫：主要防守门前危险区域，封堵拦截对方中路的突破和射门。双中卫前后站位，一个突前做盯人中卫，另一个后托保护做自由中卫截断封堵对方传入防线后的球或补抢运球突破的对手，居后指挥整个防线，或中双卫平行站立，根据对方进攻的情况，灵活交换盯人或托后保护同时协防边区空当。断球后，转移边路后长传进攻，支援前卫和边后卫。脚球进攻时，也可到门前挣顶攻门。

（3）前卫。

①边前卫：通常左右两名边前卫、一名中前卫，形成"一字形"或"三角形"站立，控制中场。边前卫进攻时接应后卫线传球。针对本方边锋，对方后卫和拖后中卫的特点组织进攻，为前锋突破射门创造机会，也可适机插入罚球区进攻。防守时就地抢截，封堵对手传球，协防中场，围抢持球队员，并与拖后前卫组成罚球区前的防守屏障。

②中前卫：组织核心。防守时，封锁对方中路进行通道，盯住从中场插上的对方前卫或中卫，弥补本方中后卫布边留下的空当。进攻时，又是中场接应、组织和指挥者，通过传球和发动进攻，掌握比赛的节奏和方向，并能适时插上支援前锋，自己突破射门或远射。

（4）前锋。

①边锋：左右两边锋主要从边路组织进攻，突破防线射门或传中，传中质量非常重要，包抄异侧传中球抢点射门。丢球后要立即反抢阻止对方传球和边路进攻，协助中场和边路防守。

②中锋：是锋线的尖刀和得分手。进攻时，向前压迫对方拖后中卫进攻创造机会。由攻转守与其他前锋合作破坏对手的进攻发动，应注意不要单独抢，选择正确的抢球时机。

2."四四二"阵形

"四四二"阵形是由"四三三"阵形撤回一名前锋到中场变化而来的，它增强了中场力量，增强了前场进攻变化。

（1）守门员：同"四三三"阵形。

（2）后卫：基本同"四三三"阵形，但要求边后卫具备插上助攻的意识和跑动更强。

（3）前卫：四名前卫通常菱形站位，分为左前卫、右前卫、拖后前卫和突前前卫。两名边前卫活动范围应更大，进攻时起到边锋作用，防守与拖后前卫和边后卫协防行动，稳固中场和边路的防守。

（4）前锋：两名前锋主要活动在对方中卫和边后卫之间，进攻时全力进入接长传的位置，通过拉插、传切配合从中路突破对方防线，射门得分，干扰牵制对方后卫线的进攻。

3."三五二"阵形

"三五二"阵形是典型的争夺中场阵形，该阵形增强了攻防力量的机动性，能最大限度地发挥整体实力。

（1）守门员：同"四三三"阵形。

（2）后卫：三名后卫的职责扩大，防守整个罚球区前沿区域并兼顾边路，拖后前卫是防守组织核心，左右两名中卫应往对方两名攻击手进行边路区域防守跟支援中场。

（3）前卫：五名前卫在中场组织攻防。

（4）前锋：两名前锋职责同"四四二"阵形。

二、篮球

(一)篮球简介

篮球是最受学生欢迎的运动之一。篮球运动的特点是竞争激烈、形式多样、对抗激烈、团队合作、独立自主、寓教于乐。篮球是由美国马萨诸塞州斯普林菲尔德基督教青年会的体育教师詹姆斯·奈史密斯于 1891 年发明的。经常打篮球的一个重要而积极的作用是,可以发展体能、勇气和判断力、机智和适应能力、意志力和风格,并有助于养成终身体育习惯。

篮球是一项竞技运动。在竞技运动中,对手的进攻是最重要的特点,而在球类运动中,对手是由进攻和防守组成的。球类运动中的攻防是集体的、完整的、激烈的和多变的。在体育运动的不同竞技形式中,优势和劣势都是在特定的对抗中显现出来的,这种对抗具有时间性和空间性、个体性和集体性。在比较篮球运动的攻防时,除了上述特质外,可变性、精确性和独立性也很突出。

(二)篮球基本技术

篮球技术是篮球比赛中运动员为了进攻与防守所采用的专门动作方法的总称。篮球技术主要由传球、接球、运球、投篮等动作组成。

1. 传接球

(1)传球技术分析。传球是由持球方法、传球方法、球的飞行路线和球的落点四个部分组成。其中传球手法是关键,它直接影响球的飞行路线和落点。

①持球。传球出手的过程是一个功能性过程。

②传球方法。传球方法是指传球出手的瞬间,手腕、手指对球的飞行方向、速度、路线和落点的控制,即手腕翻转、前屈和手指弹拨的用力方法。

③球的飞行路线。球的飞行路线有直线、弧线和折线三种。

④球的落点。传球要有针对性。球的落点是指传出的球与接球同伴相遇的方位。传球时,要根据接球同伴的位置、移动速度和意图及其防守队员的情况来定,要考虑到传球的高低、远近、快慢、用力等情况。

(2)接球技术分析。

①接球的概念。接球就是获得传球的动作。良好的接球技巧能够弥补传球的不足。

②接球技术分析。由伸臂迎球和缓冲握球等动作组成。接球时,要伸臂迎球,手指自然分开呈球状,双手迎球时,手形要外大里小,以防止漏球。指端触球的瞬间,手臂要顺势后引,屈肘缓冲来球的惯性后持球。有对手靠近或贴身防守时,要先卡位置堵住

防守者后再要球，以防止被破坏或抢断。

控制球后要随时保持好"能投、能突、能传"的"三威胁"攻击姿势，并尽快衔接下一个动作。

③接球的主要方法及要点。

双手接球：两臂先伸出迎球，双手十指自然分开呈半球状，手指指端触球瞬间，双臂随球缓冲来球的力量后，自然持球于胸腹之间，保持好"三威胁"的姿势。

单手接球：五指自然分开成弧形并伸出手臂迎球，手指指端触球的瞬间顺势缓冲控球。同时，借助另一手的辅助成双手持球的"三威胁"姿势。

2. 运球

（1）身体姿势。运球时应保持两脚前后自然开立，两膝微屈，上体稍前倾，头抬起，眼睛平视。非运球手臂屈肘平抬，用以保护球。脚步动作的幅度和下肢各关节的屈度随运球速度和高度的不同而有所变化。

（2）手臂动作。运球时，五指张开，用手指和指根以上部位及手掌的外缘触球，掌心不触球。低运球时，主要以腕关节为轴，用手腕、手指的力量运球；身前高运球和变向高运球时，主要以肘关节为轴，用前臂和腕、指的力量运球；体侧或侧后的提拉式高运球主要以肩关节为轴，用上臂、前臂、腕、指的力量运球。拍按球时，手应随球上下迎送，尽量延长控制球的时间，这样有利于保护球和根据场上情况改变动作。拍按球的部位是由运球的方向和速度来决定的。拍按球的部位不同，使运球的入射角和球反弹起来的反射角也不同。原地运球时，拍按球的上方。向前运球时，拍按球的后上方。

（3）球的落点。运球时应控制球的落点，使球完全保持在自己所能控制的范围内，以便随时利用自己的上体、臂、腿来保护球；而且也要便于技术运用。例如，运球向前推进无防守时，球的落点应控制在身体的侧前方，并根据推进速度保持适当距离。在对手紧逼防守时，应使球远离对手，采用侧对防守的运球方法，将球的落点控制在身体的侧后方，以便更好地保护球和及时抓住战机变换运球方法突破防守。

3. 投篮

投篮技术动作包括两个方面：其一是投篮时的身体姿势，其二是持球手法。原地投篮时，要两脚前后自然开立，两膝微屈，上体稍前倾，重心落在两脚之间。这样既便于投篮集中用力，也利于变换其他动作。移动中接球跳投、运球急停跳投或行进间投篮时，跨步接球与起跳动作既要连贯衔接，又要迅速制动，使身体重心尽快移到支撑面的中心点上，以保证垂直起跳。身体姿势正确就能保证身体重心移动与投篮出手的方向一致，才能保持身体平衡。控制身体平衡是保证出球方向准确的基本条件。

（1）瞄准点。

①直接命中的瞄准点：通常瞄准篮圈距自己最近的一点。这种方法瞄准的是实体目标，在场上任何位置投空心篮都适用。也有主张以篮圈中心为准目标，这个目标与球的落点一致，利于用力。

②碰板投篮的瞄准点：是指投篮时将球投向篮板上使球反弹入篮的一点。投篮队员位于与篮板成15°~45°角的区域内，采用碰板投篮效果较好，尤以接近30°角的区域最适宜。碰板投篮的瞄准点，应根据投篮的角度、距离和弧度合理选择。一般规律是角度越小，距离越远，弧度越高，碰板点离篮圈越远、越高；反之，则越近越低。

（2）出手动作。投篮时全身协调用力要有一定的顺序，整个动作要协调连贯，轻松柔和，掌握好节奏。例如，原地单手肩上投篮时，随着下肢蹬伸和腰腹伸展，投篮臂向前上方抬肘伸臂，最后力量集中到手腕和手指上，由手腕前屈和手指拨球的动作，使球通过食指、中指的指端柔和地飞出。出手后，全身随球跟送，手臂自然伸直。通常距离越近，身体其他部分用力越多，以手腕和手指用力为主；投篮距离越远，身体协调用力越大，对手腕、手指调节力量的能力也要求越高。

投是由起跳和出手两个动作有机地组成的，在空中需要以腰腹力量控制身体平衡，其出手动作较原地投篮难度更大，对全身协调用力及动作的节奏要求更高。

（3）抛物线。抛物线是指投篮出手后，球在空中飞行的弧形轨迹。

①低弧线：球的飞行路线短，力量容易控制，但由于飞行路线低平，篮圈暴露在球下面的面积很小，不易投中。

②中弧线：球飞行弧线的最高点大致与篮板的上沿在一条水平线上，球篮的大部分暴露在球的下面，是一种比较适宜的抛物线。

③高弧线：球接近于垂直下落，篮圈的面积几乎全部暴露在球的下面，球容易入篮。但球的飞行路线太长，不易控制，实际上会降低命中率。

4. 篮板球

比赛中，双方队员在空中争抢投篮未中的球，统称为抢篮板球。进攻一方在空中争抢投篮未中的球，称为进攻篮板球，又称前场篮板球；防守一方在空中争抢投篮未中的球，称为防守篮板球，又称后场篮板球。

（1）抢篮板球技术分析。

①抢占位置。抢占有利位置是抢篮板球技术的关键环节。要根据投篮的方向、距离、弧度判断球未中反弹的落点及观察对手的动向，快速移动抢占有利位置。无论是进攻队员还是防守队员，抢篮板球时，都应积极抢占球篮与对手之间的位置，把对手挡在身后。同时注意球的落点及对手动向，准备起跳抢球。

②起跳。在抢占位置的同时，要做好起跳的准备。两膝微屈，上体稍前倾，两臂稍屈置于体侧，重心落在两脚之间。注意观察判断球反弹的方向和落点，及时起跳，力争在最高点将球抢获。防守队员抢篮板球，一般多采用原地上步、撤步或跨步双脚起跳方法。进攻队员抢篮板球则多采用助跑单脚起跳或跨一两步双脚起跳方法。

（2）空中抢球动作。起跳在空中抢球时，应该用背或肩挡住对手，双手在头上张开，根据进攻或防守的位置和球的反弹方向，采用双手、单手和点拨球等方法进行抢球。

①双手抢篮板球。跳起在空中时，腰腹用力控制身体平衡，身体充分伸展尽量占据空间面积，两臂用力伸向球落点的方向，当身体和手到达最高点时，双手将球握紧，腰腹用力，迅速收臂将球拉回身前，两肘稍外张注意保护球。双手抢篮板球的优点是握球牢固，便于结合其他进攻动作，而且简单易学，容易掌握。

②单手抢篮板球。起跳后身体和手臂在空中充分伸展，抢球手臂伸向球的落点，当身体达到最高点指端触球时，用捻指、屈腕、屈肘动作，迅速握住球，将球拉回胸前，另一手迅速护球。单手抢篮板球的优点是抢球点比较高，控制范围大，也较灵活。

③点拨球。点拨球的动作方法与单手抢篮板球相似。当遇到身材较高大或球的落点离自己较远而不易获球时，可用指端点拨球的侧下方，将球点拨给同伴，或将球挑拨到便于自己接获球的位置。

（三）篮球基本战术

篮球战术是为篮球比赛中队员和队员之间有策略、有组织、有意识地协同运用技术进行攻守对抗的布阵行动，以篮球技术为基础，通过具有针对性的布阵，以达到一定战术目的为目标的集体攻守方法。

篮球战术是篮球运动的重要组成部分，是比赛中发挥集体力量和个人作用的手段。篮球战术的目的是把队员组织起来，保证整体实力和特长的发挥，制约对方，掌握比赛的主动，争取比赛的胜利。

1.战术基础配合

（1）传切配合（见图5-1），这是进攻队员之间利用传球和切入技术组成的简单组合。

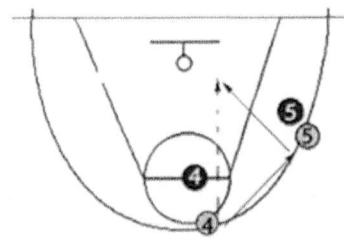

图5-1 传切配合

要求：

①队员配合的距离要拉开，切入路线要合理。

②切入队员要利用假动作迷惑对手或趁对手注意球的瞬间，掌握好摆脱时机，切入时紧贴对手，动作快速、突然、准确。

③传球队员动作要隐蔽，传球要及时。

配合要点：

①切入队员要根据情况掌握切入时机，假动作与速度结合，快速摆脱防守，切入篮下，并注意准备接球。

②传球队员要利用瞄篮、突破、运球或假动作吸引、牵制对手，当切入队员摆脱对手处于有利位置时及时、准确地将球传给同伴。

易犯错误：

①切入队员的切入时机掌握不好。

②切入时动作的突然性不够。

③切入队员对切入路线选择不合理。

④切入时没有明显的动作、方向和速度的变化。

⑤持球队员没有做进攻动作牵制防守对手。

⑥持球队员给切入队员的传球不及时、不到位，隐蔽性不强。

（2）突分配合（见图5-2），这是持球队员运球突破对手后，遇到对方补防或关门时及时将球传给进攻时机最好的同伴进行攻击的一种配合方法。

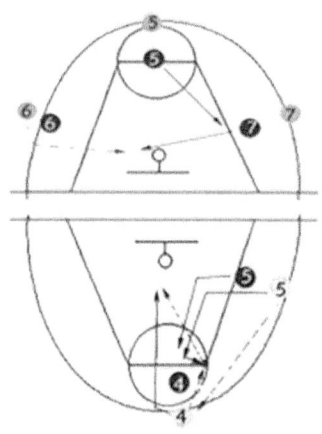

图 5-2　突分配合

要求：

①突破队员突破要突然、快速，在准备投篮的同时要观察攻守队员位置变化，及时、准确地传球。

②接球队员要把握时机及时摆脱对手，迅速抢占有利位置接球投篮。

配合要点：

①队员突破动作要突然、快速有力，降低重心，侧肩护球。

②其他进攻队员要把握时机及时摆脱对手，迅速抢占有利位置接球进攻。

（3）策应配合，是指进攻队员背对或侧对球篮接球，与同伴空切或绕切相结合，借以摆脱防守，创造各种进攻机会的一种配合方法。在半场范围内，靠底线的限制区两侧做策应，通称内策应；在罚球线附近和罚球线延长线附近做策应，通称外策应。

要求：

①策应队员突然起动，摆脱对手，占据有利位置，接球后保持合理护球姿势，注意观察及时传球给进攻机会最好的同伴投篮或自己进攻。

②外围传球队员根据策应者位置和机会及时、准确地传球给策应队员，做到人到球到，传球后迅速摆脱防守切入篮下。

配合要点：

①策应队员应积极抢占有利位置。

②接球后，随时观察场上情况，判断好主攻与助攻的时机。

③在策应时要用转身、跨步、假动作及时调整策应的方向和位置，以便协助同伴摆脱对手。

④配合队员要根据策应者的位置及时将球传给策应者远离防守人的一侧，做到人到球到。

（4）掩护配合（见图5-3），这是掩护队员采用合理的行动，用自己的身体挡住同伴防守者的移动路线，使同伴借以摆脱防守，或利用同伴的身体和位置使自己摆脱防守的一种配合方法。

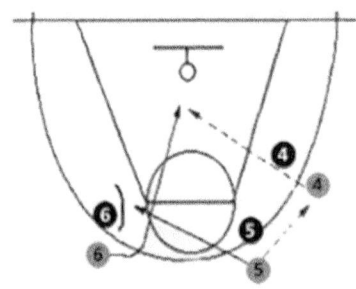

图5-3 掩护配合

要求：

①掩护时，摆脱队员要用投篮和移动等动作吸引对手的注意力，诱使对手贴近自己，摆脱对手的动作要突然、快速。

②掩护时，同伴之间的配合要掌握好时机和节奏。

③组织掩护配合时，要创造中投和突破机会，要注意内外线进攻相结合。

掩护配合有多种形式和方法：根据掩护者做掩护时站位的不同，有前掩护、侧掩护和后掩护三种形式。根据掩护者的移动路线、方法和变化，有反掩护、双掩护、运球掩护、定位掩护、行进间掩护和连续掩护等。从掩护的应用范围来讲，有球队员为无球队员做掩护，无球队员为有球队员做掩护和无球队员之间的掩护配合。

配合要点：

①掩护要符合规则，根据防守者的视野所及的范围，保持适当的距离。绝不能用推、拉、顶、撞等动作去阻挡对方的行动。

②掩护时要注意同伴之间的配合时机、角度，被掩护的队员要隐蔽行动意图与方向，运用假动作吸引对手。当同伴达到掩护位置时，摆脱对手的动作要突然、快速，并根据情况采取相应的变化措施。

2. 区域联防

区域联防是由攻转守时，队员退回后场，每人分工负责防守一定的区域，严密防守进入该区域的球和进攻队员，并与同伴协同防守，用一定的队形，把每个防区有机地联系起来所组成的防守战术。

（1）区域联防的阵形及其运用。

①区域联防的站位队形。区域联防的站位队形有"2—1—2""2—3""3—2""1—3—1"等。

②各种阵形的区域联防的运用。

第一，"2—1—2"区域联防。队员位置分布均衡，移动距离近，便于协防配合，易于调整防守队员队形，中区防守力量较强，适用于防守外围突破和篮下进攻威力大的对手。但对防端线两腰和圈顶处的投篮较为困难。

第二，"2—3"区域联防。这种联防加强了篮下和底线场角的防守，用于对付篮下与底线攻击力强的队，有利于抢篮。

第三，"3—2"区域联防。这种联防扩大和加强了外线防守范围，有利于控制对方外中锋的行动和外围两侧的中、远距离投篮。但篮下和两场角是防守弱区，也不利于控制篮板球。

第四，"1—3—1"区域联防。这种联防加强了罚球区和外围的防守，有利于制约对方中锋和外围中距离投篮，但两底角防守较薄弱，也不利于控制篮板球。

（2）区域联防的运用时机。

①对方外围中、远距离投篮不准，而内线威胁较大时。

②本队个人防守能力较弱或犯规较多时。

③为了加强抢防守篮板球发动快攻时。

④对方不善于进攻区域联防或作为一种战术变化时。

（3）区域联防的基本要求。

①根据区域联防的队形、队员的身高和技术特长，合理分配队员的防守区域。

②在分工负责防守区域的基础上，5名队员必须协同一致，积极随球移动，加强对有球一侧的防守，兼顾远球侧，以防球为主，人球兼顾。

③防守持球队员，按照人盯人防守的要求，积极防守对手的投篮、传球和运球，严防对手从底线运球突破。

④防守离球近的无球队员要抢占有利的防守位置，减少对手在有威胁的区域内接球。

⑤当进攻队员采用频繁穿插移动，改变进攻队形时，防守队员不仅要堵截其移动路线，还要针对进攻队形，改变防守队形。

（4）进攻区域联防的要求。

①争取在对方尚未组织好防守阵形之前发动快攻。

②应针对防守阵形采取插空站位的进攻阵形。

③通过人和球的快速转移，造成局部区域以多打少的局面。

④充分运用传切、策应、溜底线、背插和运球突破等方法，打乱防守阵形，创造投篮机会。

⑤果断进行中、远距离投篮，以扩大其防区机会。

⑥组织好篮板球的争夺，保持攻守平衡。

三、排球

（一）排球简介

排球比赛由两队进行，球场中间有一个长9.5米、宽1米的球网。两队利用进攻和防守技巧，如传球和拦截，将球送入对方场内，并将球挡在对方场外。排球由威廉-摩根于1895年在美国发明，1917年首次在欧洲开展，1905年首次在中国开展。近年来，中国大多数大学开设了排球课，一些学校还成立了排球精英联赛球队。许多大学每年会举办排球比赛，也有许多校际比赛。由于排球运动简单有趣，因此排球的种类也很多，如沙排、软式排球、小排球、四人排球和九人排球等。

正式排球比赛中，球网的高度为男子2.43米，女子2.24米，比赛场区为长18米，宽9米的长方形。其四周至少有3米宽的无障碍区。比赛采用五局三胜制和每球得分制。

比赛时双方各上场 6 人，分前后排站位，由获得发球权一方的后排 1 号位队员在端线后宽 9 米区域内发球。发球方胜一球后，由该队同一发球队员继续发球，接发球队胜一球后，按预先登记的发球顺序，换下一名队员发球。前四局先得 25 分并同时超出对方 2 分的队胜一局。当比分为 24∶24 时，比赛继续进行至某队领先 2 分为止，如 28∶26；第五局则为先得 15 分并同时超出对方 2 分的队获胜。当比分为 14∶14 时，比赛继续进行至某队领先 2 分为止，比分无最高限制。局间进行交换场区，决胜局中某队领先获得 8 分时，两队交换场区，不休息，队员在原来的位置继续比赛。第一局到第四局，每局有两次技术暂停，时间为 1 分钟。每当领先队达到 8 分或 16 分时自动执行，另外每局还有两次请求 30 秒的暂停，第五局无技术暂停，每队可请求两次 30 秒的暂停。同时，每队每局最多允许请求 6 人次换人。

（二）排球基本技术

排球技术，是指运动员在比赛规则允许条件下，采用的各种合理的击球动作和配合动作的总称。它是排球运动的基础和重要组成部分。排球技术有两种：一种是有球技术，包括传球、垫球、扣球、发球和拦网；另一种是无球技术，包括准备姿势、移动、起跳及各种掩护动作等。排球技术主要由步法移动和击球手法组成。

1. 准备姿势

一般来讲，按照身体重心的高低，准备姿势可分为半蹲准备姿势、稍蹲准备姿势和低蹲准备姿势三种。

（1）半蹲准备姿势。两脚左右开立稍比肩宽，一脚稍前。两脚尖内收，脚跟稍提起。膝关节保持一定的弯曲，膝关节的投影在脚尖前面。上体前倾，重心靠前。两臂放松，自然弯曲，双手置于腹前。两眼注视来球，两脚始终保持微动。

（2）稍蹲准备姿势。稍蹲准备姿势比半蹲准备姿势重心稍高，动作方法与其相同。

（3）低蹲准备姿势。低蹲准备姿势比半蹲准备姿势的身体重心更低，更靠前，两脚左右、前后的距离更宽一些，膝部弯曲程度更大一些；肩部投影过膝，膝部投影过脚尖，手置于胸腹之间。

2. 移动

队员从起动到制动的过程为移动。其目的主要是及时接近球，保持好人与球的位置关系，以便击球。移动由起动、移动步法和制动三个环节组成。

（1）起动。它是在准备姿势的基础上，变换身体重心的位置，破坏准备姿势的平衡，使身体向目标方向移动。在正确准备姿势的基础上，迅速向前抬腿收腹使上体向前探出，同时后腿迅速向前用力蹬地，使整个身体迅速向前起动。

(2)移动步法。起动后应根据临场技战术的需要,灵活地采用各种移动步法进行移动。

①并步与滑步:后腿蹬地前脚向来球方向跨出一步,后腿迅速跟进做好击球准备。连续并步就是滑步。

②跨步与跨跳步:由后腿用力蹬地,前脚向来球方向跨出一大步,膝部弯曲,上体前倾,身体重心移至前腿上。跨步过程中有跳跃腾空即跨跳步。

③交叉步:上体稍向右转,左脚从右脚前面向右交叉迈出一步,然后右腿再向右跨出一大步,同时身体转向来球方向,保持击球前的姿势。

④跑步:跑步时两臂要配合摆动,如球在侧方或后方时应边转身边跑。

(3)制动。在快速移动之后,为了保持稳定的击球姿势和克服身体惯性的冲力,必须运用制动技术。

①一步制动法:在移动最后跨出一大步,同时降低重心,膝和脚尖适当内转,前脚掌横向蹬地,抵住身体重心继续移动的趋势,并用腰腹力量控制上体,使身体重心的投影落在两脚所构成的支撑面内。

②两步制动法:两步移动时,以倒数第二步做第一次制动,紧接着跨出最后一步做第二次制动,身体后仰,重心下降,双腿用力蹬地,使身体处于有利于做下一个动作的姿势。

3. 发球

发球是1号队员在发球区自己抛球后,用一只手将球直接击入对方场区的一种击球方法。发球是比赛的开始,也是进攻的开始,是排球比赛中一项重要的进攻性技术。

(1)正面上手发球。队员面对球网,两脚前后自然开立,左脚在前,左手托球于身前,用抬臂和手掌平托上送,将球平稳地垂直抛于右肩前上方,高度适中。在左手抛球的同时,右臂抬起,屈肘后引肘与肩平,上体稍向右转。击球时,利用蹬地、转体和收腹带动手臂挥动,在右肩前上方伸直手臂的最高点,以全手掌击球的中下部。击球时,手指自然张开吻合球,手腕要主动做推压动作使击出的球呈上旋飞行。

(2)正面下手发球。面对球网,两脚前后开立,左脚在前,两膝微屈。上体稍前倾,重心偏后脚。左手持球于腹前,将球轻轻抛起在体前右侧,离手高约20厘米,在抛球的同时右臂伸直以肩为轴向后摆动,借右脚蹬地力量,身体重心随着右手向前摆动击球而移至前脚,在腹前以全手掌、掌根或虎口击球后下方。

4. 垫球

通过手臂或身体其他部位的迎击动作,使来球从垫击面上反弹出去的击球动作,称为垫球。垫球在排球比赛中占有重要的地位,主要用于接发球、接扣球和接拦回球,是组织进攻的基础。垫球分为正面双手垫球、侧面双手垫球、跨步垫球、背垫球，以及前扑、鱼跃等垫球动作。下面简要介绍前三种垫球的动作要领。

（1）正面双手垫球。正面双手垫球的基本手型有抱拳式、叠掌式和互靠式，但无论采用哪种手型都应该注意手腕下压、两臂外翻。正面双手垫球按来球力量大小可分为垫轻球、垫中等力量球和垫重球。

①垫轻球：采用半蹲准备姿势，当球飞来时，双手成垫球手型，手腕下压，两臂外翻形成一个平面，当球飞到腹前一臂距离时，两臂夹紧前伸，插到球下，向前上方抬臂迎击来球，利用腕关节以上10厘米左右处的桡骨内侧平面击球的后下部，使身体重心随击球动作前移，击球点保持在腹前一臂距离。

②垫中等力量球：动作方法与垫轻球相同，由于来球有一定力量。因此击球动作要小，速度要慢，手臂适当放松。

③垫重球：要根据来球的高度和角度，采用半蹲或低蹲准备姿势，击球时采用含胸、收腹的动作帮助手腕随球屈肘后撤，适当放松，以缓冲来球力量。在撤臂缓冲的同时用微小的小臂和手腕动作控制垫球方向和角度。

（2）侧面双手垫球。侧面双手垫球是在身体两侧用双手垫球的技术动作。其技术要点是（以右侧来球为例）：当球向右侧飞来时，左脚蹬地，跨右脚，重心右移，两臂夹紧向右伸出，利用向左转腰、提右肩和左肩向下倾斜的动作，配合两臂自右后方向前截住球的飞行路线，用前臂垫球的右下部。接追胸球时首先应先做后撤步，再做其他动作。

（3）跨步垫球。跨步垫球是向前或向侧跨出一步垫球的技术动作。其技术要点是（以右手为例）：迅速向来球方向（向前或向侧）跨出一大步，屈膝深蹲，重心落在跨出脚上，上体前倾，臀部下降。两臂夹紧伸直，插入球下。击球点较低，离身体较远。利用蹬腿抬臂的力量，垫击球的后下部。击球时保持身体平衡，击球后后脚迅速跟进，还原成准备姿势。

5. 传球

传球是利用手指手腕的弹击动作将球传至一定目标的击球动作。传球技术主要用于二传，为进攻创造条件，在比赛中起着组织进攻的作用。传球技术主要包括正面传球、背后传球、侧面传球和跳起传球。

（1）正面传球。面对出球方向的传球，称为正面传球。正面传球是最基本的传球方法，是其他一切传球技术的基础。

采用稍蹲准备姿势，抬头看球，双手自然抬起，放松置于脸前。当来球接近额时，开始蹬地、伸膝、伸臂，两手微张经脸前向前上方迎击球。击球点在额前上方约一球距离处。

当手触球时，两手自然张开呈半球形，手腕稍后仰，两拇指相对呈"二"字或"八"字形，两手间有一定距离，用拇指内侧、食指全部、中指的二、三指接触球的后下部，无名指和小指在球两侧辅助控制传球方向。两肘适当分开，两前臂之间约成90°角，传球时主要靠蹬地伸臂和手指手腕力量，以及球的反弹力将球传出。

（2）背后传球。向自己后上方的传球为背后传球。背后传球时击球点应保持在额上方。其技术要点主要包括：

①上体正直或稍后仰，身体重心在两脚之间。

②双手上举，掌心稍向上，手腕稍后仰。

③击球点保持在额上方，触球时，手型与正面传球相同。

④利用蹬地、上体后仰、挺胸、展腹、抬臂及手腕、手指的弹力将球向身体后上方送出。

⑤击球时，拇指应适当用力，以控制出球的落点。

（3）侧面传球。侧面传球是双手击球高度不同，用力不同情况下的传球，一般在来不及正面传球、背后传球时或战术传球中采用，其难度大，不易传准确。其技术要点主要包括：

①迎球动作、手型与正面传球相同。

②击球点在身体侧上方。

③出球方向一侧的手臂低一些，另一侧则要高一些。

④击球时，蹬地后上体向出球方向倾斜，双臂向传出一侧用力伸展。

（4）跳起传球。跳起在空中进行的各种传球称为跳起传球，用于网前或网上的传球及二传的组织。其技术要点主要包括：

①掌控好起跳时机，向上垂直跳起。

②跳起后身体在空中保持平衡，双臂上摆至脸前。

③当身体上升到最高点时，靠伸臂的力量和手腕、手指的弹力将球传出。

④击球后身体缓冲落地。

6. 扣球

扣球是队员跳起在空中，用一只手臂将本方场区上空高于球网上沿的球有力地击入对方场区的一种击球方法。扣球是排球技术中攻击性最强的一项技术，是得分的主要手段。扣球技术主要包括正面扣球、单脚起跳扣球和双脚冲跳扣球等。

（1）正面扣球。扣球助跑前采用稍蹲准备姿势，两臂自然下垂，站在离球网3米左右处，做好向各个方向助跑起跳的准备。助跑时（以右手扣球两步助跑为例）左脚先向前迈出一小步，接着右脚迅速跨出一大步，左脚及时并上，踏在右脚之前，两脚尖稍向内转,准备起跳。在助跑跨出最后一步的同时,两臂绕体侧向后引,左脚在并上踏地制动的过程中,两臂自后积极向前摆动。随着双脚蹬地向上起跳,两臂快速上摆,配合起跳。两腿从弯曲制动的最低点猛地蹬地向上起跳。

起跳后,挺胸展腹,上体稍向右转,右臂向后上方抬起,身体呈反弓形。挥臂时,以迅速转体收腹动作发力,以此带动肩、肘、腕各部位成鞭打动作向前上方挥动。击球时,五指微张呈勺形,并保持紧张,以全手掌包满球,掌心为击球中心,击球的后中部。同时主动用力屈腕向前推压,使扣出的球加速上旋。落地时,以前脚掌先着地,同时顺势屈膝、收腹以缓冲下落力量。

(2)单脚起跳扣球。单脚起跳扣球是指助跑后第二只脚不再踏地而直接向上摆动帮助起跳的一种扣球方法。首先,采用稍蹲准备姿势,采用一步、两步或多步的助跑,助跑路线与网的夹角宜小不宜大,甚至可以顺网助跑,以免前冲过中线。助跑后,左脚跨出一大步,上体后倾;在右腿向前上方摆动的同时,左腿迅速起跳,两臂配合向上摆动,帮助起跳。起跳后的空中击球动作与双脚起跳正面扣球动作相同。

(3)双脚冲跳扣球。双脚冲跳扣球是指助跑后,向前上方起跳,并且在空中有一段位移,击球动作在空中移动过程中完成的技术动作。双脚冲跳扣球在后排进攻和空间差中运用较多。双脚冲跳扣球的技术要领主要包括:

①助跑第二步稍小,避免身体后仰,减小制动。

②双脚向后下方蹬地,使身体产生一个向前上方的冲跳力。

③腾空后抬头、挺胸、展腹,形成背弓。

④击球时快速收腹、挥臂,并用手腕推压击球的后中部。

⑤落地后迅速控制身体平衡,避免前冲力过大而导致触网。

7. 拦网

拦网是队员靠近球网,将手伸向高于球网处阻挡对方来球的行动。拦网是防守的第一道防线,是反攻的重要环节。

(1)单人拦网。队员面对球网,两脚左右开立约等于肩宽,距网30~40厘米,两膝微屈,两臂在胸前自然屈肘。移动可分为并步、交叉步、跑步,向前或斜前移动,原地起跳时,重心降低,两膝弯曲,用力蹬地,使身体垂直起跳。如果是移动后起跳,制动时,双脚尖要转向网,同时利用手臂摆动帮助起跳。拦网时两手从额前平行球网向网上沿前上方伸出,两臂平行,两臂尽量上提,两臂尽力过网伸向对方上空,两手接近球,自然张开,手触球时两手要突然紧张,用力屈腕,主动盖帽捂住球。

(2)集体拦网。两人或三人协同一致拦一个进攻点的配合行动为集体拦网。目的在于扩大拦截面,多数集体拦网是双人拦网。

双人拦网是指两人同时起跳，相互配合的拦网技术。它是在单人拦网基础上组合成的技术，一般为一人原地或并步拦网，另一人采用交叉步移动组织双人拦网。技术要领如下：

①准备姿势与单人拦网相同。

②移动时，一人根据对方二传球的情况确定拦网起跳位置；另一人以交叉步或滑步移动，向定位队员靠拢。

③起跳时，通常定位队员原地正面起跳，移动队员移动侧向起跳，起跳时间一致。

④起跳后，外侧拦网队员用外侧手向内包球，同时身体向内转，以协助双手将球拦回场内；另一拦网队员动作方法同单人拦网。

⑤落地时屈膝缓冲，外侧队员迅速转体，面向场内，并准备下一个动作。

（三）排球基本战术

排球战术是运动员在比赛中根据排球运动的比赛规律、彼我双方的具体情况和临场变化有效地运用技术及所采取的有预见、有目的、有组织的行为。

1. 阵容配备

阵容配备就是合理地安排场上队员技术力量的组织形式。

（1）"四二"配备：两名二传，两名主攻手，两名副攻手，如图5-4所示。这种阵容适合于一般水平球队。

（2）"五一"配备：由五名进攻队员和一名二传队员组成，如图5-5所示。水平较高的球队普遍采用这种阵容。

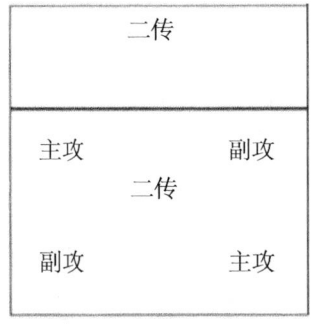

图5-4 "四二"配备

图5-5 "五一"配备

（3）"三三"配备：三名进攻队员和三名二传队员组成，如图5-6所示。初学的球队适合采用这种阵容。

图 5-6 "三三"配备

2. 进攻战术

（1）"中一二"进攻阵形：由前排中间的 3 号队员担任二传，其他队员参与进攻的阵形，称为"中一二"进攻阵形，如图 5-7 所示。

（2）"边一二"进攻阵形：由前排右边的 2 号位队员担任二传，其他队员参与进攻的阵形，称为"边一二"进攻阵形，如图 5-8 所示。

（3）"插上"进攻阵形：后排队员插到前排担任二传，其他队员参与进攻的阵形，称为"插上"进攻阵形，如图 5-9 所示。

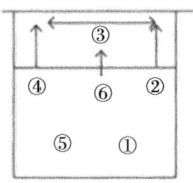 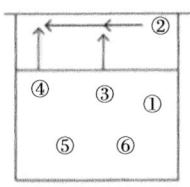 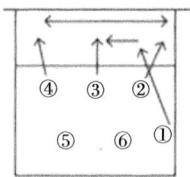

图 5-7 "中一二"进攻阵形　　图 5-8 "边一二"进攻阵形　　图 5-9 "插上"进攻阵形

3. 防守战术

（1）双人拦网"心跟进"防守战术：固定由 6 号队员跟进保护、防吊球的防守形式，称为"心跟进"防守，如图 5-10 所示。

（2）双人拦网"边跟进"防守战术：就是由 1 号或 5 号队员跟进做保护的防守形式。前排不拦网的队员要后撤参加防守，与后排三名队员要形成面对进攻点的弧形防守区，如图 5-11 所示。

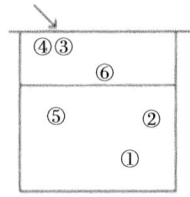 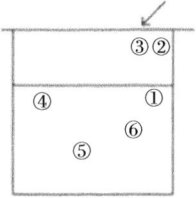

图 5-10 "心跟进"防守战术　　　　图 5-11 "边跟进"防守战术

四、乒乓球

（一）乒乓球简介

根据历史资料，乒乓球起源于19世纪末的英国，是一种网球运动。球网有时放在餐桌上，有时挂在两把椅子和一根杆子之间的地板上。乒乓球运动并不剧烈，但乐趣无穷；直到20世纪20年代，乒乓球仍是主要的一种休闲游戏。随着国际乒乓球联合会（ITTF）的成立，乒乓球运动开始迅速发展，有了统一的规则，并定期举办世界乒乓球锦标赛。1988年汉城奥运会，乒乓球被列入奥运会项目，作为国际公认的"国球"，乒乓球成为中国奥运会代表队的基础项目。作为中国的"国球"，乒乓球成为奥运会的主要项目之一，中国乒乓球队几乎成为唯一的在奥运会上获得金牌的队伍。随着乒乓球进入奥运时代，欧亚之间的竞争将继续下去，对抗将更加激烈。

自20世纪末以来，国际乒乓球联合会进行了多次改革。乒乓球直径从38毫米和2.5克增至40毫米和2.7克，比赛形式从每场21分改为11分，并在乒乓球比赛中引入连续发球。这些改革的目的是：

增加球的数量，改善乒乓球的视觉效果。国际乒乓球联合会曾做过一项研究，当比赛中的球数达到7个时，观众会鼓掌，达到10个时，观众会欢呼。他们的实验表明，高球和低球的速度降低了13%，效果降低了21%。

这项改革增加了奥运会的获胜机会，缩小了强弱差距，结束了一个国家或地区只有少数运动员获得金牌的局面。

毕竟，乒乓球市场在不断发展。尽管这些改革并没有改变现代乒乓球运动的基本规则，但它们对技术和战术的影响却不容忽视。

随着乒乓球运动的发展，可以预见，乒乓球的打法将更加丰富和复杂，技术将不断改进，运动员将追求更高的灵活性、加速度、旋转和效率。新的技术和打法也将不断涌现。乒乓球运动未来发展的总体趋势是，技术打法将向速度发展。速度和旋转密切相关，因此击球和反手技术将变得更加复杂，以控制和回击球。滑步和进攻将需要更具侵略性的元素。例如，两名实力不同的球员将不再轮转等待进攻机会，而是主动"变、转、攻"；进攻和接球球员都需要提高进攻速度，提高击球和进攻能力，并全面发展更多的技术技能。乒乓球正朝着主动性更强、专业化程度更高、技术技能更全面、战术变化更广泛的方向发展。

（二）乒乓球基本技术

1. 握拍法

（1）直式握拍法。用拇指和食指握住球拍拍柄与拍面的结合部位，即以拇指第一指节与食指第二指节扣拍柄,虎口贴于拍柄后面,其余三指自然弯曲、重叠,以中指第一节侧面贴于球拍的 1/3 的上端处,用中指、虎口、食指、拇指调节拍形。

直握拍法的特点是正反手都用球拍的同一面击球,出手快,正手攻球快速有力,攻斜、直线球时拍面变化不大,对手难以判断。

优点:手腕灵活,正手换反手时不换拍面,摆速较快。

(2)横握球拍法。用中指、无名指和小指自然握住拍柄,拇指、食指一前一后贴于拍面,拇指略弯曲在正面贴于中指旁,食指自然伸直放于球拍的另一面。用小臂内旋、外旋调节拍形。

横握拍法的特点是正反手攻球力量大,攻削球时握法变化小,反手攻球容易发力也便于拉弧圈。但正反手交替击球时,需变换击球拍面,攻斜、直线时调节拍形幅度大,易被对方识破。

优点:板形固定,反手易发力,左右照顾面大。

2. 基本站位和基本姿势

(1)基本站位。左推右攻的站位在近台中间偏左处。两面攻打法的站位在近台中间。弧圈球打法的站位在中台偏左处。攻削结合打法的基本站位在中远台。

(2)基本姿势。两脚开立,比肩稍宽,踵部稍提起,前脚掌着地,两膝微屈,上体略前倾,重心置于两脚之间。下颌稍收,两眼注视来球。持拍手自然弯曲,置于身体右侧,手腕自然放松。

3. 基本步法

(1)单步。以一脚为轴心,另一脚向前、后、左、右移动一步,身体重心也随之落到移动脚上,挥臂击球。

(2)滑步。两脚几乎同时向来球方向蹬地,几乎同时离地,来球异方向脚先落地,同方向脚紧随着地,挥臂击球。

(3)跨步。来球异方向脚蹬地,同方向脚向来球方向跨出一大步,身体重心随即移至该脚(攻球时可落脚、击球同时进行),另一脚迅速跟上。

(4)交叉步。来球同方向脚蹬地,异方向脚向来球方向跨出一大步。此时,在身前形成交叉状,然后蹬地脚迅速跟上解除交叉。

(5)结合步。在完成一次击球时,使用两种或两种以上单一步法的动作方法进行结合。

4. 发接球技术

(1)平击发球。

①正手击球动作方法:

A. 击球前。第一,选位:左脚前,身体略向右转,左手掌心托球置于身体右侧前方。

第二，引拍：左手将球向上抛起，同时右臂内旋，使拍面角度稍前倾，向身体右后方引拍。第三，迎球：右臂从身体右后方向右前方挥动。

B. 击球时。当球从高点下降至稍高于球网时，击球中上部向左前方发力。球击出后第一落点在球台中央。

C. 击球后。手臂继续向左前方随势挥动，迅速还原。

D. 发力部位以前臂为主，动作过程中身体重心从右脚移至左脚。

②反手发球动作方法：

A. 击球前。第一，选位：右脚稍前或平站，身体略向左转，左手掌心托球置于身体左侧前方。第二，引拍：左手将球向上抛起，同时右臂外旋，使拍面角度稍前倾，向身体左后方引拍。第三，迎球：右臂从身体后方向右前方挥动。

B. 击球时。当球从高点下降至稍高球网时，击球中上部向右前方发力。球击出后第一落点在球台中央。

C. 击球后。手臂和手腕继续向右前方随势挥动，迅速还原。

（2）正手发右侧上旋急球（奔球）。

A. 击球前。第一，选位：左脚稍前，身体略向右偏斜，左手掌心托球置于身前偏右侧。第二，引拍：左手将球向上抛起，同时右臂内旋，使拍面角度稍前倾，前臂手腕自然下垂，肘关节高于前臂，向身体右后方引拍。第三，迎球：上臂带动前臂由身体右方向左前方挥动。

B. 击球时。当球从高点下降至近于网高时，击球右侧向右侧上方摩擦，触球一瞬间拇指压拍，手腕从右后方向左上方抖动。球击出后第一落点接近自己端线。

C. 击球后。手臂继续向左前方挥动，迅速还原。

（3）反手发下旋加转发球与不转发球。

①下旋加转发球动作方法：

A. 击球前。第一，选位：右脚稍前或平站，身体略向左偏斜，左手掌心托球置于身体左前方。第二，引拍：左手将球向上抛起，同时右臂内旋，直握拍手腕微屈，横握拍手腕外展，使拍面角度后仰，向身体左后上方引拍。第三，迎球：右臂从身体左后上方向右前下方挥动。

B. 击球时。当球从高点下降至稍高于或平于网高时，前臂加速向右前下方发力，同时直握拍手腕伸展，横握拍手腕内收，击球中下部向底部摩擦。

C. 击球后。手臂继续向右前下方随势挥动，迅速还原。

D. 发力部位以前臂和手腕为主，动作过程中身体重心从左脚移至右脚。

②下旋不转发球动作方法。不转发球动作方法与下旋加转发球相同，区别在于：手

臂内旋幅度小，减小拍面后仰角度，击球中部或中下部，减小向下摩擦的力量，稍加向前推球的力量，使作用力线接近球心，从而形成不转球。

（4）接发球。接发球的站位应根据发球方的位置适当调整自己的基本站位。常用的方法有推、搓、削、拉、攻等，其技术的运用应根据自己的打法特点和来球的性能决定回接的方法，并要与自己的打法特点结合起来，这样才能充分把握比赛的主动权。

（5）推挡。推挡具有站位近、动作小、速度快、变化多的特点，在对攻中运用快速推压，结合力量、落点和旋转的变化牵制对方，为进攻取胜创造条件。被动时也可起到积极防御的作用。

①挡球：两脚平行站立或右脚稍后，身体靠近球台。击球前，两膝微屈，稍含胸收腹。

击球时，前臂向前伸，球拍由后向前，拍触球时，拍面与台面近乎垂直，在上升期击球的中部，借助对方来球的反弹力将球挡回。击球后，迅速还原，准备下一次击球。

②快推：站位近台，右脚稍后，或两脚平行开立，上臂和肘关节靠近右侧身旁。

击球前，前臂稍后引。击球时，前臂向前推出，食指压拍，拇指放松，拍面前倾，在来球上升期击球中上部。击球后，手臂顺势前送。

5. 正手攻球和反手攻球

攻球是最具有威慑力的得分手段，也是最重要的一项基本技术。攻球分为正手攻球和反手攻球，按站位分为近、中、远台攻球，按击球点和击球时间分为拉、抽、拨、扣、杀等方法。

（1）正手基本技术。

①正手近台攻球。正手近台攻球是近台快攻打法的主要技术之一。直拍正手近台攻球时，身体靠近球台，右脚稍后，两膝微屈，上体略前倾。击球时，引拍至身体右侧呈横状，上臂和身体约成35°，与前臂约成120°。当球从台面弹起时，手臂由右侧向左前上方迅速挥动，以前臂发力为主。击球时，食指放松，拇指压拍，使拍面前倾，柄结合手腕内转动作，在来球的上升期击球中上部。

②正手扣杀。两脚开立，右脚在后，重心在右脚。击球前，身体略向右转，引拍至右后方。击球时，上臂带动前臂由后向前用力挥击，结合腿蹬地和转腰力量在高点期击球。来球上旋，击球时拍面稍前倾，击球的中上部；来球下旋，击球前拍面要略低于来球，击球的中部。击球后，球拍随势挥至左胸前，重心前移至左脚。

（2）反手基本技术。随着当今乒乓球运动的发展，反手攻球已是各种打法的运动员，特别是进攻类型运动员不可缺少的一项技术。比赛中运用反手攻球，常会出现两面出击压制对方的局面，大大加强了攻势，取得主动优势。

反手快攻：右脚稍前几乎成开立平站，身体离台约 50 厘米。手臂自然弯曲并外旋使拍面稍前倾，上臂、肘关节自然靠近身体，手腕微屈和内收，将球拍引至腹前偏左位置。

前臂向右前方迎球。当来球跳至上升期，肘关节内收，前臂加速向右前上方发力并外旋，手腕同时配合微伸和外旋，拍面稍前倾击球中上部。前臂继续向右前上方随势挥动，迅速还原成击球前的准备姿势。

（3）左推右攻基本技术。移动时，先以来球反方向的脚向同方向的脚内侧并一步，然后同方向的脚再向来球方向迈一步同时制动，再挥臂击球。

（4）搓球基本技术。搓球是近台还击下旋球的一种基本技术。由于回球线路较短，多在台内，因而可造成对方回球困难。

①快搓。左脚稍前，身体离台面约 40 厘米。手臂外旋使拍面角度稍后仰，后引动作小，前臂向右上方提起，将球拍引至身体右前上方。手臂向左前下方迎球。但来球跳至上升期，利用手臂前送的力量，借助对方来球前进力，前臂、手腕向左前下方用力，拍面稍后仰击球中下部。手臂继续向左前下方随势挥动，迅速还原成击球前的准备姿势。

②慢搓。左脚稍前，身体离台面约 50 厘米。手臂外旋使拍面角度后仰，手臂向右上方移动，前臂提起，同时直握拍手腕微伸，横握拍手腕微外展，将球拍引至身体右上方。手臂向左前下方迎球。当来球跳至下降前期，前臂加速向左前下方用力，同时直握拍手腕微屈，横握拍手腕微内收，拍面后仰击球中下部。手臂继续向左前下方随势挥动，迅速还原成击球前的准备姿势。

（三）乒乓球基本战术

所谓战术，即在比赛中，可根据自己和对方的具体情况，有目的、有意识地运用各项技术。

1. 发球抢攻

发球抢攻是在快攻打法中先发制人的一项主要战术，是比赛中得分的重要手段。

①侧身用正手发左侧上、下旋长球到对方左地角线，角度要大，配合近网轻球和直线长球后侧身抢攻。

②反手发右侧上、下旋球到对方正手近网处，配合发反手底线长球，侧身抢攻。

③反手发急球，急下旋长球到对方反手或中路，配合近网轻球，迫使对方打对攻或后退削球。

④正手发右侧上旋急球、急下旋长球到对方中路或正手，配合近网轻球，迫使对方打对攻或后退削球。

2. 对攻

主要是发挥其快速多变的特点来调动对方。

①具有左半台技术特长的常采用紧压反手，结合变线、伺机抢攻的对攻战术。

②调左压右。是对付具有推攻（反手攻）和侧身攻特长选手的主要对攻战术。

③加、减推压中路及两角，伺机抢攻。是对付两面拉弧圈球打发的主要对攻战术。

④连压中路或正手，伺机抢攻。是对付两面攻球或横拍反手攻球较强选手时所采用的一种战术。

3. 接发球抢攻

短球可用快推，长球可用快攻，落点宜中路和正手。两面打发可以发挥两面抢攻的特长。对不太强的下旋或不转的球，也可用拉球或推挡控制对方反手为主，配合突然变正手与中路；对强烈的侧下旋、下旋短球或对方突发的底线下旋球，可用快搓短球为主，结合快搓底线长球控制对方，然后力争主动先拉或加力突击。

五、羽毛球

（一）羽毛球简介

根据中国、欧洲和美国出版的词典，羽毛球运动历史悠久。据说，早在 2000 年前，中国、印度和欧亚大陆其他地区就有了类似现代羽毛球的运动。中国称"打手毽"，印度称"普纳"，西欧等国称"毽子板球"。当时，这些"游戏"没有固定的规则，由两、三名或四名玩家用简易木棍或小牛皮制成的球棒进行比赛，羽毛或鹅毛插在其他材料制成的支架上。

现代羽毛球运动始于 1873 年，首届英国羽毛球锦标赛于 1893 年在英国举行，此后每年举办一届。世界羽毛球联合会（BWF）成立于 1934 年，并于 1939 年通过了其规则。

1981 年 5 月，世界羽毛球联合会重新确立了中国在世界羽毛球联合会中的合法地位，1988 年，汉城奥运会承认羽毛球为体育项目。

1992 年巴塞罗那奥运会后，羽毛球运动进入了一个新的发展阶段。羽毛球运动在中国的发展始于 20 世纪 50 年代。中华人民共和国刚成立时，由于羽毛球运动水平不高，设施不足，羽毛球运动并不普及。1954 年 6 月，第一代华侨王文治、陈福寿、黄思明等人从印尼回国。他们满怀激情，利用从印尼带回来的技战术，为中国羽毛球运动带来了光明和希望。

1954 年 7 月，中央体育学院羽毛球系成立，王文治、陈福寿等著名羽毛球运动员担任教练。1959 年，在中国羽毛球协会的支持下，全国 23 个省、区、市派队参加了第一届全国羽毛球锦标赛，促进了羽毛球运动的制度化和规范化。

羽毛球是一种广受欢迎的球类运动。只需两件简单的运动器材——球拍和球——就可以在任何地方进行比赛和练习，无论是室内还是室外，有网还是无网，如果空间有限，也可以在室外进行比赛和练习。羽毛球运动的独特风格使其成为男女老少喜爱的运动。虽然需要大量的体能，但这是一项有趣的运动。无论是竞技运动还是普通锻炼，它都需要几个人在球场上移动、跳跃、旋转和挥拍。因此，经常打羽毛球的青年男女可以增进身心健康，促进生长发育，提高各方面的身体素质，不怕受伤，不甘落后，培养坚忍不拔的斗志。

（二）羽毛球基本技术

1. 握拍方法

（1）正手握拍法。正确的握拍方法是先用左手拿住球拍杆，使拍面与地面垂直，然后张开右手，使手掌下部（小鱼际）靠在球拍柄底托，虎口对着球拍柄窄的一面，小指、无名指、中指自然地并拢，食指与中指稍稍分开，自然地弯曲并贴在球拍柄上。

（2）反手握拍法。一般来说，反手握拍有两种：一种是在正手握拍的基础上，把球拍框往外转，拇指伸直贴在拍柄的宽面上，食指、中指、无名指、小指并拢。另一种是正手握拍把球拍框外转，拇指贴在球拍柄的棱上，食指、中指、无名指、小指并拢。反手握拍时，手心与球柄之间要留有空隙，这样握拍有利于手腕力量和手指力量的灵活运用。

2. 发球与接发球技术

发球技术可分为正手球发球技术和反手球发球技术。

（1）正手发球。一般来说，发高远球、平高球、网前球均可采用正手发球法。

①正手发高远球：所谓高远球就是把球发得又高又远，使球向对方后场上方飞去，球的飞行路线与地面形成的角度，要大于45°角，使球在对方场区底线附近垂直下落。

②正手发平高球：姿势、动作和正手发高远球一样，只是发力方向和击球点不同，平高球时球运行的抛物线不大，使球迅速地越过对方场区空中而落到底线附近，球在空中的路线和地面形成的仰角是45°左右。

③正手发网前球：发网前球就是把球发到对方发球区内的前发球线附近，球拍触球时，拍面从右向左斜切击球，使球刚好越网而过，落在对方前发球线附近。

（2）反手发球。

①反手发网前球：运用反手发球技术把球发至对方发球区内前发球线附近，击球时球拍由后向前推送击球，使球运行的弧线最高点略高于网顶，球拍触球时，拍面呈切削式击球，使球落到对方场区的前发球线附近。

②反手发平球：反手发平球与发正手球的球路、角度、落点一样。发球时，球拍的挥动方向也与反手发网前球一样，只是在击球的一刹那，手腕有弹性地击球，拍面与地面的角度接近垂直，将球击到双打后发球线以内的区域。

（3）合法发球。有发球权的一方称发球方，对方则称为接发球方。

①发球时脚不得踩发球区的任何界线。

②一旦双方选手站好位置，发球员的球拍一开始挥动即发球开始，发球员的球拍必须连续向前挥动直到将球发出。

③在发球过程中，即从发球员的球拍开始挥动直至球拍的拍面将球击出为止，发球员的双脚均不得离开地面或移动。

④发球时发球员的球拍必须首先击中球托，另外发球员在击球的瞬间，球与球拍的接触点及整个球体均要低于发球员的腰部，整个拍框必须明显低于发球员握拍的手部。

⑤发球员必须站在本主发球区向位于自己相对应的斜对角一端的发球区发球。

（4）合法的接发球。

①接发球员必须等对方发球员按相应的规定将球发出后，才能移动两脚，并开始接发球，否则属违例。

②接发球时，接球员的脚不能踏踩在接发球区域四周的任何线上或线外，否则属违例。

③在双打和混合双打中，只有合法的接发球员才能去接发球。如果同伴去接球或被球触及，都属违例，记发球方得一分。

（5）接发球的站位和姿势。

①接发球的站位和姿势：单打站位一般是在离发球线 1.5 米处。站在右发球区靠近中线的位置；在左发球区则站在中间的位置。这样站主要是防备对方直接进攻反手部位。一般左脚在前，右脚在后，双腿微屈，收腹含胸，身体重心放在前脚上，后脚脚跟稍抬起。身体半侧向球网，球拍举在身前，双眼注视对方。

②接发各种来球：对方发高远球或平高球时，可用平高球、吊球或杀球还击。一般来说，接发高远球是一次进攻的机会，还击得好，就掌握了主动。对方发来网前球时，可用平高球、高远球、发网前球、平推还击；如对方发球质量不好，也可用扑球还击。

3. 击球技术

（1）击高球技术。正手高球是后场正手上手击球技术的基础。击球前，身体先半侧对球网，右脚在后，左脚在前，两脚尖均踮起，身体重心自然落在右脚掌上。右手采用正手握拍法握拍，自然将球拍举到右肩侧上方，左手自然上举，眼睛注视来球。当球下落到接近击球点高度时，右腿开始蹬伸，并以髋关节带动身体由右向左转动，做左腿后撤，右腿前迈的两腿交叉动作。伴随下肢蹬转动作的同时，胸部舒张，两侧肩关节外展，左手自然上举，持拍臂的前臂向后移动，保持高肘后撤球拍。在腰腹协调用力的配合下，上臂带动前臂利用伸肘关节、前臂旋内和屈腕的力量，向前上方"甩臂"挥拍击球。在球拍与球接触的瞬间，迅速握紧球拍将球击出。

①高远球：从场地一边的后场，将球以较高的弧度还击到对方后场的一种技术方法。

②平高球：从场地一边的后场，以刚好不让对方中途拦截到的弧线高度，把球击到对方后场的一种技术方法。

③吊球：从场地的后场，将球以向前下方飞行的弧线，还击到对方近网区域的一种技术方法。

④杀球：从场地一边的中、后场，将来球用力向前下方快速扣压到对方场区的一种技术方法。

（2）低手击球技术。

①抽球技术。

正手平抽球：两脚平行站立稍宽于肩，右脚稍向右侧迈出一小步，同时上体稍往右侧倾，右臂向右侧上摆，球拍随之上举，肘关节保持一定角度，击球前肘关节前摆，前臂稍往后带外旋，手腕稍外展至后伸，引拍至体后。击球时前臂内旋，手腕伸直闪动，手指抓紧拍柄，球拍由右后向右前方高速平扫来球。

反手平抽球：右脚前交叉在左侧前，重心在左脚上，右手反手握拍在左侧前。击球前肘部稍上抬，前臂内旋，手腕外展，引拍至左侧。击球时，在髋的右转带动下，前臂外旋，手腕由外展到伸直闪动，挥拍击球托的底部。击球后，球拍随身体的回动收回到右侧前。

②快打技术。

正手快打：两脚分开，右脚稍前，左脚在后，两膝弯曲成半蹲式，正手西式握拍（虎口对宽面），举起球拍，球拍上举经过头顶，往头后引至右后侧下方，手握拍较松。当判断来球是在头顶上方时，身体稍往前移，同时左脚往前跨一小步，右脚稍微伸直，成左弓箭步，把击球点选在右肩的前上方。上臂向前上方抬起时弯曲，前臂稍后摆带有外旋，引拍于头后。击球时前臂向前，手腕由后伸至前屈闪动挥拍击球托的后部，使球平直、急速地飞向对方中场区的附近。击球后，球拍随势前盖，右脚往左前方迈一步，站在中线两侧稍偏后的位置上，球拍由左下回举至前上方，准备迎击下一次的来球。

反手快打：右脚前交叉在左侧前，重心在左脚上，右手反手握拍在左侧前。击球前肘部稍上抬，前臂内旋，手腕外展，引拍至左侧。击球时，在髋的右转带动下，前臂外旋，手腕由外展到伸直闪动，挥拍击球托的底部。击球后，球拍随身体的回动收回到右侧前。

③挑高球。

正手挑直线高球：当对方杀向右边线球时，右脚向右侧跨一大步到位。随步法移动往右侧引拍，右臂稍向右后摆的同时带有外旋，手臂后伸到最大限度，使球拍迅速后摆，紧跟着右前臂急速向摆动时略有外旋，手腕从后伸到伸直闪腕，这时，肘起着"支点"作用，拍面对准来球，击球托的中下部，使球向直线防远方向飞行。击球后，前臂内旋，球拍往体前上方挥动。

身体侧身，右手向侧边引拍，使球面朝上，手掌心朝下，球拍与侧边线平行。击球时，手由后向前画小圆弧，使拍面正面迎球。击球时转动手臂，手腕迅速由后伸转为外展，利用手腕的力量增加击球时的爆发力。这个动作需要确保球位于身体的正前方而非两侧。挑高球应该垂直落在后场边线和双打发球线之间的区域。

（3）网前击球技术。

①放网前球。

正手放网前球：当对方将球击至自己正手网前时，以正手握拍法，用球拍轻轻切、托，将球向上弹起至恰好一过网就朝下坠落的程度，其一般的动作是：侧身向球的方向移动，上身稍前倾，右手握拍于体前。步法移动的最后一步是右脚向来球方向跨大弓箭步，身体重心要提高，前臂伸向来球，要往前上方举，稍上仰，斜对网。争取高点击球，握拍放松稍收腕，向球托斜侧提击或搓切。击球过程中左手要向后平举以协调动作。挥拍的力量、速度和拍面角度的大小，主要取决于来球离网的远近和速度的快慢。来球离网远，速度快些，则放球时的力量要大些，反之则力量要小些。放网后，身体还原准备姿势。

反手放网前球：击球前的动作要领同正手放网前球动作，只是方向相反。反手握拍，反面迎球，击球时，主要靠小臂的前伸、外旋和手腕由内收至外展的合力，轻托底部把球轻松过网。击球后，整个动作还原成准备姿势以便下次击球。

②搓球。

正手网前搓球：击球前，小臂稍外旋，手腕由后伸至稍内收闪动；击球时在正手放网前球动作基础上，加快挥拍速度，搓切来球的右下部，使球旋转滚过网。

反手网前搓球：击球前，小臂前伸外旋，手腕由内收至外展状；搓击球的右侧后底部，使球侧旋滚动过网。另外，还可以小臂稍伸直，手腕由外展到内收，带动球拍向前切送，击球托的后底部，使球下旋滚动过网。

③推球。

推直线：站在网前，当球飞过来，球拍向右侧前上举。在肘关节微屈回收时，小臂稍外旋，手腕稍后伸，球拍也随着往右下后摆，拍面正对来球。小指和无名指稍松开，使拍柄稍离开手掌鱼际肌。拇指和食指稍向外捻动拍柄，拍面更为后仰。

正手推对角线球：推对角线技术的准备姿势和击球前动作与推直线相同，但是击球时击球点在右肩前，要推击球托的右侧后部，使球沿对角线方向飞去。这时，手腕控制拍面角度，闪腕时手臂不要完全伸直。

反手推直线球：在网前较高的击球点上，以反手握拍法，用推击的方法向对方底线击出弧度较平、速度较快的球。其击球动作是：用反手握拍法，前臂伸时稍外旋，手腕由外展至伸直闪腕，中指、无名指和小指突然握紧拍柄，拇指顶压球拍，往前挥拍，推击球托的左侧面。

反手推对角线：反手推对角线的击球动作基本与推直线相同，区别点是在击球一刹那要急速向右前方挥拍，推击球的左侧后部，使球沿对角线方向飞行。

④勾球。

正手网前勾对角线球：勾球一般采用并步加蹬跨步网的步法。在步法移动的同时，球拍随着前臂往右前上方举起。前臂前伸的同时，稍有外旋，手腕微后伸，这时的握拍稍有变化——将拍柄稍向外捻动，使拇指贴在拍柄的宽面上，食指的第二指节贴在与其相对的另一个宽面上，拍柄不触及掌心。击球时，靠前臂稍有内旋往左拉收，手腕由稍后伸至内收。球拍拨击球托的右侧下部，由手腕和手指控制拍面角度，击球后，球拍回收至胸前。

反手网前勾对角线球：随着步法移动的同时，手臂向左侧前方平举（注意手臂不要伸直，稍弯即可）。击球时，随着肘部下沉，前臂回收外旋的同时，食指和拇指协调用力捻动拍柄，使拍面拨击球托的左侧后部，将球沿对角线飞越过网，击球后，球拍回收至胸前，为下次的来球做积极的准备。

⑤扑球。

正手网前扑球：身体腾空跃起或右脚蹬跨的同时，前臂往前上方举起，球拍正对来球方向。击球时，随着手臂由屈至伸，手腕由后伸至向前闪动及手指的顶压，将球扑下。其中手腕是控制力量的关键，挥拍距离短，动作小，爆发力强，扑击的球才会具有一定威胁。如果球离网顶较近，就采用"滑动式"扑球方式，用手腕从右向左将球摸压下去，这样可以避免球拍触网犯规。扑球后，注意腿上的缓冲，控制重心，以免身体触网。

反手网前扑球：反手握拍，持于左侧前。当身体跃起或蹬跨上网时，球拍随前臂前伸而举起，手腕微屈，拇指顶压在拍柄宽面上，其他四指自然并拢，拍面正对来球。击球时，手臂由屈至伸，手腕由微张至后伸并用力闪动，拇指顶压，加速挥拍扑击，击球后，球拍随手臂回收至体前。

4. 羽毛球基本步法

羽毛球步法通常由以下基本步法组成。

（1）正手上网步法。正手上网步法，是指在场地中央区域向右侧网前移动的方法。通常有交叉步上网步法、并步上网步法和垫步上网步法。

①交叉步上网步法。右脚先向右前方迈一小步起动，左脚紧接着越过右脚，然后右脚迅速向右前方跨一大步到达击球位置。击球后可用并步或交叉步回动。采用前交叉步上网时，也可采用先迈左脚，再右脚跨一大步的两步移动方法。

②并步上网步法。起动后，左脚垫一小步靠拢右脚跟，着地后用脚掌内侧用力蹬伸，右脚在左脚垫步尚未着地时，迅速向右前方跨一大步到达击球位置。击球后，同样可用并步或交叉步回动。

③垫步上网步法。通常在击球点离自己较近，无须移动两步，而蹬跨一大步又不够时采用。右脚用力向前跨一大步，在未着地前，左脚迅速垫一小步，使前脚正好到达击球点位置。

（2）正手后退步法。正手后退步法通常在接发对方发来的后场高球和用正手技术还击对方击向本方后场区高球时运用。主要有并步后退和交叉步后退两种。

判断准确来球后，先调整身体重心至右脚，然后右脚向右后侧蹬转后撤一小步，使髋带动身体转向右后场，随后以交叉步或并步移动到接近击球点的位置，在移动的同时必须完成举拍准备动作，最后一步利用右脚（或双脚）蹬地起跳在空中转体，击球后用左腿后撤落地缓冲，右腿前跨以利迅速回动。

（3）场上移动步法。

①跨步。即向击球点迈出较大步幅的移动方法。通常在上网步法的最后一步时使用。

②垫步。在移动到最后一步，与击球点尚有较短的一段距离时，用另一脚再加一小步的移动方法。这一种步法比较轻捷、灵巧，不但能使移动的步数比较少，而且能保持移动中身体重心的稳定，有利于协助击球动作的完成。

③并步。击球点方向远侧的一个脚，向前一个脚垫一小步，同时前脚在其尚未落地时，又马上向前跨出的一种移动方法。这种步法较多地运用在上网、接杀球和正手后退突击扣杀时。

④交叉步。侧对击球点方向，两脚采用前、后交叉的移动方法。这种步法的步幅较大，移动中身体重心比较稳定。

（三）羽毛球基本战术

在羽毛球比赛中，双方都想要控制对手，力争主动，以己之长，克彼之短，抑彼之长，避已之短，控制与反控制的竞争是十分激烈的。能够根据不同对手的特点，采取相应变化的技术手段战而胜之，这便是羽毛球运动中的战术。

1. 几种羽毛球单打基本战术

（1）发球抢攻战术。发球不受对方干扰，发球者可以根据规则，利用多变的发球术，先发制人，取得主动。以发平快球和网前球配合，争取创造第三拍的主动进攻机会，组成了发球抢攻战术。

（2）攻后场战术。采用重复打高远球或平高球的技术，压对方后场两角，迫使对方处于被动状态，一旦其回球质量不高，便伺机杀、吊对方的空当。

（3）逼反手战术。一般来说，后场反手击球的进攻性不强，球路也较简单。对于后场反手较差的对手要毫不放松地加以攻击。先拉开对方位置，使对方反手区露出空当。然后把球打到反手区，迫使对方使用反拍击球。

（4）打四点球突击战术。以快速的平高球、吊球准确地打到对方场区的4个角落，迫使对方前、后、左、右奔跑，当对方来不及回中心位置或失去重心时，抓住空当和弱点进行突击。

2. 几种羽毛球双打基本战术

（1）攻人战术。这是双打中常用的一种战术，就是以人为攻击目标。对付两名技术水平高低不一的对手时，一般采用这种战术。对付两名实力相当的队员也可采用这一战术。

（2）攻中路战术。

①守方左、右站位时把球打在两人的中间，这种战术可以造成守方两人抢接一球或同时让球，彼此难以协调；限制对手在接杀球时挑大角度高球调动攻方；有利于攻方的封网，由于打对方中路，对方回球的角度也小，网前队员封网的难度就小了。

②守方前、后站位时把球下压或轻推到边线半场处，这种战术多半是在接发网前球和守中反攻抢网时运用。这种球守方前场队员拦截不到，后场队员又只能以下手击球放网或挑高球，后场两角便会露出很大空当，因而有隙可乘，攻击他们的空当或身体位。

（3）后攻前封战术。后场队员积极大力扣杀创造机会，在对方接杀放网、挑高球或企图反击抽球时，前场队员以扑、搓、勾、推控制网前，或拦截吊、点封住前半场，使整个进攻连贯而又有节奏变化，使对方防不胜防。

第三节　民族传统体育运动

一、二十四式太极拳

"二十四式太极拳"简称"简化太极拳",是1956年国家体委几位太极拳专家根据太极拳可难可简的原则编创的二十四式太极拳全集。全集共24式,分为从"起势"至"收势"的八组动作,结构严谨,充分体现了太极拳内容简单易学、动作准确规范、身心放松、流畅自然、行云流水、动静结合的特点。

太极拳的健身效果主要得益于其独特的技术要求和动作模式。太极拳通过心理运动引起生理变化,从而训练身心,增强体质。

(一)第一段动作

1. 起势

(1)身体自然直立,两脚开立与肩同宽,脚尖向前,两臂自然下垂,两手放在大腿外侧,眼向前平看。

要点:头颈正直,下颌微向后收,不要故意挺胸或收腹。精神要集中(起势由立正姿势开始,然后左脚向左分开,成开立步)。

(2)两臂慢慢向前平举,两手高与肩平,与肩同宽,手心向下。

(3)上体保持正直,两腿屈膝下蹲;同时两掌轻轻下按,两肘下垂与两膝相对,平看前方。

要点:两肩下沉,两肘松垂,手指自然微屈。屈膝松腰,臀部不可凸出,身体重心落于两腿中间。两臂下落和身体下蹲的动作要协调一致。

2. 左右野马分鬃

(1)上体微向右转,身体重心移至右腿上;同时右臂收在胸前平屈,手心向下,左手经体前向右下画弧放在右手下,手心向上,两手心相对呈抱球状;左脚随即收到右脚内侧,脚尖点地;眼看右手。

(2)上体微向左转,左脚向左前方迈出,右脚脚跟后蹬,右腿自然伸直,成左弓步;同时上体继续向左转,左、右手随转体慢慢分别向左上、右下分开,左手高与眼平(手心斜向上),肘微屈;右手落在右胯旁,肘也微屈,手心向下,指尖向前;眼看左手。

(3)上体慢慢后坐,身体重心移至右腿,左脚脚尖翘起,微向外撇(2°~60°),随后脚掌慢慢踏实,左腿慢慢前弓,身体左转,身体重心再移至左腿;同时左手翻转向下,左臂收在胸前平屈，右手向左上画弧放在左手下，两手心相对呈抱球状；右脚随即收到左脚内侧，脚尖点地；眼看左手。

（4）右腿向右前方迈出，左腿自然伸直，成右弓步；同时上体右转，左、右手随转体分别慢慢向左下、右上分开，右手高与眼平（手心斜向上），肘微屈；左手落在左胯旁，肘也微屈，手心向下，指尖向前；眼看右手。

（5）与（3）同，只是左右相反。

（6）与（4）同，只是左右相反。

要点：上体不可前俯后仰，胸部必须宽松舒展。两臂分开时要保持弧形。身体转动时要以腰为轴。弓步动作与分手的速度要均匀一致。做弓步时，迈出的脚先是脚跟着地，然后脚掌慢慢踏实，脚尖向前，膝盖不要超过脚尖；后腿自然伸直，前、后脚夹角成2°~60°（需要时后脚脚跟可以后蹬调整）。野马分鬃式的弓步，前、后脚的脚跟要分在中轴线两侧，它们之间的横向距离（以动作行进的中线为纵轴，其两侧的垂直距离）应保持在10~30厘米。

3. 白鹤亮翅

（1）上体微向左转，左手翻掌向下，左臂平屈胸前，右手向左上画弧，手心转向上，与左手成抱球状，眼看左手。

（2）右脚跟进半步，上体后坐，身体重心移至右脚，上体先向右转，面向右前方，眼看右手，然后左脚稍向前移，脚尖点地，成左虚步，同时上体再微向左转，面向前方，两手随转体慢慢向右上、左下分开，右手上提停于右额前，手心向左后方，左手落于左前，手心向下，指尖向前；眼平看前方。

要点：完成姿势胸部不要挺出，两臂上下都要保持半圆形，左膝要微屈。身体重心后移和右手上提、左手下按要协调一致。

（二）第二段动作

1. 左右搂膝拗步

（1）右手从体前下落，由下向后上方画弧至右肩外侧，肘微屈，手与耳同高，手心斜向上；左手由左下向上，向右下方画弧至右胸前，手心斜向下，同时上体先微向左再向右转；左脚收至右脚内侧，脚尖点地；眼看右手。

（2）上体左转，左脚向前（偏左）迈出成左弓步，同时右手屈回由耳侧向前推出，与鼻尖同高，左手向下由左膝前搂过落于左胯旁，指尖向前；眼看右手手指。

（3）右腿慢慢屈膝，上体后坐，身体重心移至右腿，左脚尖翘起微向外撇，随后脚掌慢慢踏实，左腿前弓，身体左转，身体重心移至左腿，右脚收到左脚内侧，脚尖点地；

同时左手向外翻掌由左后向上画弧至左肩外侧，肘微屈，手与耳同高，手心斜向上；右手随转体向上、向左下画弧落于左胸前，手心斜向上；眼看左手。

（4）与（2）同，只是左右相反。

（5）与（3）同，只是左右相反。

（6）与（2）同。

要点：前手推出时，身体不可前俯后仰，要松腰松胯。推掌时要沉肩垂肘、坐腕舒掌，同时须与松腰、弓腿上下协调一致。搂膝拗步成弓步时，两脚脚跟的横向距离保持30厘米左右。

2. 手挥琵琶

右脚跟进半步，上体后坐，身体重心转至右腿上，上体半面向右转，左脚略提起稍向前移，变成左虚步，脚跟着地，脚尖翘起，膝部微屈，同时左手由左下向上挑举，高与鼻尖平，掌心向右，臂微屈；右手收回放在左臂肘部里侧，掌心向左，眼看左手食指。

要点：身体要平稳自然，沉肩垂肘，胸部放松。左手上起时不要直向上挑，要由左向上、向前，微带弧形。右脚跟进时，脚掌先着地，再全脚踏实。身体重心后移，左手上起。

3. 左右倒卷肱

（1）上体右转，右手翻掌（手心向上）经腹前由下向后上方画弧平举，臂微屈，左手随即翻掌向上；眼的视线随着向右转体先向右看，再转向前方看左手。

（2）右臂屈肘折向前，右手由耳侧向前推出，手心向前，左臂屈肘后撤，手心向上，撤至左肋外侧；同时左腿轻轻提起向后（偏左）退一步，脚掌先着地，然后全脚慢慢踏实，身体重心移到左腿上，成右虚步，右脚随转体以脚掌为轴扭正；眼看右手。

（3）上体微向左转，同时左手随转体向后上方画弧平举，手心向上，右手随即翻掌，掌心向上；眼随转体先向左看，再转向前方看右手。

（4）与（2）同，只是左右相反。

（5）与（3）同，只是左右相反。

（6）与（2）同。

（7）与（3）同。

（8）与（2）同，只是左右相反。

要点：前推的手不要伸直，后撤手也不可直向回抽，随转体仍走弧线。前推时，要转腰松胯，两手的速度要一致，避免僵硬。退步时，脚掌先着地，再慢慢全脚踏实，同时，前脚随转体以脚掌为轴扭正。退左脚略向左后斜，退右脚略向右后斜，避免使两脚落在一条直线上。退时，眼神随转体动作先向左右看，然后再转看前手；最后，退右脚时,脚尖外撇的角度略大,便于接做"左揽雀尾"的动作。

(三)第三段动作

1. 左揽雀尾

(1)上体微向右转,同时右手随转体向后上方画弧平举,手心向上,左手放松,手心向下;眼看左手。

(2)身体继续向右转,左手自然下落逐渐翻掌经腹前画弧至右肋前,手心向上;右臂屈肘,手心转向下,收至右胸前,两手相对呈抱球状;同时身体重心落在右腿上,左脚收到右脚内侧,脚尖点地;眼看右手。

(3)上体微向左转,左脚向左前方迈出,上体继续向左转,右腿自然蹬直,左腿屈膝,成左弓步;同时左臂平屈呈弓形,用前臂外侧和手背向左前方推出,高与肩平,手心向后;右手向右下落放于右胯旁,手心向下,指尖向前;眼看左前臂。

要点:左前臂推出时,两臂前后均保持弧形。分手、松腰、弓腿三者必须协调一致。揽雀尾弓步时,两脚跟横向距离不超过10厘米。

(4)身体微向左转,左手随即前伸翻掌向下,右手翻掌向上,经腹前向上、向前伸至左前臂下方;然后两手下捋,即上体向右转,两手经腹前向右后上方画弧,直至右手手心向上,高与肩齐,左臂平屈于胸前,手心向后,同时身体重心移至右腿;眼看右手。

要点:下捋肘,上体不可能前倾,臀部不要凸出。两臂下捋须随腰旋转,仍走弧线。左脚全掌着地。

(5)上体微向左转,右臂屈肘折回,右手附于左手腕里侧(相距约5厘米),上体继续向左转,双手同时向前慢慢推出,左掌心向后,右掌心向前,左前臂要保持半圆,同时身体重心逐渐前移成左弓步,眼看左手腕部。

要点:向前推时,上体要正直。推的动作要与松腰、弓腿相一致。

(6)左手翻掌,手心向下,右手经左腕上方向前、向右伸出,高与左手齐,手心向下,两手左右分开,宽与肩同,然后右腿屈膝,上体慢慢后坐,身体重心移至右腿上,左脚尖翘起,同时两手屈肘回收至腹前,手心均向前下方,眼向前平视。

(7)身体重心慢慢前移,同时两手向前、向上推出,掌心向前,左腿前弓成左弓步,眼平视前方。

要点:向前按肘,两手须走曲线,手腕部高与肩平,两肘微屈。

2. 右揽雀尾

(1)上体后坐并向右转,身体重心移至右腿,左脚尖里扣;右手向右平行画弧至右侧,然后由右下经腹前向左上画弧至左肋前,手心向上;左臂平屈胸前,左手掌向下与右手成抱球状,同时身体重心再移至左腿上,右脚收至左脚内侧,脚尖点地;眼看左手。

(2)同"左揽雀尾"(3),只是左右相反。

(3)同"左揽雀尾"(4),只是左右相反。

(4)同"左揽雀尾"(5),只是左右相反。

(5)同"左揽雀尾"(6),只是左右相反。

(6)同"左揽雀尾"(7),只是左右相反。

要点:均与"左揽雀尾"相同,只是左右相反。

(四)第四段动作

1. 单鞭

(1)上体后坐,身体重心逐渐移至左脚上,右脚脚尖里扣,同时上体左转,两手(左高右低)向左弧形运转,直至左臂平举,伸于身体左侧,手心向左,右手经腹前运至左肋前,手心向后上方;眼看左手。

(2)身体重心再渐渐移至右腿,上体右转,左脚向右脚靠拢,脚尖点地,同时右手向右上方画弧(手心由里转向外),至右侧方时变勾手,臂与肩平;左手向下经腹前向右上画弧停于右肩前,手心向里;眼看左手。

(3)上体微向左转,左脚向左前侧方迈出,右脚跟后蹬,成左弓步;在身体重心移向左腿的同时,左掌随上体的继续左转慢慢翻转向前推出,手心向前,手指与眼齐平,臂微屈;眼看左手。

要点:上体保持正直,松腰。完成式时,右臂肘部稍下垂,左肘与左膝上下相对,两肩下沉。左手向外翻掌前推时,要随转体边翻边推出,不要翻掌太快或最后突然翻掌。全部过渡动作,上下要协调一致。如面向南起势,单鞭的方向(左脚尖)应向东偏北(约为15°)。

2. 云手

(1)身体重心移至右腿上,身体渐向右转,左脚脚尖里扣;左手经腹前向右上画弧至右肩前,手心斜向后,同时右手变掌,手心向右前;眼看左手。

(2)上体慢慢左转,身体重心随之逐渐左移;左手由脸前向左侧运转,手心渐渐向左方;右手由右下经腹前向左上画弧,至左肩前,手心斜向后;同时右脚靠近左脚,成小开立步(两脚距离10~20厘米);眼看右手。

(3)上体再向右转,同时左手经腹前向右上画弧至右肩前,手心斜向后;右手向右侧运转,手心翻转向右;随之左腿向左横跨一步;眼看左手。

（4）同（2）。

（5）同（3）。

（6）同（2）。

要点：身体转动要以腰脊为轴，松腰、松胯，不可忽高忽低。两臂随腰的转动而运转，要自然圆活，速度要缓慢均匀。下肢移动时，身体重心要稳定，两脚掌先着地再踏实，脚尖向前。眼的视线随左右手而移动；第三个"云手"，沿脚最后跟步时，脚尖微向里扣，便于接"单鞭"动作。

3. 单鞭

（1）上体向右转，右手随之向右运转，至右侧方时变成勾手；右手经腹前向右上画弧至右肩前，手心向内，身体重心落在右腿上，左脚脚尖点地，眼看左手。

（2）上体微向左转，左脚向左前侧方迈出，右脚脚跟后蹬，成左弓步，在身体重心移向左腿的同时，上体继续左转，左掌慢慢翻转向前推出，成"单鞭"势。

要点：与前面的"单鞭"势相同。

（五）第五段动作

1. 高探马

（1）右脚跟进半步，身体重心逐渐后移至右腿上，右勾手变成掌，两手心翻转向上，两肘微屈，同时身体微向右转，左脚脚跟渐渐离地，眼看左前方。

（2）上体微向左转，面向前方，右掌经右耳旁向前推出，手心向前，手指与眼同高，左手收至左侧腰前，手心向上，同时左脚微向前移，脚尖点地，成左虚步，眼看右手。

要点：上体自然正直，双肩要下沉，右肘微下垂。跟步移换重心时，身体不要有起伏。

2. 右蹬脚

（1）左手手心向上，前伸至右手腕背面，两手相互交叉，随时向两侧分开并向下画弧，手心斜向下，同时左脚提起向左前侧方进步（脚尖略外撇），身体重心前移，右腿自然蹬直，成左弓步，眼看前方。

（2）两手由外圈向里圈画弧，两手交叉合抱于胸前，右手在外，手心均向后，同时右脚向左脚靠拢，脚尖点地；眼平视右前方。

（3）两臂左右画弧分开平举，肘部微屈，手心均向外，同时右腿屈膝提起，右腿向右前方慢慢蹬出，眼看右手。

要点：身体要稳定，不可前俯后仰。两手分开时，腕部与肩齐平。蹬脚时，左腿微屈，右脚脚尖回勾，劲使在脚跟。分手和蹬脚须协调一致。右臂和右腿上下相对。如面向南起势，蹬脚方向应为正东偏南（约30°）。

3. 双峰贯耳

（1）右腿收回，屈膝平举，左手由后向上、向前下落至体前，两手心均翻转向上，两手同时向下画弧分落于右膝盖两侧，眼看前方。

（2）右脚向右前方落下，身体重心渐渐前移，成右弓步，面向右前方；同时两手下落，慢慢变拳，分别从两侧向上、向前画弧至面部前方，呈钳形，两拳相对，高与耳齐，拳眼都斜向内下（两拳间距离10~20厘米），眼看右拳。

要点：完成势时，头颈正直，松腰松胯，两拳松握，沉肩垂肘，两臂均保持弧形。双峰贯耳的弓步和身体方向与右蹬脚方向相同。弓步的两脚脚跟横向距离同"揽雀尾"。

4. 转身左蹬脚

（1）左腿屈膝后坐，身体重心移至左腿，上体左转，右脚脚尖里扣，同时两拳变掌，由上向左右画弧分开平举，手心向前，眼看左手。

（2）身体重心再移至右腿，左脚收到右脚内侧，脚尖点地，同时两手由外圈向里圈画弧合抱于胸前，左手在外，两手心均向后；眼平视左方。

（3）两臂左右画弧分开平举，肘部微屈，手心均向外，同时左腿屈膝提起，左脚向左前方慢慢蹬出；眼看左手。

要点：与"右蹬脚"相同，只是左右相反。左蹬脚方向与右蹬脚成180°（正西偏北，约30°）。

（六）第六段动作

1. 左下势独立

（1）左腿收回平屈，上体右转；右掌变成勾手，左掌向上，向右画弧下落，立于右肩前，掌心斜向后，眼看右手。

（2）沿腿慢慢屈膝下蹲，左腿由内向左侧（偏后）伸出，成左仆步，左手下落（掌心向外）向左下顺左腿内侧向前穿出，眼看左手。

要点：右腿全蹲时，上体不可过于前倾。左腿伸直，左脚脚尖须向里扣，两脚脚掌全部着地。左脚脚尖与右脚脚跟踏在中轴线上。

（3）身体重心前移，左脚脚跟为轴，脚尖尽量向外撇，左腿前弓，右腿后蹬，右脚脚尖里扣，上体微向左转并向前起身；同时左臂继续向前伸出（立掌），掌心向右，右勾手下落，勾尖向后；眼看左手。

（4）右腿慢慢提起平屈，成左独立式，同时右勾手变掌，并由后下方顺右腿外侧向前弧行摆出，屈臂立于右腿上方，肘与膝相对，手心向左，左手落于左胯旁，手心向下，指尖向前，眼看右手。

2. 右下势独立

（1）右脚下落于左脚前，脚掌着地，然后左脚前掌为轴脚跟转动，身体随之左转，同时左手向后平举变成勾手，右掌随着转体向左侧画弧，立于左肩前，掌心斜向后，眼看左手。

（2）同"左下势独立"（2），只是左右相反。

（3）同"左下势独立"（3），只是左右相反。

（4）同"左下势独立"（4），只是左右相反。

要点：右脚脚尖触地后必须稍微提起，然后再向下仆腿。其他均与"左下势独立"相同，只是左右相反。

（七）第七段动作

1. 左右穿梭

（1）身体微向左转，左脚向前落地，脚尖外撇，右脚脚跟离地，两腿屈膝成半盘坐势；同时两手在左胸前呈抱球状（左上右下）；然后右脚收到左脚的内侧，脚尖点地，眼看左前臂。

（2）身体右转，右脚向前方迈出，屈膝弓腿，成右弓步，同时右手由脸前向上举并翻掌停在额前，手心斜向上，左手先向左下再经体前向前推出，高与鼻尖平，手心向前，眼看左手。

（3）身体重心略向后移，右脚脚尖稍向外撇，随即身体重心再移至右腿，左脚跟进，停于右脚内侧，脚尖点地；同时两手在右胸前呈抱球状（右上左下），眼看右前臂。

（4）同（2），只是左右相反。

要点：完成姿势面向斜前方（如面向南起势，左右穿梭方向分别为正西偏北和正西偏南，均约30°）。手推出后，上体可前俯。手向上举时，防止引肩上耸。一手上举一手前推要与弓腿松腰上下协调一致。做弓步时，两脚脚跟的横向距离同"搂膝拗步"，保持在30厘米左右。

2. 海底针

右脚向前跟进半步，身体重心移至右腿，左脚稍向前移，脚尖点地，成左虚步，同时身体稍向右转，右手下落经体前向后、向上提抽至肩上耳旁，再随身体左转，由右耳旁斜向前下方插出，掌心向左，指尖斜向下；与此同时，左手向前、向下画弧落于左胯旁，手心向下，指尖向前；眼看前下方。

要点：身体要先向右转，再向左转；完成姿势面向正西；上体不可太前倾；避免低头和臀部外凸；左腿要微屈。

3. 闪通臂

上体稍向右转，右脚向前迈出，屈膝弓腿成右弓步，同时右手由体前上提，屈臂上举，停于右额前上方，掌心翻转斜向上，拇指朝下，左手上起经胸前向前推出，高与鼻尖平，手心向前；眼看左手。

要点：完成姿势上体自然正直，松腰、松胯；左臂不要完全伸直，背部肌肉要伸展开。推掌、举掌和弓腿动作要协调一致。弓步时，两脚脚跟横向距离同"揽雀尾"（不超过10厘米）。

（八）第八段动作

1. 转身搬拦捶

（1）上体后坐，重心移至右腿上，左脚脚尖里扣，身体向右后转，然后身体重心再移至左腿上；与此同时，右手随着转体向右、向下（变拳）经腹前画弧至左肋旁，掌心向下；左掌上举于头前，掌心斜向上；眼看前方。

（2）向右转体，右拳经胸前向前翻转撇出，拳心向上；左手落于左胯旁，掌心向下，指尖向前；同时右脚收回后（不要停顿或脚尖点地）即向前迈出，脚头外撇；眼看右拳。

（3）身体重心移至右腿上，左脚向前迈一步；左手上起经左侧向前上画弧拦出，掌心向前下方；同时右掌向右画弧收到右腰旁，掌心向上；眼看左手。

（4）左腿前弓成左弓步，同时右拳向前打出，拳眼向上，高与胸平，左手附于右前臂里侧；眼看右拳。

要点：右拳不要握得太紧。右拳回收时，前臂要慢慢内旋画弧，然后再外旋停于右腰旁，拳心向上。向前打拳时，右肩随拳略向前引伸，沉肩垂肘，右臂要微屈。弓步时，两脚横向距离同"揽雀尾"。

2. 如封似闭

（1）左手由右腕下向前伸出，右拳变掌，两手手心逐渐翻转向上并慢慢分开回收，同时身体后坐，左脚脚尖翘起，身体重心移至右腿；眼看前方。

（2）两手在胸前翻掌，向下经腹前再向上、向前推出，腕部与肩平，手心向前，同时左腿前弓成左弓步；眼看前方。

要点：身体后坐时，避免后仰，臀部不可凸出。两臂随身体回收时，肩、肘部略向外松开，不要直着抽回。两手推出宽度不要超过两肩。

3. 十字手

（1）屈膝后坐，身体重心移向右腿，左脚脚尖里扣，向右转体；右手随着转体动作向右平摆画弧,与左手成两臂侧平举,掌心向前,肘部微屈,同时右脚脚尖随着转体稍向外撇,成右侧弓步;眼看右手。

(2)身体重心慢慢移至左腿,右脚脚尖里扣,随即向左收回,两脚距离与肩同宽,两腿逐渐蹬直,成并立步,同时两手向下经胸腹前向上画弧交叉合抱于胸前,两臂撑圆,腕高与肩平,右手在外,成十字手,手心均向后;眼看前方。

要点:两手分开和合抱时,上体不要前俯。站起后,身体自然正直,头要微向上顶,下颌稍向后收。两臂环抱时须圆满舒适,沉肩垂肘。

4. 收势

两手向外翻掌,手心向下,两臂慢慢下落,停于身体两侧;眼看前方。

要点:两手左右分开下落时,要注意全身放松,同时气也徐徐下沉(呼气略加长)。呼吸平稳后,把左脚收到右脚旁,再走动休息。

二、初级长拳(三路)

(一)预备动作

1. 预备势

两脚并步站立,脚尖向前;两臂垂于身体两侧,双手成掌自然贴靠腿外侧;眼向前平视。

要领:头正颈直,下颌微收、挺胸、收腹、塌腰、夹腿。

2. 虚步亮掌

(1)退步欲掌。重心下降,右脚向右后方撤步成左弓步;右掌经体侧向胸前上方画弧,掌心向上,左臂屈肘,左掌提至腰侧,掌心向上;目视右掌。

(2)后移穿掌。左腿蹬地发力使重心后移,右腿微屈;左掌经胸前从右臂上向前上弧线穿出伸直,掌心向上,同时右掌收至腰侧,掌心向上;目视左掌。

(3)转头亮掌。重心继续后移,左脚稍向右后移,脚尖点地,成左虚步;左臂内旋经左侧向后下方画弧成勾手,勾尖向上,右手继续向后、向右、向前上画弧,屈肘抖腕,在头前上方成亮掌(横掌),掌心向前,掌指向左;目视左方。

要领:三个动作连贯,双手路线走圆。成虚步时,重心落于右腿上,右大腿与地面平行,上体注意保持正直。

3. 并步对拳

(1)提膝亮掌。右腿蹬直,左腿提膝,脚尖里扣;身体直立,上身姿势不变。

(2)上步穿掌。左脚向前迈步,重心前移;左臂屈肘,左勾手变掌经左肋前穿,右臂外旋向前下落于左掌右侧，两掌同高，掌心均向上；头转正，目视前方。

（3）上步后摆掌。右脚向前上一步，重心前移；两臂下垂，双手经髋侧向后摆掌。

（4）并步转头对拳。左脚向右脚并步，身体直立；两臂向外、向上经胸前屈肘下按，两掌变拳，拳心向下，拳面相对，停于小腹前；目视左侧。

要领：并步后挺胸、塌腰。对拳、并步、转头要同时完成。

（二）第一段

1. 弓步冲拳

（1）上步格挡。左脚向左横开一步，脚尖向斜前方，右腿微屈，上体微左转，成半马步；同时左臂屈肘向左格挡，拳眼向后，拳与肩同高，右拳收至腰侧，拳心向上；目视左拳。

（2）蹬地冲拳。上体左转，右腿蹬直成左弓步；右拳成立拳向前冲出，高与肩平，拳眼向上，同时左拳收至腰侧，拳心向上；目视右拳。

要领：成弓步时，右腿充分蹬直，脚跟不要离地。冲拳时，尽量转腰顺肩。

2. 弹腿冲拳

重心前移至左腿，右腿屈膝提起，脚面绷直，猛力向前弹出伸直，高与腰平；左拳成立拳向前冲出，右拳收至腰侧，拳心向上；目视前方。

要领：弹腿和冲拳要协调一致，弹出的腿要用爆发力，力点达于脚尖。

3. 马步冲拳

右脚向前落步，脚尖里扣，右脚脚跟后辗，上体左转，两腿下蹲成马步；右拳成立拳向前冲出，高与肩平，同时左拳收至腰侧；目视前方。

要领：成马步时，大腿接近水平，脚跟外蹬，挺胸、塌腰，冲拳配合转体动作发力。

4. 弓步冲拳

（1）转体格挡。右脚脚尖外撇向斜前方，成半马步，上体右转90°；右臂屈肘向右格挡，拳眼向后，拳与肩同高；目视右拳。

（2）蹬地冲拳。左腿蹬直成右弓步；左拳成立拳向前冲出，右拳收至腰侧，拳心向上；目视左拳。

要领：与本段的第一个弓步冲拳相同。

5. 弹腿冲拳

重心前移至右脚，左腿屈膝提起，脚面绷直，猛力向前伸直弹出，高与腰平；右拳成立拳向前冲出，左拳抱拳于腰侧，拳心向上；目视前方。

要领：与本段的第一个弹腿冲拳相同。

6. 大跃步前穿

（1）收腿挂掌。左腿屈膝收腿，上体微前倾；右拳变掌内旋，以手背向左下挂至左膝外侧；目视右手。

（2）上步后摆掌。左脚向前落步，重心移至前脚，两腿微屈；右掌继续向后挂，左拳变掌，向后下摆掌伸直；目视右掌。

（3）跃步上摆掌。右腿屈膝向前提起，左腿立即猛力蹬地向前跃出，跳起后双小腿后背，身体右转；两掌向前向上画弧摆起；目视左掌。

（4）仆步抱拳。右腿落地全蹲，左腿随即落地向前铲出成仆步；右掌变拳抱于腰侧，左掌由上向右、向下画弧成立掌，停于右胸前；目视左脚。

要领：跳起后在空中要挺身背腿；跃步要远，落地要轻，落地后立即做下一个动作。

7. 弓步击掌

右腿猛力蹬地，上体左转，重心移向左脚成左弓步；左掌经左脚面向后画弧至身后成勾手，左臂伸直，勾尖向上，右拳由腰侧变掌向前推出，掌指向上，掌外侧向前；目视右掌。

8. 马步架掌

（1）转体穿掌。重心移至两腿中间，上体右转，左脚脚尖里扣成马步；右臂向左侧平摆，稍屈肘，同时左勾手变掌由后经左腰侧从右臂内向左上穿出，掌心均朝上；目视左手。

（2）转头亮掌。上体继续右转；右掌立于左胸前，左臂向左上屈肘抖腕亮掌于头部左上方，掌心向前上方；头部右转，目视右方。

要领：亮掌的抖腕动作和转头同时完成，发力要干脆；马步同前。

（三）第二段

1. 虚步栽拳

（1）提膝转体。右脚蹬地，屈膝提起，左腿伸直站起，以前脚掌为轴向右后转体180°；右掌由左胸前向下经右腿外侧向后画弧成勾手，勾尖向后，左臂随体转动并外旋，使掌心朝右；目视右手。

（2）虚步栽拳。右脚向右落地，重心移至右腿上，下蹲成左虚步；左掌变拳下落于左膝上，拳眼向里，拳心向后，右勾手变拳，屈肘架于头右上方，拳心向前；头迅速左转，目视左方。

2. 提膝穿掌

（1）转头盖掌。右腿稍伸直；右拳变掌收至腰侧，掌心向上，左拳变掌由下向左上画弧盖压于头上方,掌心向前;头转向右方。

(2)提膝穿掌。右腿蹬直,左腿屈膝提起,脚尖内扣;右掌从腰侧经左臂内向右前上方穿出,掌心向上,左掌收至右胸前成立掌;目视右掌。

要领:(1)(2)动作连贯完成,支撑腿与右臂充分伸直。

3. 仆步穿掌

右腿全蹲,左腿向左后方铲出成左仆步,脚尖内扣;右臂不动,左掌由右胸前向下经左腿内侧,向左脚面穿出;目随左掌转视。

4. 虚步挑掌

(1)弓步前穿。右腿蹬直,重心前移至左腿,成左弓步;左掌随重心前移继续向前上方穿掌,右掌稍下降;目随左掌转视。

(2)虚步前挑。右脚向左前方上一步,脚尖点地,左腿半蹲,成右虚步,上体向左转180°;在右脚上步的同时,右掌由后向下,向前上挑起成立掌,指尖与眼平,左掌由前向上、向后画弧成立掌;目视右掌。

要领:上步要快,虚步要稳。

5. 马步击掌

(1)掳手抱拳。右脚落实,脚尖外撇,重心稍升高并右移;右掌俯掌向外掳手,左掌变拳收至腰侧。

(2)上步横击。左脚向前上一步,以右脚为轴向右后转体180°,两腿下蹲成马步;左拳变掌从右臂上成立掌向左侧击出,力达掌根,右掌变拳收至腰侧;目视左掌。

要领:右手做掳手时,先使臂稍内旋、腕伸直,手掌向下向外转,接着臂外旋,掌心经下向上翻转,同时抓握成拳。收拳和击掌要同时进行。

6. 叉步双摆掌

(1)转头下摆掌。重心稍升高、右移;右拳变掌,同时两掌由下向右摆,掌指均向上;目视右掌。

(2)叉步上摆掌。右脚向左腿后插步,前脚脚掌着地,上身拧紧;两臂继续由右向上、向左摆,停于身体左侧,均成立掌,右掌停于左肘窝处;目随双掌转视。

要领:两臂要画立圆,幅度要大,摆掌与后插步配合一致。

7. 弓步击掌

(1)转身按掌。两腿不动,身体右转;右掌向上、向右画弧,掌心向下按掌,左掌收至腰侧,掌心向上;头转向右方。

(2)退步击掌。左腿后撤一步,成右弓步;右掌向下、向后伸直摆动,成勾手,勾尖向上,左掌成立掌向前推出;目视左掌。

要领：退步和推掌协调一致，推掌发力前左腿要蹬住地面。

8. 转身踢腿马步盘肘

（1）转体抢臂。两脚以前脚掌为轴向左后转体180°，重心移向左脚；在转体的同时，左臂向上、向前画半立圆，右手变掌，右臂向下、向后画半圆；目随左手转视。

（2）顺势抢臂。上动不停，两脚不动；右臂由后向上、向前画半立圆，左臂由前向下、向后画半立圆；目视前方。

（3）亮掌正踢腿。上动不停，重心移至左脚，重心升高；右臂向下成反臂勾手，勾尖向上，左臂向上成亮掌，掌心向前上方；右腿伸直，脚尖勾起，向额前正踢腿。

（4）落步拧身。右脚主动向前下压落地，脚尖里扣，上体微向左拧转；右手不动，左臂屈肘下落至胸前，肘平抬，左掌心向下；目视左掌。

（5）马步盘肘。上体左转90°，两腿下蹲成马步；同时左掌向前、向左平掳，变拳后收至腰侧，右勾手变拳，右臂伸直，由体后向右、向前平摆，至体前时屈肘，肘尖向前，高与肩平，拳心向下；目视肘尖。

要领：两臂抢动时要画立圆，动作连贯。盘肘要快速有力，右肩前顺。

（四）第三段

1. 歇步抢砸拳

（1）转头抢拳。重心稍升高，右脚脚尖外撇；右臂由胸前向上、向右抢直，左臂摆至体侧，两拳拳心向上；目随右拳转视。

（2）转体抢摆。上动不停，重心升高，两脚以前脚掌为轴，向右后转体180°；随身体转动，右臂向下、向后抢摆，左臂向上、向前抢摆。

（3）歇步砸拳。紧接上动，两腿全蹲成歇步；左臂随身体下蹲向下平砸，力达拳背，拳心向上，臂部微屈，右臂伸直向上举起；目视左拳。

要领：抢臂动作要连贯完成，画成立圆。歇步要两腿交叉全蹲，左腿大、小腿靠紧，臀部贴于左小腿外侧，膝关节在右小腿外侧，脚跟提起；右脚脚尖外撇，全脚掌着地。

2，仆步亮拳

（1）回身横击掌。左脚由右腿后抽出向前上一步，左腿蹬直，右腿半蹲，成右弓步；上体微向右转；左拳收至腰侧，拳心向上，右拳变掌向下经胸前向右横击掌，掌心向下，力达掌沿；目视右掌。

（2）提膝穿掌。右脚蹬地屈膝提起，上体右转；左拳变掌从右掌上向前穿出，掌心向上，右掌回收，平放至左肘下，掌心向上。

（3）仆步亮拳。右脚向右落步，屈膝全蹲，左腿伸直，成仆步；左掌向下，向后画弧成勾手，勾尖向上，右掌向右、向上画弧后，抖腕成亮掌，掌心向前，臂微屈；头随右手转动，至亮掌时，目视左方。

要领：仆步时，左腿充分伸直，脚尖里扣，右腿全蹲，两脚脚掌全部着地。上体挺胸塌腰，稍左转。

3. 弓步劈拳

（1）上步捋手。右腿蹬地立起，左腿收回并向左前方上步；右掌变拳收至腰侧，拳心向上，左勾手变掌由下向前上经胸前向左做捋手，掌心横向外；目视左手。

（2）上步挥摆。右腿经左腿前方向左绕上一步，左腿蹬直成右弓步，左手向左平捋后再向前挥摆，虎口朝前，在左手平捋的同时，右拳向后平摆，拳眼向上。

（3）弓步劈拳。重心前移成弓步；右拳向上，向前做抡劈拳，力达拳背，拳高与耳平，拳心向上，左掌外旋接扶右前臂；目视右拳。

要领：左、右脚上步稍带弧形。

4. 换跳步弓步冲拳

（1）缩身挂掌。重心后移，右脚稍向后移动，上体微前弓；右拳变掌，右臂内旋以掌背向下画弧挂至右膝内侧，左掌背贴靠右肘外侧，掌指向前；目视右掌。

（2）提膝拧身。右腿自然上抬，上体稍向左扭转；右掌挂至体左侧，左掌留在右腋下；目随右掌转视。

（3）震脚按掌。右脚以全脚掌用力向下震踩，与此同时，左脚急速离地向后勾起，同时上体右转；伴随转体，右手由左向上、向前捋盖，而后变拳收至腰侧，左掌伸直向上经头上方向前、向下横掌下按，肘关节平屈，掌心向下；目视左掌。

（4）弓步冲拳。左脚向前上步，右腿蹬直成左弓步；右拳从左手手背上向前冲出（立拳），拳高与肩平，左掌回收藏于右腋下，掌背贴靠腋窝，掌指向上；目视右拳。

要领：换跳步动作要连贯、协调。震脚时要屈腿，全脚掌着地。左脚离地不要太高。

5. 马步冲拳

左脚蹬转，脚尖内扣，上体右转 90°，重心移至两腿中间，成马步；左掌变拳向左冲出，拳眼向上，右拳收至腰侧，拳心向上；目视左拳。

6. 弓步下冲拳

右脚蹬直，左腿弯曲，上体稍向左转，成左弓步；左拳变掌向下经体前画弧向上架于头左上方，掌心向上，右拳自腰侧向左前斜下方冲出，拳眼向上；目视右拳。

7. 叉步亮掌侧踹腿

（1）十字交叉。上体稍右转；左掌由头上下落于右手腕上，右拳变掌，两手手腕处交叉成十字，手掌小指侧向前；目视双手。

（2）叉步亮掌。右脚蹬地并向左腿后插步，以前脚掌着地；左掌由体前向下、向后画弧成勾手，勾尖向上，右掌由前向右、向上画弧抖腕亮掌，掌心向前；目视左方。

（3）侧踹腿。重心移至右腿，左腿屈膝提起，向左上方猛力踹出，脚尖勾紧；上肢姿势不变；目视左侧。

要领：插步时上体稍向右倾斜，腿、臂的动作要一致。侧踹高度不能低于腰，大腿内旋，着力点在脚跟。

8.虚步挑举

（1）落步左挑拳。左脚在左侧落地；左勾手变拳由体后向左上挑，拳背向上，右掌变拳稍后移，拳心向后。

（2）提膝前挂拳。上体左转180°，微含胸前俯；左拳继续向前、向上画弧上挑，右拳向下、向前画弧挂至右膝外侧，拳眼向上；同时右膝提起；目视右拳。

（3）虚步右挑拳。右脚向左前方上步，脚尖点地，重心落于左脚，左腿下蹲成右虚步；左拳向后画弧收至腰侧，拳心向上，右拳向前屈臂挑出，拳眼斜向上，拳与肩同高；目视右拳。

要领：挑拳发力与脚尖点地同时完成；虚步大腿接近水平。

（五）第四段

1.弓步顶肘

（1）缩身下挂。重心升高，右脚踏实，上身微含胸前俯；右臂内旋向下直臂画弧以拳背下挂至右膝内侧，左拳不变；目视前下方。

（2）提膝摆臂。左腿蹬直，右腿屈膝上抬，上体右转；左拳变掌，右拳不变，两臂向前向上画弧摆起；目随右拳转视。

（3）跳换步一。上动不停，左脚蹬地起跳，身体腾空；两臂继续画弧至头上方。

（4）跳换步二。右脚先落地，右腿屈膝，左脚向前落步，以前脚脚掌着地；同时两臂向右、向下屈肘停于右胸前，右拳变掌，左掌变拳，右掌心贴靠左拳面，目视右方。

（5）弓步顶肘。左脚向左上一步，右腿蹬直，左腿屈膝成左弓步；同时右掌推左拳，以左肘尖向左顶出，高与肩平；头随顶肘动作转向左方，目视前方。

要领：交换步时不要过高，但要快。两臂抡摆时要成圆弧。

2.转身左拍脚

（1）转身抡臂。以两脚前脚掌为轴向右后转体180°，转体后左脚跟半步；随着转体，右臂向上、向右、向下画弧抡摆，同时左拳变掌向下，向后、向前上抡摆。

（2）左拍脚。身体重心移至右脚，左腿伸直向前上迅速踢起，脚面绷平；左掌变拳收至腰侧，拳心向上，右掌由体后向上经头上向前拍击左脚面；目视右手。

要领：右掌拍脚时手指稍横过来，拍脚要准而响亮。

3. 右拍脚

（1）左掌后摆。左脚主动向前下压落地；左拳变掌向下、向后摆，右掌变拳收至腰侧，拳心向上。

（2）右拍脚。身体重心移至左脚，右腿伸直向前上迅速踢起，脚面绷平；左掌由后向上经头上向前拍击右脚面；目视左手。

要领：接转身左拍脚的上步动作要连贯；其余与本段的转身左拍脚相同。

4. 腾空飞脚

（1）落脚上步。右脚主动向前下压落地，身体重心迅速移至右腿；上肢姿势保持不变。

（2）起跳击掌。左脚向前摆起，右腿猛力蹬地跳起，左腿屈膝继续前上摆；同时右拳变掌向前上摆起，左掌先上摆而后下降拍击右掌背。

（3）空中拍脚。左腿保持屈膝上提，右腿继续上摆，脚面绷平；右手拍击右脚面，左掌由体前向后侧上举，目视右手。

要领：蹬地要向上，不要太向前冲，左膝尽量上提。击响要在腾空时完成，右臂伸直成水平。

5. 歇步下冲拳

（1）半马步按掌。左脚先落地，右脚随后向前落地成半马步；右掌下落前伸，掌心向下，左掌变拳收至腰侧，拳心向上；目视右手。

（2）歇步下冲拳。身体右转90°，两腿全蹲成歇步；右掌抓握、外旋变拳收至腰侧，左拳由腰侧向前下方冲出，拳心向下；目视左拳。

6. 仆步抡劈拳

（1）站起抡臂。两腿蹬地，重心升高；右臂由腰侧向体后伸直，左臂随身体重心升高向上摆起；目随左拳。

（2）提膝转体。以右脚前脚掌为轴，左腿屈膝提起，上体左转270°；左拳由前向后下画立圆，右拳由后向下、向前上画立圆。

（3）仆步劈拳。左脚向后落一步，屈膝全蹲，右腿伸直，脚尖里扣成右仆步；右拳由上向下抡劈，拳眼向上，左拳后上举，拳眼向上；目视右拳。

要领：抡臂时一定要画立圆。

7. 提膝挑掌

（1）弓步抡臂。左腿伸直，重心前移成右弓步；同时右拳变掌由下向上抡摆，左拳变掌稍下落，右掌心向左，左掌心向右。

（2）提膝挑掌。左、右臂在垂直面上由前向后各画立圆一周，右臂伸直停于头上，掌心向左，指尖向上，左臂伸直停于身后成反勾手；同时右腿屈膝提起，左腿挺膝伸直独立，目视前方。

要领：抡臂时要画立圆。

8. 提膝劈掌弓步冲拳

（1）提膝劈掌。下肢不动；右掌由上向下猛劈伸直，停于右小腿内侧，用力点在小指一侧，左勾手变掌，屈臂向前停于右上臂内侧，掌心向左；目视右掌。

（2）退步搂手。右脚向右后落地；身体右转 90°；同时左掌变拳收至腰侧，拳心向上，右臂内旋向右画弧做搂手。

（3）弓步冲拳。上动不停，左腿蹬直成右弓步；右手抓握变拳收至腰侧，拳心向上，左拳由腰侧向左前方冲出，拳眼向上；目视左拳。

（六）结束动作

1. 虚步亮掌

（1）扣膝抱掌。右脚蹬地，重心移至左脚，右脚扣于左膝后；两拳变掌，两臂右上左下屈肘交叉于左胸前，掌心向下；目视右手。

（2）退步舞花。右脚向右后落步，重心后移，右腿半蹲，上体稍右转；同时右掌向上、向右、体前画弧停于左腋下，左掌向左、向上画弧停于右臂上与左胸前，两掌心左下右上；目视左掌。

（3）虚步亮掌。左脚尖稍向右移，右腿下蹲成左虚步；左臂伸直向左、向后画弧成反勾手，右臂伸直向下、向右、向上画弧抖腕亮掌，掌心向前；目视左方。

要领：亮掌和转头协调一致。

2. 并步对拳

（1）退步穿掌。左腿向后撤一步；同时两掌从两腰侧向前穿出伸直，掌心向上；目视前方。

（2）退步后摆掌。右腿后撤一步；同时两臂分别向体后下摆。

（3）并步转头对拳。左脚后退半步向右脚并拢；两臂由后向上经体前屈臂下按，两掌变拳，停于腹前，拳心向下，拳面相对；目视左方。

3. 还原

两拳变掌，两臂自然下垂；头转向正前方，眼睛向前平视。

三、八段锦

（一）手型、步型

（1）拳：大拇指抵掐无名指根节内侧，其余四指屈拢收于掌心即握固。

（2）掌：掌一，五指微屈，稍分开，掌心微含。掌二，拇指与食指竖直分开呈八字状，其余三指第一、二指节屈收，掌心微含。

（3）爪：五指并拢，大拇指第一指节，其余四指第一、二指节屈收扣紧，手腕伸直。

（4）马步：开步站立，两脚间距为本人脚长的2~3倍，屈膝半蹲，大腿略高于水平。

（二）动作详解

1. 预备势

（1）两脚并步站立；两臂自然垂于体侧；身体中正，目视前方。

（2）随着松腰沉髋，身体重心移至右腿；左脚向左侧开步，脚尖朝前，约与肩同宽；目视前方。

（3）两臂内旋，两掌分别向两侧摆起，约与髋同高，掌心向后；目视前方。

（4）上动不停。两腿膝关节稍屈；同时，两臂外旋，向前合抱于腹前呈圆弧形，与脐同高，掌心向内，两掌指间距约10厘米；目视前方。

动作要点：

①头向上顶，下颌微收，舌抵上颚，双唇轻闭；沉肩坠肘，腋下虚掩；胸部宽舒，腹部松沉；收髋敛臀，上体中正。

②呼吸徐缓，气沉丹田，调息6~9次。

易犯错误：

①抱球时，大拇指上翘，其余四指斜向地面。

②塌腰，跪腿，八字脚。

纠正方法：

①沉肩，垂肘，指尖相对，大拇指放平。

②收髋敛臀，命门穴放松；膝关节不超越脚尖，两脚平行站立。

功理与作用：宁静心神，调整呼吸，内安五脏，端正身形，从精神与肢体上做好练功前准备。

2. 第一式：两手托天理三焦

（1）接上式。两臂外旋微下落，两掌五指分开在腹前交叉，掌心向上；目视前方。

（2）上动不停。两腿徐缓挺膝伸直；同时，两掌上托至胸前，随之两臂内旋向上托起，掌心向上；抬头，目视两掌。

（3）上动不停。两臂继续上托，肘关节伸直；同时，下颌内收，动作略停；目视前方。

（4）身体重心缓缓下降；两腿膝关节微屈；同时，十指慢慢分开，两臂分别向身体两侧下落，两掌捧于腹前，掌心向上；目视前方。

动作要点：

①两掌上托要舒胸展体，略有停顿，保持抻拉。

②两掌下落，松腰沉髋，沉肩坠肘，松腕舒指，上体中正。

易犯错误：两掌上托时，抬头不够，继续上举时松懈断劲。

纠正方法：两掌上托，舒胸展体缓慢用力，下颌先向上助力，再内收配合两掌上撑，力在掌根。

功理与作用：

①通过两手交叉上托，缓慢用力，保持抻拉，可使"三焦"通畅、气血调和。

②通过拉长躯干与上肢各关节周围的肌肉、韧带及关节软组织，对防治肩部疾患、预防颈椎病等具有良好的作用。

3. 第二式：左右开弓似射雕

①接上式。身体重心右移；左脚向左侧开步站立，两腿膝关节自然伸直；同时，两掌向上交叉于胸前，左掌在外，两掌心向内；目视前方。

②上动不停。两腿徐缓屈膝半蹲成马步；同时，右掌屈指呈"爪"，向右拉至肩前；左掌成八字掌，左臂内旋，向左侧推出，与肩同高，坐腕，掌心向左，犹如拉弓射箭之势；动作略停；目视左掌方向。

③身体重心右移；同时，右手五指伸开成掌，向上、向右画弧，与肩同高，指尖朝上，掌心斜向前；左手指伸开成掌，掌心斜向后；目视右掌。

④上体不停。重心继续右移；左脚回收成并步站立；同时，两掌分别由两侧下落，捧于腹前，指尖相对，掌心向上；目视前方。

动作⑤~⑧同动作①~④，左右相反。

本式一左一右为一遍，共做三遍。

第三遍最后动作时，身体重心继续左移；右脚回收成开步站立，与肩同宽，膝关节微屈；同时，两掌分别由两侧下落，捧于腹前，指尖相对，掌心向上；目视前方。

动作要点：

①侧拉之手五指并拢屈紧，肩臂放平。

②八字掌侧撑需沉肩坠肘，屈腕，竖指，掌心涵空。

③年老或体弱者可自行调整马步高度。

易犯错误：端肩，弓腰，八字脚。

纠正方法：沉肩坠肘，上体直立，两脚跟外撑。

功理与作用：

①展肩扩胸，可刺激督脉和背部俞穴；同时刺激手三阴三阳经等，可调节手太阴肺经等经脉之气。

②可有效发展下肢肌肉力量，提高平衡和协调能力；同时，增加前臂和手部肌肉力量，提高手腕关节及指关节的灵活性。

③有利于矫正不良姿势，如驼背及肩内收，能很好地预防肩、颈疾病等。

4. 第三式：调理脾胃须单举

①接上式。两腿徐缓挺膝伸直；同时，左掌上托，左臂外旋上穿经面前，随之臂内旋上举至头左上方，肘关节微屈，力达掌根，掌心向上，掌指向右；同时，右掌微上托，随之臂内旋下按至右旁，肘关节微屈，力达掌根，掌心向下，掌指向前，动作略停；目视前方。

②松腰沉髋，身体重心缓缓下降；两腿膝关节微屈；同时，左臂屈肘外旋，左掌经面前下落于腹前，掌心向上；右臂外旋，右掌向上捧于腹前，两掌指尖相对，相距约10厘米，掌心向上；目视前方。

③④同动作①②，左右相反。

本式一左一右为一遍，共做三遍。

第三遍最后动作时，两腿膝关节微屈；同时，右臂屈肘，右掌下按于右髋旁，掌心向下，掌指向前；目视前方。

动作要点：力在掌根，上撑下按，舒胸展体，拔长腰脊。

易犯错误：掌指方向不正，肘关节没有弯曲度，上体不够舒展。

纠正方法：两掌放平，力在掌根，肘关节稍屈，对拉拔长。

功理与作用：

①通过左右上肢一松一紧的上下对拉（静力牵张），可以牵拉腹腔，对脾胃中焦肝胆起到按摩作用；同时可以刺激位于腹、胸肋部的相关经络以及背部俞穴等，达到调理脾胃（肝胆）和脏腑经络的作用。

②可使脊柱内各椎骨间的小关节及小肌肉得到锻炼，从而增强脊柱的灵活性与稳定性，有利于预防和治疗肩、颈疾病。

5. 第四式：五劳七伤往后瞧

①接上式。两腿徐缓挺膝伸直；同时，两臂伸直，掌心向后，指尖向下，目视前方。

然后上动不停。两臂充分外旋，掌心向外；头向左后转，动作略停；目视左斜后方。

②松腰沉髋，身体重心缓缓下降；两腿膝关节微屈；同时，两臂内旋按于髋旁，掌心向下，指尖向前；目视前方。

③同动作①，左右相反。

④同动作②。

本式一左一右为一遍，共做三遍。第三遍最后动作时，两腿膝关节微屈；同时，两掌捧于腹前，指尖相对，掌心向上；目视前方。

动作要点：

①头向上顶，肩向下沉。

②转头不转体，旋臂，两肩后张。

易犯错误：上体后仰，转头与旋臂不充分或转头速度过快。

纠正方法：下颌内收，转头与旋臂幅度宜大，速度均匀。

功理与作用：

①"五劳"指心、肝、脾、肺、肾五脏劳损；"七伤"指喜、怒、悲、忧、恐、惊、思七情伤害。本式动作通过上肢伸直外旋扭转的静力牵张作用，可以扩张牵拉胸腔、腹腔内的脏腑。

②本式动作中往后的转头动作，可刺激颈部大椎穴，达到防治"五劳七伤"的目的。

③可增加颈部及肩关节周围参与运动肌群的收缩力，增加颈部运动幅度，活动眼肌，预防眼肌疲劳以及肩、颈与背部等疾患。同时，改善颈部及脑部血液循环，有助于消除中枢神经系统疲劳。

6. 第五式：摇头摆尾去心火

①接上式。身体重心左移；右脚向右开步站立，两腿膝关节自然伸直；同时，两掌上托与胸同高时，两臂内旋，两掌继续上托至头上方，肘关节微屈，掌心向上，指尖相对；目视前方。

②上动不停。两腿徐缓屈膝半蹲成马步；同时，两臂向两侧下落，两掌扶于膝关节上方，肘关节微屈，小指侧向前；目视前方。

③身体重心向上稍升起，而后右移；上体先向右倾，随之俯身；目视右脚。

④上动不停。身体重心左移；同时，上体由右向前、向左旋转；目视右脚。

⑤身体重心右移，成马步；同时，头向后摇，上体立起，随之下颌微收；目视前方。

动作⑥至动作⑧同动作③至动作⑤，左右相反。本式一左一右为一遍，共做三遍。

做完三遍后，身体重心左移，右脚回收成开步站立，与肩同宽；同时，两掌向外经两侧上举，掌心相对；目视前方。随后松腰沉髋，身体重心缓缓下降。两腿膝关节微屈；

同时屈肘,两掌经面前下按至腹前,掌心向下,指尖相对;目视前方。

动作要点:

①马步下蹲要收髋敛臀,上体中正。

②摇转时,颈部与尾闾对拉伸长,好似两个轴在相对运转,速度应柔和缓慢,动作圆活连贯。

③年老或体弱者要注意动作幅度,不可强求。

易犯错误:

①摇转时颈部僵直,尾闾摇动不圆活,幅度太小。

②前倾过大,使整个上身随之摆动。

纠正方法:

①上体侧倾与向下俯身时,下颌不要有意内收或上仰,颈椎部肌肉尽量放松伸长。

②加大尾闾摆动幅度,应上体左倾尾闾右摆,上体前俯尾闾向后画圆,头不低于水平,使尾闾与颈部对拉拔长,加大旋转幅度。

功理与作用:

①心火,即心热火旺的病症,属阳热内盛的病机。通过两腿下蹲,摆动尾闾,可刺激脊柱、督脉等;通过摇头,可刺激大椎穴,从而达到疏经泄热的作用,有助于祛除心火。

②在摇头摆尾过程中,脊柱腰段、颈段大幅度侧屈、环转及回旋,可使整个脊柱的头颈段、腰腹及臀、股部肌群参与收缩,既增加了颈、腰、髋的关节灵活性,也增强了这些部位的肌力。

7. 第六式:**两手攀足固肾腰**

①接上式。两腿挺膝伸直站立;同时,两掌指尖向前,两臂向前、向上举起,肘关节伸直,掌心向前;目视前方。

②两臂外旋至掌心相对,屈肘,两掌下按于胸前,掌心向下,指尖相对;目视前方。

③上动不停。两臂外旋,两掌心向上,随之两掌掌指顺腋下向后插;目视前方。

④两掌心向内沿脊柱两侧向下摩运至臀部;随之上体前俯,两掌继续沿腿后向下摩运,经脚两侧置于脚面;抬头,动作略停;目视前下方。

本式一上一下为一遍,共做六遍。

做完六遍后,上体立起,同时,两臂向前、向上举起,肘关节伸直,掌心向前;目视前方。随后松腰沉髋,身体重心缓缓下降;两腿膝关节微屈;同时,两掌向前下按至腹前,掌心向下,指尖向前;目视前方。

动作要点:

①反穿摩运要适当用力,至足背时松腰沉肩,两膝挺直,向上起身时手臂主动上举,

带动上体立起。

②年老或体弱者可根据身体状况自行调整动作幅度，不可强求。

易犯错误：

①两手向下摩运时低头，膝关节弯曲。

②向上起身时，起身在前，举臂在后。

纠正方法：

①两手向下摩运要抬头，膝关节伸直。

②向上起身时要以臂带身。

功理与作用：

①通过前屈后伸可刺激脊柱、督脉以及命门、阳关、委中等穴，有助于防治生殖泌尿系统方面的慢性病，达到固肾壮腰的作用。

②通过脊柱大幅度前屈后伸，可有效发展躯干前、后伸屈脊柱肌群的力量与伸展性，同时对腰部的肾、肾上腺、输尿管等器官有良好的牵拉、按摩作用，可以改善其功能，刺激其活动。

8. 第七式：攒拳怒目增气力

接上式，身体重心右移，左脚向左开步；两腿徐缓屈膝半蹲成马步；同时，两掌握固，抱于腰侧，拳眼朝上；目视前方。

①左拳缓慢用力向前冲出，与肩同高，拳眼朝上；瞪目，视左拳冲出方向。

②左臂内旋，左拳变掌，虎口朝下；目视左掌。左臂外旋，肘关节微屈；同时，左掌向左缠绕，变掌心向上后握固；目视左拳。

③屈肘，回收左拳至腰侧，拳眼朝上；目视前方。

动作④~⑥同动作①~③，左右相反。

本式一左一右为一遍，共做三遍。

做完三遍后，身体重心右移，左脚回收成并步站立；同时，两拳变掌，自然垂于体侧；目视前方。

动作要点：

①马步的高低可根据自己的腿部力量灵活掌握。

②冲拳时要怒目瞪眼，注视冲出之拳，同时脚趾抓地，拧腰顺肩，力达拳面；拳回收时要旋腕，五指用力抓握。

易犯错误：

①冲拳时上体前俯，端肩，掀肘。

②拳回收时旋腕不明显，抓握无力。

纠正方法：

①冲拳时头向上顶，上体立直，肩部松沉，肘关节微屈，前臂贴肋前送，力达拳面。

②拳回收时，先五指伸直充分旋腕，再屈指用力抓握。

功理与作用：

①中医认为，"肝主筋，开窍于目"。本式中的"怒目瞪眼"可刺激肝经，使肝血充盈，肝气疏泻，有强健筋骨的作用。

②两腿下蹲十脚趾抓地、双手攒拳、旋腕、手指逐节强力抓握等动作，可刺激手、足三阴三阳十二经脉的俞穴和督脉等；同时，使全身肌肉、筋脉受到静力牵张刺激，长期锻炼可使全身筋肉结实，气力增加。

9. 第八式：背后七颠百病消

①接上式。两脚跟提起；头上顶，动作略停；目视前方。

②两脚跟下落，轻震地面；目视前方。

本式一起一落为一遍，共做七遍。

动作要点：

①上提时脚趾要抓地，脚跟尽力抬起，两腿并拢，百会穴上顶，略有停顿，要掌握好平衡。

②脚跟下落时，咬牙，轻震地面，动作不要过急。

③沉肩舒臂，周身放松。

易犯错误：上提时，端肩，身体重心不稳。

纠正方法：五趾抓住地面，两腿并拢，提肛收腹，肩向下沉，百会穴上顶。

功理与作用：

①脚趾为三阴、足三阳经交会之处，十脚趾抓地，可刺激足部有关经脉，调节相应脏腑的功能；同时，颠足可刺激脊柱与督脉，使全身脏腑经络气血通畅，阴阳平衡。

②颠足而立可发展小腿后部肌群力量，拉长足底肌肉、韧带，提高人体的平衡能力。

③落地震动可轻度刺激下肢及脊柱各关节内外结构，并使全身肌肉得到放松复位，有助于解除肌肉紧张。

10. 收势

①接上式。两臂内旋，向两侧摆起，与髋同高，掌心向后；目视前方。

②两臂屈肘，两掌相叠置于丹田处（男性左手在内，女性右手在内）；目视前方。

③两臂自然下落，两掌轻贴于腿外侧；目视前方。

动作要点：体态安详，周身放松，呼吸自然，气沉丹田。

易犯错误：收功随意，动作结束后或心浮气躁，或急于走动。

纠正方法：收功时要心平气和，举止稳重。收功后可适当做一些整理活动，如搓手浴面和肢体放松等。

功理与作用：气息归元，放松肢体肌肉，愉悦心情，进一步巩固练功效果，逐渐恢复到练功前安静的状态。

第四节　体操类运动

一、健美操

（一）起源与发展

健美操是集体操、舞蹈、音乐于一体的运动项目，随着体操、舞蹈、音乐各自不断地丰富和开发，健美操也呈现出多元化发展的趋势，陆续增加了拉丁操、搏击操、街舞、有氧舞蹈，风格多变、适合人群广，能随时随地进行，具有娱乐性和观赏性优点，健美操成为多年以来颇受大众欢迎的一项运动项目。

健美操的起源应追溯到两千多年前。古希腊人对人体美的崇尚举世闻名，他们认为，在世界万物之中，只有人体的健美才是最匀称、最和谐、最庄重、最有生气和最完美的。古希腊人喜爱采用跑跳、投掷、柔软体操和健美舞蹈等多种体育项目进行人体美的锻炼，并提出了"体操锻炼身体，音乐陶冶精神"的主张。古印度很早就流行一种瑜伽术，它把姿势、呼吸和意念紧密结合起来，通过调身（摆正姿势）、调息（调整呼吸）、调心（意守丹田入静），运用意识对肌体进行自我调节，健美身心，达到延年益寿。瑜伽健身术动作包括站立、跪、坐、卧、弓步等多种基本姿势，这些姿势与当前流行的健美操的基本姿势是一致的。

古代人对健身健美的追求，以及提倡体操与音乐相结合的主张是现代健美操形成与发展的基础。

19世纪末20世纪初，欧洲出现了许多体操流派，他们在理论和实践上的创新对健美操的发展起到了推动作用。20世纪60年代初，则是健美操的萌芽时期，它最早是由美国太空总署的医生库帕博士为太空人设计的体能训练内容。20世纪80年代初，随着遍及全球的健身热和娱乐体育的发展，健美操以其强大的生命力风靡世界。美国是对世界健美操的发展有着重要影响的国家，其代表人———影视明星简·方达，根据自己的健身体会和经验，携写了《简·方达健美术》一书，该书自1981年出版后，引起了世界的轰动。她现身说法，促进了健美操在世界范围内的推广。随后，自 1985 年开始，美国正式举办一年一度的健美操锦标赛，并确定了竞赛项目和规则，健美操由此发展成为竞技性运动项目。

健美操不仅在美、英、法等国家迅速发展，而且在一些发展中国家和地区也得到不同程度的开展。苏联早已将健美操列入大、中、小学的体育教学大纲。在亚洲地区，日本、菲律宾、新加坡等国家也建有许多健美操活动中心及健身俱乐部，人们开始将健美操作为自己的主要健身方式，由此形成了世界范围内的"健美操热"。

世界性的健美操热是于 20 世纪 70 年代末传到我国的。当时北京、上海、广州等地相继举办了各种健美操培训班。随后通过各种新闻媒介对国外各种健美操的介绍，逐步推动了健美操在我国的广泛开展。

1984 年，原北京体育学院成立了健美操研究组，接着上海体育学院成立了健美操教研室，率先开设了健美操课程。一些大专院校也根据国家教委对高校体育教学的要求，逐步开设了健美操普修或选修课，从而把我国的健美操从社会引向了学校。1986—1988 年，健身健美操和竞技健美操在我国得到了长足的发展。继 1986 年 4 月在广州举行的我国首次"全国女子健美操邀请赛"后，1987 年 5 月在北京又成功地举办了我国首届正式的竞技健美操比赛——"长城杯"健美操邀请赛。为了有组织、有计划地推动全国大学生健美操运动的发展，1992 年 2 月，中国大学生体育协会健美操、艺术体操协会在北京成立了。1992 年 9 月，中国健美操协会在北京的正式成立，标志着我国健美操运动进入一个新的发展阶段。

（二）基本动作分类和技术要领

1. 常用手型

手型的变化不仅可以使手臂的动作更加丰富多彩，生动活泼，表现出美感；而且有助于加强动作的力度。健美操中手型有很多种，它是从爵士舞、芭蕾舞、西班牙舞、迪斯科、武术等手型中吸收和发展起来的。常用健美操手型有以下几种：

（1）掌

①并掌：大拇指指关节弯曲内扣，其余四指并拢伸直。手腕伸直，使手臂成一条直线。腕关节与掌指关节适度紧张。

②开掌：五指用力分开，并伸直。

③立掌：手掌用力上屈，五指自然弯曲。

（2）拳

①实心拳：四指卷握，大拇指末关节压住食指、中指的第二关节。

②空心拳：四指卷曲，大拇指末关节压住食指、中指的末关节，拳呈空心状。

（3）其他手型

①西班牙舞手型：五指分开，小指内旋，拇指稍内收。

②剑指：食指和中指并拢伸直，拇指、无名指小指内收。

③V指：拇指与小指、无名指弯曲，食指与中指伸直并张开。

④响指：无名指与小指屈握，拇指与中指、食指摩擦后，中指击打大鱼际处产生响声。

2.手臂动作

手臂动作训练是健美操锻炼的重要组成部分，它与健美操共同构成了丰富多彩的健美操动作内容。

（1）摆动

动作描述：屈肘前后摆动，两手握拳。

技术要点：屈肘角度不宜过小或过大，大约60°左右，向前摆动手臂时，肘关节不超过躯干前面，向后摆动手臂时，手不超过躯干。

动作变化：可同时摆动也可依次摆动。

（2）举

动作描述：以肩关节为轴，臂伸直向某方向抬起。臂的活动范围不超过180°并停止在某部位。

技术要点：动作到位、路线清晰、有力度感。

动作变化：前举、上举、前上举、前下举、侧举、下举、侧上举、侧下举。

（3）屈伸

动作描述：上臂固定，以肘关节为轴，肘关节由弯曲到伸直或由伸直到弯曲的动作。屈臂时肱二头肌收缩，伸臂时肱三头肌收缩，包括胸前屈、胸前平屈、肩侧上屈、肩侧下屈。

技术要点：关节有弹性地屈、伸。

动作变化：胸前屈、胸前平屈、肩侧上屈、肩侧下屈、胸前上屈、腰侧屈、头后屈。

（4）绕、绕环

动作描述：两臂或单臂以肩为轴做弧线运动，上臂固定，前臂以肘关节为轴做弧线运动。

技术要点：路线清晰，起始和结束动作位置明确。

动作变化：两臂或单臂向内、外、前、后绕或绕环。

（三）基本步伐

根据动作的完成形式可把健美操基本步伐分为：双脚类动作、交替类动作、迈步类动作、点地类动作和抬起类动作。

1. 双脚类动作

双脚类动作，是指双脚同时开始又同时结束的动作。

（1）弹动

动作要领：膝关节有弹性地屈、伸。弹动是所有健美操动作的基础，是健美操动作的基本技术。

（2）分腿半蹲

动作要领：两腿左右分开稍宽于肩，屈膝半蹲时膝关节方向与脚尖方向一致，髋稍前倾使臀部向后45°方向下蹲，上体保持直立。用于提高腿部力量练习时可采用窄距离同肩宽的半蹲，若在有氧健身操中的半蹲可采用宽距离大分腿半蹲。

（3）箭步蹲

动作要领：两脚前后分开站立，后脚用前脚掌站立，两脚脚尖向前、脚跟向后，重心在两腿之间，当屈膝下蹲时，前面膝盖对准脚尖，后面腿的膝盖对准地面。箭步蹲可锻炼大腿、臀部及核心稳定肌群。

（4）提踵

动作要领：脚跟向上提起，然后还原。动作时始终保持腰应收紧，可锻炼小腹及核心稳定肌群。

（5）并腿纵跳

动作要领：双脚始终保持并拢起跳、落地，每次落地经屈膝缓冲，空中保持身体姿势。

（6）开合跳

动作要领：两腿并拢跳起，落下成分腿，再跳起，落下成并腿，每次落地经屈膝缓冲，空中保持身体姿势。

2. 交替类动作

（1）踏步类

动作要领：两脚在交替抬起和落下，既原地踏步动作。踏步时始终保持膝关节的弹动，前脚掌先落地并过渡至全脚，从踝关节、膝关节、髋关节依次缓冲。

动作变化：走步、跑步。

（2）一字步

动作要领：两脚依次向前迈一步，再依次退一步，还原。每次落地下肢关节依次顺势缓冲。

动作变化：V字步、A字步。

（3）曼步

动作要领：曼步是拉丁舞步中曼巴舞的舞步。以右脚为例，右脚向前迈一步，重心前移，左脚原地踏步；右脚向后迈一步，重心后移，左脚原地踏步。每次落地膝关节都要注意缓冲。

动作变化：小曼巴步、曼步恰恰、恰恰曼步、莎莎步。

3. 迈步类动作

（1）并步

动作要领：一脚先迈出一步，同时移重心，另一腿可做点、抬、并、屈、踢等动作。

动作变化：迈步点地、迈步吸腿、迈步后屈腿、迈步踢腿、并步跳。

（2）交叉步

动作要领：一腿向侧迈出，另一腿在其后交叉，稍屈膝，随之再向侧一步，另一脚点地并拢；然后可接反方向。侧交叉步是很好的向侧移动步伐，应尽力增大完成动作的幅度，踏地时膝部应顺势向下屈膝缓冲，动作过程保持腰腹的稳定。

动作变化：交叉步吸腿、交叉步后屈腿、交叉步跳。

（3）小马跳

动作要领：右脚向侧跳一步，紧接着左脚在右脚旁小垫步跳，反方向动作相同。

动作变化：可改变方向或连续向某一方向转圈做。

4. 点地类动作

（1）脚跟前点地

动作要领：一腿稍屈膝站立，另一腿脚跟前点地，然后还原，反方向动作相同。每一次膝关节都有弹动。

动作变化：脚跟点地跳、向前弹踢腿跳。

（2）侧点地

动作要领：以右脚为例。左腿稍屈膝站立，右腿脚尖右侧点地，然后还原，反方向动作相同。重心始终在支撑腿上，腰腹保持稳定，动力腿尽量远伸，脚面向前。

动作变化：连续侧点地跳、撤步成侧弓步、向侧弹踢腿跳。

（3）后点地

动作要领：一腿稍屈膝站立，另一腿脚尖向后点地，然后还原，反方向动作相同。重心始终在支撑腿上，腰腹保持稳定，动力腿尽量远伸，脚跟向上。

5. 抬起类动作

（1）吸腿

动作要领：一腿支撑地面，另一腿屈膝向上抬起，还原，反方向动作相同。保持支撑腿的弹性缓冲及身体稳定。

动作变化：吸腿跳、蹁腿跳。

（2）弹踢腿跳

动作要领：右脚抬起后屈，左脚起跳同时将右膝伸直向前踢出；然后右脚落地不动作。弹踢腿时大腿先发力，再小腿弹伸，膝关节不要强直，要有控制地向前下方伸。

动作变化：侧弹踢腿跳、后弹踢腿跳。

（四）全国普及性健美操规定动作推广套路

1. 准备动作（2×8拍）

（1）第1个8拍，动作说明：1~2拍双脚打开，手臂上举握拳；3~4拍左脚右后迈步点地，手臂位于体侧握拳；5~6拍还原1~2拍；7~8拍右脚左后迈步点地，手臂位于体侧握拳。

（2）第2个8拍，动作说明：1~2拍双脚打开，手臂上举握拳，左脚右后迈步点地，手臂位于体侧握拳；3~4拍双脚打开，手臂上举握拳，右脚左后迈步点地，手臂位于体侧握拳；5~8拍原地踏步。

2. 第一小节（4×8拍）

（1）第1个8拍，动作说明：右侧迈步移重心。1拍手臂胸前平屈，上身右前倾；2拍两臂由屈臂到直臂；3拍两臂由直臂划到侧平举；4拍两臂由侧平举还原胸前直臂；5~8拍两臂位于体侧，上身由左向右画弧。

（2）第2个8拍和第1个8拍动作相同，方向相反。

（3）第3个8拍，动作说明：1拍右臂胸前屈，左臂位于体侧，同时顶右胯；2拍同1拍相反；3~4拍同1拍；5~6拍与1~4拍动作相同，方向相反。

（4）第4个8拍，动作说明：1~4拍脚尖点地，手臂位于体侧；5~8拍踏步转体一周，两臂屈肘前后摆动。

3. 第二小节（4×8拍）

（1）第1个8拍，动作说明：1~4拍侧并步脚后跟着地，手臂1、3拍鼓掌,2、4拍顶胯；5拍成弓步，左手画弧；6拍还原；7拍迈步，两臂胸前平屈，前臂上下重叠；8拍还原。

（2）第2个8拍，动作说明：1拍上步，两臂胸前屈；2拍吸腿，两臂上举；3拍回落步，两臂胸前屈；4拍成弓步，两臂握拳前平举；5拍上步，两臂胸前平屈；6拍左腿提膝，两臂侧平举；7拍回落步，两臂胸前平屈；8拍还原。

（3）第3、4个8拍和第1、2个8拍动作相同，方向相反。

4. 第三小节（4×8拍）

（1）第1个8拍，动作说明：1拍右迈步，两臂侧平举；2拍左吸腿，右臂上举，左臂体侧；3~4拍同1~2拍动作相同，方向相反；5拍成弓步，右手胸前平屈，左手侧举；7~8拍脚尖后点地，击掌两次。

（2）第2个8拍，动作说明：1~4拍小马跳；5~8拍迈步后点地，同时体侧手臂响指。

（3）第3、4个8拍的动作和第1、2个8拍的动作相同，方向相反。

5. 第四小节（4×8拍）

（1）第1个8拍，动作说明：1~4拍以左脚为支撑脚，右脚转90°，每一拍髋部向后，手臂胸前平屈绕环；4~8拍击掌；5~8拍方向相反。第1个8拍的后4拍和前4拍动作相同，方向相反。

（2）第2个8拍，动作说明：1~2拍右脚向后迈步，左手前伸；3~4拍左脚向后迈步，右手前伸；5~8拍踏步转体一周。

（3）第3个8拍和第1个8拍动作相同，方向相反。

（4）第4个8拍，动作说明：1~4拍后侧步，两臂肩侧上屈摆动，5~8拍踏步转体一周。

6. 第五小节（4×8拍）

（1）第1个8拍，动作说明：1~2拍右交叉步，左手叉腰，右手五指分开侧屈；3~4拍转体90°还原，手臂上举；5~6拍交叉步，手臂由上向下画圆；7~8拍还原手臂胸前平屈交叉。

（2）第2个8拍，动作说明：第2个8拍的后4拍和前4拍动作相同，方向相反；1~3拍踏步转体；4拍成弓步；5~8拍方向相反，4~8拍击掌。

（3）第3个8拍和第1个8拍的动作相同。

（4）第4个8拍，动作说明：单足跳，1~2拍右手胸前平屈，左手侧举；3~4拍左手胸前平屈，右手侧举；5~6拍两臂上举；7~8拍两臂位于体侧。

7. 第六小节（4×8拍）

（1）第1、2个8拍的动作和第一小节第1、2个8拍的动作相同。

（2）第3个8拍，动作说明：侧步，注意髋部的摆动，两臂侧平举。

（3）第4个8拍，动作说明：5~8拍原地踏步。

二、艺术体操

(一)发展概况

艺术体操作为女子所特有的运动项目是在长期的发展过程中形成起来的，是我国近年来蓬勃兴起的一个新的运动项目。在体操前面冠以"艺术"二字，顾名思义，这是一项极具艺术性的体育运动项目。艺术体操是体操的升华，是一项具有独特风格和特点、探求体育艺术美和自然美、充分显示体育美的价值的运动项目。

艺术体操的名称在世界各国并不统一。英国、美国、德国等一些欧美国家，为了表明它是从不同的源流产生、发展和改造而形成的，又是新型的且具有自己特征的，因此称为"现代韵律体操"。在日本被称为"新体操"，在东欧和我国则把它看成一种通过身体动作进行自我表现的艺术，因此称为"艺术体操"。1975年，为了进一步突出该项运动的竞技性，国际体操联合会艺术体操技术委员会将国际比赛中的艺术体操统一定名为"竞技韵律体操"。

艺术体操是由韵律体操和自然舞蹈相结合发展而来的，而韵律体操和自然舞蹈又源于自然体操。

自然体操产生于18世纪。这种体操的形式深受法国哲学家让·雅克·卢梭关于儿童自然成长理论的影响，并逐渐使以自然的身体动作为基础的体操练习形成一个体系。最先将卢梭自然主义哲学产生的教学体系付诸实践的是德国人约翰·巴泽多夫，这种教学体系深受当时学生的欢迎，至此形成了自然体操。

以"体操运动之父"闻名的约翰·古茨·穆尔，对自然体操的发展做出了具有深远影响的贡献，他是第一个写出体操专著的体育学家。他在著作中强调：体操应能使人感到愉快，体操练习应能使人得到全面发展。1826年至1850年，德国人弗朗索瓦·德尔萨特在法国创造了一套为了帮助演员在表演中姿态自然，举止仪表更富有表现力的体操体系。他的体系重视人体姿势的优美和均衡，并具有富于美感和表情两个显著特性，这对发展健康的体魄起到良好的作用。因此，在19世纪末期成为女子体操中非常流行的形式；20世纪初期，瑞士教育家日内瓦音乐学院教授雅克·达尔克罗兹，设计了一种以描述肌肉活动和音乐伴奏相结合的音乐体操，他所创造的这套富于变化的练习，是为了通过在音乐伴奏下，完成各种以自然性动作为基础的身体活动，来发展学生的音乐感。作为培养音乐家和演员的一种手段，后来被逐渐运用在体育教学中，这些便是以后发展成为众所周知的韵律体操的初期。许多现代韵律体操的奠基人在达尔克罗兹学校学习过，如欣里希·梅道，他是一名音乐和体育教师，他创编了一套可以促进身体健康、姿势优美和举止高雅、适用于少女和成年女子的体操体系，在教学活动中更加强调全身动作的自然性，认为韵律体操更能使人感受到动作中的美感和愉悦。此外，梅道还发现，如果学生把注意力集中到手持的轻器械上，如球、圈、火棒等，可以减少紧张的心情，使动作更加自然和放松。梅道还认为，音乐对于提高动作的节奏性和表现力都是一个极其重要的因素，因此他的练习和演出中都利用音乐。而在艺术体操项目中，音乐被喻为具有灵魂作用。

随着韵律体操的发展，博得全世界赞扬的有美国著名舞蹈家伊莎多拉·邓肯和德国舞蹈家鲁道夫·拉班，以及德国杰出的舞蹈教师达尔克罗兹和拉班的学生玛丽·维格曼，在他们创造性的努力下，摒弃了矫揉造作的传统练习方法，提倡动作简练、自然和艺术性，并通过全身动作的练习实践，创造出用来表现自我的、自由的、自然的新型动作，为自然舞蹈的发展做出了许多贡献，使自然舞蹈运动迅速发展起来。19世纪末20世纪初，艺术体操在这些理论和实践的基础上，逐步形成具有自己特色的体育运动项目。

艺术体操真正成为体育的一种手段，是在俄国十月革命后，尤其是在第二次世界大战后。20世纪四五十年代，艺术体操在苏联及东欧诸国得到了广泛的开展，并逐步发展成为竞技运动项目。苏联作为较早开展艺术体操项目的国家，在1950年就制定了艺术体操等级大纲、竞赛规则，规定每年都要举行全苏联艺术体操锦标赛，并且编写了系统的理论教材，确定了艺术体操作为女子体育的手段之一，将它列入中小学及高等学校的体育教学大纲中。在1948年、1952年、1956年三届奥运会竞技体操比赛和1954年的世界体操锦标赛中，出现了带轻器械的六人团体韵律体操比赛。这就是艺术体操在国际比赛中的最初形式。1956年以后，由于体操技术的发展变化，以及项目特点的不同，国际体操联合会在国际竞赛中取消了团体韵律体操项目，1962年国际体操联合会把艺术体操定为独立的女子竞赛项目。至此，艺术体操和竞技体操这两个体操项目竞技比赛就分开了。此后，艺术体操作为一项表现优美、均衡和女子气质的女性所特有的新项目，在世界各国尤其是东欧国家获得普及，通过竞赛交流，技术水平得到更加全面的发展和提高。

20世纪50年代，艺术体操传入亚洲，后来流行于全世界。1955年，由苏联专家在北京体育学院（现北京体育大学），首次开设了全国艺术体操培训班，不仅在理论上指导了中国艺术体操的发展，更系统地引进了艺术体操的具体内容，包括基本动作、练习形式和练习方法等，为随后我国各体育学院陆续开设艺术体操课程，奠定了良好的基础。后来，由于我国退出了国际奥委会，在我国刚刚开展起来的艺术体操项目又被迫中断了十多年。1978年国际体联恢复了我国的合法席位，这一年是我国艺术体操发展的转折年，不仅邀请了加拿大、朝鲜、日本、西班牙等国家的艺术体操队来华进行访问表演，同时举办了训练班，进一步提高我国教练员、运动员的理论和实践水平。除此之外，我国还陆续派出优秀运动员到国外进行短期学习和训练，带回了许多宝贵的经验和科学的方法。

第五章 大学生体育运动的实践内容

随着艺术体操项目在我国的蓬勃发展,运动技术水平也有了明显的提高。一些有条件的省、市先后成立了专业队,各体育院校也普遍开设了艺术体操课程,一些大中学校还将艺术体操的基本内容列入体育课的教材,这在一定程度上推动了艺术体操在我国的发展。1981年,由北京体育学院组队首次参加了第十届世界艺术体操锦标赛,获得集体项目第十六名的成绩,从此我国开始参加世界锦标赛及其他国际性竞赛活动。世界锦标赛每两年举行一次。除了世界锦标赛外,从1978年开始,国际体联又组织了两个国际比赛,即欧洲锦标赛和四大洲锦标赛,分别在世界锦标赛的间隔年进行。从1982年起又增设了世界杯的比赛。随着与国际比赛的逐步接轨,这项在我国开展时间不长但深受女性所喜爱的运动项目,不论从群众普及性还是在竞技运动方面,都得到了较大的提高,国家体育运动委员会(现国家体育总局)也相应组织了各项赛事以利这项运动更良好地发展。自1982年起的全国第一届大学生运动会至今,艺术体操被列为正式的比赛项目。1983年,在湖南省邵阳市举办了第一届全国艺术体操比赛,随后艺术体操被国家体育运动委员会正式列为全运会的比赛项目。此后,逐年举行全国艺术体操锦标赛、冠军赛,分别安排在上、下半年举行。后来为了更好地促进艺术体操的普及教育以及为优秀运动队培养、输送更多的后备人才,将与全国比赛合在一起的青少年比赛单列为全国少年艺术体操比赛。1984年,艺术体操的个人项目被列为奥运会比赛的正式项目。1996年,集体项目被列为奥运会正式比赛项目,我国运动员通过不懈努力,获得奥运会入场券,并在奥运赛场上获得了较好的成绩。

近年来,除了竞技性艺术体操每年固定举办锦标赛和冠军赛外,以健身、健美、培养良好形态、气质为主要目的的一般性艺术体操也越来越被运用在以青少年为主的学校体育教育中。不少学校已把艺术体操的一些基本动作作为女生体育课及课外活动的主要教学内容之一,有的学校还建立了艺术体操代表队。北京、上海、江苏等地的高校、中学甚至基层单位都不定期举办艺术体操比赛或表演,全国也每年都举办高校艺术体操比赛。1987年7月,艺术体操和较多体育项目一样,推行了等级运动员制。国家体育运动委员会正式颁布了艺术体操等级运动员大纲,最高等级是运动健将。在1987年12月举行的第六届全运会上,即有17名个人项目运动员和24名集体项目运动员达到运动健将的标准,成为我国第一批艺术体操运动健将。

多年来,通过艺术体操优秀运动员们的不懈努力,我国艺术体操事业有了长足的进步,但它在我国毕竟还是一项较年轻的运动项目,和世界先进国家相比,仍然存在一定的差距,因此我们不但要在竞技性方面努力推进提高,更要在基层普及好这项运动,让越来越多的人投身艺术体操事业,使其更蓬勃地向前发展,奠定较为广泛的群众基础,使艺术体操这朵极具魅力的体坛之花在我国长盛不衰。

（二）基本步伐

艺术体操的基本步伐不仅是徒手动作的主要内容，而且是组成各种器械动作的基础，通过步伐练习，可以培养学生的协调性、韵律感、节奏感和表现力。在掌握步伐的基础上，可以创编出各种各样的组合和成套动作。

1. 柔软步

预备姿势：两脚自然站立，两臂自然下垂。

动作过程：左腿前举，重心在右脚上，左脚柔软地从脚尖过渡到全脚掌着地，脚面稍向外，重心移至左腿，右腿稍屈而后向前伸出落地，两腿依次交替进行，两臂在体侧自然摆动。

技术要领：收腹立腰，重心前移，眼睛平视，摆动腿由髋、膝、踝依次发力，由脚尖过渡到全脚掌。

练习方法：

（1）两手叉腰慢动作，直线练习，动作基本掌握以后，可加快速度进行练习。

（2）在音乐的伴奏下，两臂前后自然摆动进行完整练习，熟练掌握动作后，可加上手臂动作和行走路线的变化。

2. 足尖步

预备姿势：两脚提踵，两手叉腰。

动作过程：左脚绷直向前一小步，由足尖过渡到前脚掌着地，重心移至左脚上，右腿前伸，两腿交替进行。

技术要领：收腹立腰，身体正直，双脚脚踝充分向上立，重心平稳。步幅不要太大。

练习方法：

（1）单手扶把练习提踵，体会动作要领。初步掌握后，双手叉腰进行行进间练习。

（2）正确掌握动作后，可结合不同的手臂动作和路线进行练习。

3. 加洛泼步（并步跳）

加洛泼步常用于动作之间的连接或跳步前的过渡步法，可向前、侧、后做。以起步向前的加洛泼步为例。

预备姿势：自然站立，两臂侧举。

动作过程：左腿上步，膝微屈，重心移至左腿成小弓步，然后左腿蹬地跳起，同时右腿并上，空中伸直后右腿落地。而后左腿继续做。向侧的加洛泼步，做法同前，只是身体侧面正对前进方向。

技术要领：收腹立腰，身体正直，要有腾空，空中两腿夹紧，膝和脚面绷直。

练习方法：

（1）反复练习弓步后，右腿并左腿成提踵立，掌握后进行跳起完整练习，然后换腿练习。

（2）掌握各方向的加洛泼步后，可向各个方向交替进行练习。

4. 滚动步

滚动步是一种柔和、连贯及有弹性特色的步法，可原地做，也可向前、向后或跑动做。

预备姿势：提踵立，两臂自然下垂。

动作过程：

（1）左脚柔和地由脚尖过渡到全脚掌，重心移到左脚上来，同时右膝向前稍屈，右脚脚面绷直，脚尖点地。

（2）左脚起，两脚经双脚立后，右脚由脚尖过渡到全脚掌着地，重心移到右脚，同时左膝向前稍屈，左脚脚面绷直，脚尖点地。手臂在体侧自然摆动。

技术要领：上体正直，收腹立腰，两腿经过提踵立交替移重心，膝向前，脚面绷直。动作要弹性、连贯、柔和。

练习方法：

（1）双手扶把，慢速练习，待动作正确后再脱把练习。

（2）熟练掌握基本动作后，变换节奏和方向进行练习，还可配合不同的手臂动作进行练习。

（3）掌握滚动步后还可进行滚动步跑的练习。

5. 变换步

变换步是一种常用的舞步，具有柔和、舒展的特色，包括普通变换步、向侧的变换步等。

（1）普通变换步

预备姿势：自然站立，两臂侧举。

动作过程：

①上半拍，左脚向前柔软步；下半拍，右脚并左脚，同时两臂成一位。

②左脚向前柔软步，重心前移，右脚伸直后点地，脚面朝外。

③动作同前，唯方向相反。

技术要领：收腹立腰，上体正直，后腿伸直点地，脚面朝外。

练习方法：

①两手叉腰，在教师口令下进行慢动作练习，体会动作要领和动作节奏。

②按正常节拍进行练习。

③基本掌握动作技术后,可配合两臂经一位至一臂前举,或其他手臂动作进行练习。

(2)向侧的变换步

动作过程:同普通变换步,唯有方向向侧。

技术要领:两腿旋外,上体正直,侧对前进方向,面对正前方。

(3)后举腿变换步

动作方法:同普通变换步,只是在第二拍向前做柔软步时落地后提,另一腿后举。

技术要领:髋要正,膝和脚面要旋外。

技术要领:节前小跳动作应根据波尔卡前进方向而跳动,小跳后的并步跳要快而连贯,重心要随之前移。

练习方法:

①先进行节前一腿小跳,另一腿前举的动作。

②两手叉腰慢速练习,掌握节奏,然后过渡到正常速度练习。

③熟练掌握动作技术后可配合手臂动作进行练习。

6. 华尔兹步

华尔兹步是一种常用的舞步,它具有轻盈、优美、高雅、流畅的特色,动作形式变化多样。三拍完成动作,采用3/4拍的华尔兹舞曲。

(1)普通华尔兹

预备姿势:两脚提踵立,两臂侧平举。

动作过程:

第1拍,左脚向前弹簧步一次;

第2~3拍,右脚开始向前做两次足尖步。在动作过程中,同时配合左臂手臂波浪一次。

第二小节,动作相同,方向相反。

技术要领:收腹立腰,身体始终保持正直,三步的步幅相等,两脚走在一条线上,动作柔和、连贯。

练习方法:

①两手叉腰用慢速练习,体会三步的协调连贯。

②掌握基本技术后,可配合手臂波浪或其他手臂动作练习。

(2)侧华尔兹

预备姿势:自然站立,两臂侧平举。

动作过程:

第1拍,左脚向左做一个弹簧步,上体稍左倾,重心移至左脚上。

第 2~3 拍，右脚在左脚跟后，右腿直立提踵，接着左脚与右脚并立提踵（两臂经前摆至左侧举）。

第二小节动作相同，方向相反。

（3）转体华尔兹

预备姿势：自然站立，双手叉腰。

动作过程：

第一小节：第 1 拍，左脚向前弹簧步一次，重心移至左脚。第 2 拍，右脚向前足尖步，同时向左转体 90°。第 3 拍，右脚做足尖步与左脚并成提踵，同时继续向左转体 90°。

第二小节：第 1 拍，右腿后退一弹簧步，稍屈膝。第 2 拍，左脚后退足尖步，同时向左转体 90°。第 3 拍，右脚做足尖步与左脚并成提踵立，同时继续向左转体 90°。

技术要领：收腹立腰，身体正直，在做足尖步的同时转体 180°。

练习方法：

①慢速练习以体会转体的时机及动作方向。

②基本掌握后，可配合不同手臂进行练习。

(三) 手臂动作

艺术体操的徒手基本练习是全面提高艺术体操技术的基础。在艺术体操的学习中必须从徒手技术入手，手臂的基本动作是艺术体操徒手技术动作的重要组成部分。

1. 手臂的摆动

摆动是以身体某一关节为轴，做自然、柔和的钟摆式摆动动作。手臂的摆动是以肩为轴的摆动动作，可同方向或不同方向，可同时也可依次进行。

（1）同时向前、后摆动。以肩为轴两臂同时向前摆动，接着向后摆动。

（2）两臂依次向前左、右侧摆动。

（3）两臂同时分别向前、后摆动。

（4）臂体前交叉摆动。

技术要领：摆动时肩带要放松，以大关节带动小关节运动。

练习方法：

（1）原地练习各种摆动，掌握正确的技术动作。

（2）熟练掌握后可配合脚下各种步法进行组合练习。

2. 手臂的绕环

（1）臂向内大绕环：两臂以肩为轴，由侧举经下做向内绕环。

(2)臂向外大绕环：两臂以肩为轴，由体前做向外绕环活动。

(3)臂向前做大绕环：两臂以肩为轴，由上举向前做绕环动作。

(4)臂依次向后大绕环：两臂以肩为轴，由体前经上向后做依次绕环动作。

(5)臂向左大绕环：两臂以肩为轴，由右侧举经下向左做绕环动作。

(6)臂向内水平中绕环：右臂侧举，以肘关节为轴向内做水平绕环动作。

(7)臂向内小绕环：两臂侧举，以腕为轴做向内绕环动作。

(8)臂的"8"字绕环：两臂在体侧做一个水平绕环，接着在头上做一个大绕环。

3.手臂波浪

波浪是艺术体操的典型动作，手臂波浪是以臂部各关节按顺序做依次、柔和连贯的屈伸动作。

预备姿势：自然站立，两臂侧平举。

动作过程：由肩带动手臂稍向上提，腕部放松，手指向下，然后肩向下压，肩、肘、腕关节依次伸直至侧举。

技术要领：由肩部开始发力，肘、腕、指关节依次伸直，形成连贯的推移。

练习方法：

(1)首先进行原地单臂波浪，再做双臂波浪，初步掌握后可练习两臂依次波浪。

(2)结合基本步法和身体动作在不同节奏的舞曲伴奏下进行练习。

(四)球操健身组合示例

艺术体操球由塑胶或橡胶制成，与篮、排球相比，其质地更为柔软。它的直径为18~20厘米，重量为400克以上。由于球呈圆形，具有弹性，因此球的各种练习动作也应表现得圆润、流畅和柔美。持球方法：双手或单手正托球——手心向上，手指稍分开微屈，手指手掌自然托球，使手型与球完全吻合；单手反托球——要求同上，唯手臂伸直内旋，小臂不可触球；双手握球——掌心相对，握球的左右或上下两侧。

如果不是标准的艺术体操球，可以用排球或皮球来代替。

预备姿势：两脚并拢自然站立，双手持球于体前自然下垂。

第一小节：第1~2拍，左腿前吸腿，右腿屈膝半蹲，双手持球前摆至平举。第3~4拍，还原成自然站立。第5~6拍同第1~2拍，唯右腿前吸。第7~8拍同第3~4拍。

第二小节：第1~2拍，两腿跳成开立，双手持球胸前平屈，球靠于胸上。第3~4拍，左腿前吸腿，右腿屈膝半蹲，双手持球伸至上举。第5~6拍，左腿侧点地，右腿屈膝半蹲，左手持球侧平举，右臂自然下垂，头向左转。第7~8拍，还原成自然站立。

第三小节：第1~8拍同第一小节第1~8拍，唯从右吸腿开始。

第四小节：第1~8拍同第二小节第1~8拍，唯右腿做。

第五小节：第1~2拍，左脚向侧前方上步，重心随之前移，右腿后点地，右手持球前摆至斜上举，左臂自然下垂。第3~4拍，重心后移至右腿，左腿前点地，右手持球向下摆至斜下举，左臂摆至斜上举。第5~6拍，左腿划至前点地，右腿屈膝半蹲，两臂摆至前平举后换左手持球。第7~8拍，还原成自然站立。

第六小节：第1~8拍同第五小节第1~8拍，唯向右做。

第七小节：第1~2拍，右转45°对2点，左腿屈膝脚尖点地，重心移至右腿站立，右手持球两臂摆至前平举。第3~4拍，经双脚并立，重心移至左腿站立，右腿屈膝脚尖点地，两臂继续摆至上举。第5~6拍，经双脚并立，重心移至右腿站立，左腿屈膝脚尖点地，两臂继续向后下摆动。第7~8拍，两腿屈膝半蹲，含胸低头，双手将球按于膝上。

第八小节：第1~2拍，左脚向侧一步，两腿屈膝半蹲，左手将球始终按于左膝上，右手按于右膝上，头向左转。第3~4拍，左臂摆至斜上举，球落地弹起后右手接球。第5~6拍，右脚并左脚同时左转45°对1点，两腿屈膝半蹲，左臂斜上举，右手原地拍球两次。第7~8拍，还原成自然站立。

第九小节：第1~4拍，左脚向侧一步，右脚并左脚两腿屈膝半蹲，左臂自胸前向外向右打开至侧上举，右手持球向内螺形绕"8"字。第5~8拍，两腿屈膝半蹲，右手将球在膝后换于左手后成自然站立。

第十小节：第1~8拍同第七小节第1~8拍，唯向左转45°做。

第十一小节：第1~8拍同第八小节第1~8拍，唯方向相反。

第十二小节：第1~8拍同第九小节第1~8拍，唯方向相反。

第十三小节：第1~4拍，左脚起向前跑跳步四步，双手体前向前转动球。第5~8拍，两脚并拢两腿屈膝半蹲，双手体前连续拍球三次后接住。

第十四节：第1~8拍同第十三第1~8拍，唯向后做。

第十五节：第1~2拍，左脚向侧一步屈膝半蹲，右腿屈膝膝关节向内，小腿向外上踢摆，双手持球向上摆动至右肩处。第3~4拍，右腿落下半蹲，换左腿屈膝向外上踢摆，双手持球将球向下摆动至左腰处。第5~6拍，左转45°对8点，左腿在前，两腿前后开立，双手持球上举，抬头挺胸。第7~8拍，两腿屈膝半蹲，双手将球放于腹前，上体前屈将球夹住，含胸低头两臂自然下垂。

第十六小节：第1~8拍同第十五小节第1~8拍，唯向右起做。

第十七小节：第1~2拍，左转对1点，左腿向前弹踢腿跳一次，双手上下掌心相对持球自胸前伸至平举。第3~4拍，同第1~2拍，唯换右腿做。第5~8拍，左脚起原地跑跳步四步，双手体前转动球。

第十八小节：第1~8拍同第十七小节第1~8拍。

第十九小节：第1~2拍，左腿向前吸腿跳，双手持球胸前平屈。第3~4拍，换右腿向前吸腿跳，左手持球两臂摆至侧平举。第5~6拍，两腿屈膝半蹲，足尖步右移，左手向右上方抛球。第7~8拍，右腿屈膝半蹲，左腿右前方点地，左臂侧上举，右手接球顺势下落缓冲。

第二十小节：第1~8拍同第十九小节第1~8拍，唯方向相反。

（五）绳操健身组合示例

艺术体操绳是用麻、棉或合成纤维制成的，其质地柔软而细长。绳的练习长度取决于练习者的身高。绳的基本动作主要有摆动、绕环、绕"8"字、摇绳跳、缠绳及抛接等。练习者首先需要学会的是如何持绳：一般用拇指、食指和中指松握绳头，以使其在手中转动自如。可以双手各持绳的一端，或一手持绳的一端；也可以双手持折叠绳两端，或一手持折叠绳的一端，也可以有其他更多有利于练习者使用绳进行健身的持绳方法。

预备姿势：两脚并拢，自然站立，双手持三折绳两端。

第一小节：第1~2拍，两腿屈膝半蹲，两手持绳前摆至平举。第3~4拍，收回成自然站立。第5~8拍同第1~4拍。

第二小节：第1~2拍，左脚向侧一步开立，两臂经前摆至上举。第3~4拍，两腿屈膝半蹲，两臂肩上屈。第5~6拍，臂腿伸直还原成第1~2拍的姿势。第7~8拍，左脚收回，两手持绳向后绕环至体后自然下垂。

第三小节：第1~8拍同第一小节第1~8拍，唯向后做。

第四小节：第1~8拍同第二小节第1~8拍，唯右脚向侧出步反方向做。

第五小节：第1~4拍，左脚向侧一步开立，两手持绳向左摆动经上举绕环一周。第5~6拍，左脚收回两腿屈膝半蹲，两臂继续向左摆动至左臂斜上举，右臂斜下举，两手将绳绷直。第7~8拍，收回成自然站立。

第六小节：第1~8拍同第五小节第1~8拍，唯向右侧做。

第七小节：第1~2拍，两脚跳分成开立，同时两手持绳向上向后摆动，将绳挂于颈后。第3~6拍，左右两肩处各击掌两次。第7~8拍，握绳头。

第八小节：第1~2拍，保持绳在头后，左臂向左伸至侧举，右臂肩上屈。第3~4拍，同第1~2拍，为反方向做。第5~8拍，同第1~4拍。

第九小节：第1~2拍，两脚跳回并立，两臂向前摆动至胸前平屈，同时两手各放掉绳的中段，仅持绳头。第3~4拍，将绳头交于右手，左手持绳的中端，两臂自然下垂体前持双折绳。第5~8拍，左右腿依次向前弹踢腿跳各一次，两手持绳摆至前平举。

第十小节：第1~2拍，上体向前弯曲，两腿屈膝弹动一次，同时两手持绳向左摆动绳至膝盖后方。第3~4拍，同第1~2拍，唯向右做。第5~6拍，左腿前点地，右腿屈膝半蹲，两臂向左摆动绳至腰后方。第7~8拍，同第5~6拍，唯向右做。

第十一小节：第1~4拍，左转45°面对8点，左脚起踏步四次，两手持绳伸直上举向左水平小绕环。第5~8拍，左腿屈膝，右腿跪立，两臂向左摆动绳至腰后方，还原对1点自然站立。

第十二小节：第1~8拍同第十小节第1~8拍，唯右起反方向做。

第十三小节：第1~8拍同第十一小节第1~8拍，唯面对2点向右做。

第十四小节：第1~2拍，右脚向侧一步，重心随之右移，左腿侧点地，左手放绳中段接另一绳头，两手持绳经下向右摆动。第3~4拍，向左移重心摆动绳。第5~8拍，左脚并右脚提踵立，两手持绳向右体前垂直大绕环一周后右脚向侧一步左腿侧点地，两臂继续向右摆动绳，右手同时握绳中段。

第十五小节：第1~4拍，左转90°对7点，同时右腿、左腿依次向前弹踢腿跳各一次，右手持绳体侧向后垂直小绕环，左手持另一绳头自然下垂。第5~8拍，右转90°对1点屈膝半蹲，左手握小绕环绳的另一端后成两手持三折绳自然站立。

第十六小节：第1~8拍同第十四小节第1~8拍，唯向左摆动绳做。

第十七小节：第1~8拍同第十五小节第1~8拍，唯向右做。

第十八小节：第1~4拍，放绳的中段，两手持双折绳原地两次前摇跳。第5~6拍，原地一次交叉前摇跳。第7~8拍，原地一次前摇跳。

第十九小节：第1~8拍同第十八小节第1~8拍。

第二十小节：第1~4拍，两腿并拢屈膝弹动四次，同时双手持绳自左侧起体侧绕"8"字。第5~8拍，同第1~4拍。

第二十一小节：第1~2拍，右转45°对2点，右脚上步重心随之前移，同时右手持双折绳向外头上水平大绕环，左臂侧举，抬头挺胸。第3~4拍，左腿并右腿屈膝半蹲，含胸低头，右手持绳经体前向右后水平摆动至背后将绳换于左手。第5~8拍，两腿慢慢伸直，左手持绳经侧向前水平摆动，右手握绳的中段。

第二十二小节：第1~4拍，身体向后波浪同时双手持绳经前向后大绕环至体后自然下垂。第5~8拍，身体向前波浪站起同时双手持绳向前大绕环至体前自然下垂。

第二十三小节：第1~4拍，跑跳步四次，双手持绳向内小绕环。第5~8拍，右脚向侧一步两腿屈膝半蹲，两臂前摆至平举将绳绷直，再收回成自然站立。

第二十四小节：第1~8拍同第二十一小节第1~8拍，唯向左面对8点做。

第二十五小节：第1~8拍同第二十二小节第1~8拍。

第二十六小节：第1~8拍同第二十三小节第1~8拍，唯出左腿半蹲做。

第二十七小节：第1~4拍，右转45°对1点，右、左腿依次向前吸腿跳各一次，左手放绳后自然下垂，右手持双折绳体侧向后垂直大绕环。第5~6拍，右转90°对2点，右腿前举，绳从腿下摆动至左手握绳的中段。第7~8拍，右腿落下成小弓步，左腿后点地，双手持双折绳将绳绷直，抬头挺胸。

第六章 大学生体育运动与安全

大学生参加体育运动，除了了解运动的原理和理论、原则和方法外，还必须注意运动安全，以确保体育运动顺利进行。要知道，由于主客观因素的影响，要完全避免体育运动中的伤害几乎是不可能的。因此，应尽一切努力消除体育安全隐患，将其降到最低。

第一节 体育运动的疲劳与消除

一、体育运动疲劳的概念与分类

（一）体育运动疲劳的概念

疲劳是指运动员的肌肉在经过一段时间的训练后，无法维持最初的训练强度。关于运动训练疲劳的概念，许多专家和研究人员提出了不同的观点和研究成果，但一直没有得出明确的结论：1983年在第五届国际运动生物化学大会上，运动疲劳被定义为"肌肉在训练过程中无法保持一定水平的表现或无法保持一定水平的强度"。这一定义已为许多国内外专家和研究人员所接受，并为许多教科书和科学出版物所采用。

不应忘记，体育锻炼造成的疲劳是一种特殊类型的疲劳，是精疲力竭的最后阶段。疲劳和衰竭是两码事。经过一定时间后，肌肉的性能下降，不再能够维持最初的工作强度，这就是疲劳，此时肌肉已经筋疲力尽，这就是衰竭。因此，要降低运动强度或改变训练条件，使肌肉停止运动，直到它们再也无法正常完成运动。参加体育训练的运动员应了解运动疲劳与比赛疲劳之间的区别。

（二）体育运动疲劳的分类

1. 以身体各器官为主要依据划分

根据身体器官的分布，劳累引起的疲劳可分为三大类：心血管疲劳、骨骼肌疲劳和呼吸系统疲劳。

（1）心血管疲劳是由心血管和心血管系统的调节功能受损引起的。心血管系统最容易出现疲劳，运动强度和持续时间的变化都会导致心血管疲劳。心血管疲劳的症状最常见的表现是运动后心电图 S-T 段下降、T 波倒置、心率下降、舒张压升高和心率恢复缓慢。

（2）骨骼肌疲劳是由于体力活动导致的肌肉骨骼系统功能损伤。肌肉骨骼疲劳症状通常包括肌肉痉挛、肌肉僵硬和力量训练后的肌肉酸痛。

（3）呼吸系统疲劳是运动引起的呼吸功能损害，很少发生在长时间或间歇性运动中，尤其是在心血管疲劳之后，呼吸系统疲劳很少见。呼吸系统疲劳的症状包括剧烈运动时呼吸浅、胸闷、气短和肺功能下降。

2. 以疲劳发生的部位为主要依据划分

根据疲劳的来源，可分为三大类：内脏疲劳、中枢疲劳和外周疲劳。

（1）内脏疲劳。在日常运动中，肠道代谢紊乱导致的内脏肌肉和功能性肌肉性能的暂时降低称为内脏疲劳。

（2）中枢疲劳。中枢疲劳是由日常体力活动、中枢和周围神经系统紊乱以及代谢能量减少引起的暂时性神经和肌肉失调。

（3）外周疲劳。外周疲劳是指在正常运动过程中，由于外周能量代谢的变化而引起的肌肉功能能力的暂时丧失。

3. 以疲劳的恢复时间为主要依据划分

根据定义疲劳的标准，劳累性疲劳可分为两类：急性疲劳和慢性疲劳。

（1）急性疲劳。在体育训练过程中，运动员会出现能量消耗和能量代谢方面的生理和神经改变，机能迅速下降，这就是急性疲劳。急性疲劳导致的机能下降通常会在休息和适应一段时间后消失，但疲劳不会累积。在日常生活中，急性疲劳通常表现为看书、谈话或进行长时间剧烈运动后感到疲倦。这种疲劳属于生理性疲劳。

（2）慢性疲劳。慢性疲劳的定义是，疲劳不会随着日常工作而消失，而是开始从以前的活动中积累起来，导致身体出现新的疲劳，并逐渐积累。根据病理变化的性质，慢性疲劳分为可逆和不可逆两种。可逆性疲劳是不可逆疲劳发作的结果，因此有人把可逆性疲劳称为病理性疲劳，把不可逆疲劳称为终身疲劳。这两种疲劳都可能发生在体力或脑力活动中。由于协调性差和肌肉无力，剧烈运动的运动员会出现慢性疲劳。

4. 以身体整体和局部为主要依据划分

可将运动引起的疲劳分为整体疲劳和局部疲劳。

（1）整体疲劳。整体疲劳是指由于过度使用身体，导致身体所有器官功能丧失而产生的疲劳。经常进行体育训练会导致所有器官功能失调。

（2）局部疲劳。所谓"局部疲劳"，是指由于运动或疲劳导致局部器官功能丧失而产生的疲劳。

5. 以疲劳发生的性质为主要依据划分

根据疲劳类型的不同，可将其分为三类：生理性疲劳、心理性疲劳和病理性疲劳。

（1）生理性疲劳。生理疲劳是指在正常体力活动中，由于体力活动导致器官和系统的能量消耗增加，表现或功能暂时下降。生理性疲劳通常发生在高强度的体育活动中，主要是肌肉活动。生理性疲劳的症状通常包括肌肉疼痛、肌肉无力、肌肉和关节僵硬。

（2）心理性疲劳。心理性疲劳是由常规体育训练、运动员精神高度紧张、神经系统能量消耗增加导致的神经高度紧张以及思想压力引起的神经系统暂时性紊乱。心理性疲劳通常表现为头晕、乏力、注意力不集中、情绪紧张、思维障碍、反应迟钝和记忆力减退。

（3）病理性疲劳。病理性疲劳是指运动强度过大、持续时间过长、节奏单调的运动任务导致的疲劳。病理性疲劳也被称为倦怠。病理性疲劳的症状通常包括身体和神经功能减退、器官组织学变化、思维障碍和行动受限。严重时，食欲不振和精疲力竭可能导致自杀或死亡。

6. 以疲劳发生的生理学和心理学为主要依据划分

根据生理和心理属性，疲劳可分为四大类：脑力性疲劳、感觉性疲劳、情绪性疲劳和体力性疲劳。

（1）脑力性疲劳。在日常训练中，运动员的神经元高度兴奋和活跃。神经元的高度紧张会增加能量消耗，导致大脑暂时失去思考能力，即所谓的大脑疲劳。

（2）感觉性疲劳。在日常体育训练中，运动员会承受很大的压力，能量消耗也会增加，从而导致身体感觉功能暂时减退，这就是感觉疲劳。

（3）情绪性疲劳。在日常的体育训练中，运动员会面临精神和身体上的压力、思想上的压力、高度的情绪唤醒和能量消耗的增加，从而导致暂时性的情绪波动，即情绪疲劳。

（4）体力性疲劳。在常规体育训练中，身体疲劳是由于能量消耗增加而导致肌肉性能暂时下降。

7. 以肌体对不同频率电刺激的应答情况为主要依据划分

根据测量肌肉对不同频率电刺激的反应，运动疲劳可分为两类：高频疲劳和低频疲劳。

（1）高频刺激引起的神经肌肉传导和相关电位传播减少、动作延迟延长和选择性功率损失称为高频疲劳。运动员在进行高强度运动训练时更容易出现高频疲劳。

（2）低频刺激会削弱刺激与肌肉收缩之间的联系，从而导致选择性肌肉无力，即低频疲劳。低频疲劳通常发生在低强度运动时。

二、体育运动疲劳产生的原因与症状

（一）体育运动疲劳产生的原因

1. 运动员体内能源消耗过多

一些研究和案例分析表明，运动员感到疲劳是因为他们在运动时身体消耗了更多的能量。例如，在2~3分钟的短时间运动中，肌肉磷酸肌酸水平会在极度疲劳的情况下下降到接近最低水平，而在长时间运动中，血糖、肌红蛋白和葡萄糖摄取量都会显著降低。能量储备的消耗和枯竭导致器官功能受损。肌肉训练期间积累的代谢废物、水和盐代谢的变化以及身体内部环境的不稳定都会降低肌肉性能，最终导致疲劳。

2. 运动员身体素质和运动能力持续下降

运动和体能的变化导致疲劳。身体活动能力和体能与人体器官和系统的功能密切相关。体能是人体器官和系统功能与肌肉功能的整体反映。其他器官的功能障碍会影响身体表现和体能。例如，在耐力运动中，心肺功能受到影响，耐力自然下降，身体疲劳，成绩下降。[1]

3. 运动员的精神意志素质降低

在运动过程中，人体的器官和系统是由神经系统控制的，当神经系统受损、神经细胞减弱时，疲劳感就会增加，必须充分调动情绪意志状态和身体的功能潜能。如果身体疲劳，但机能潜能很高，能量没有耗尽，情绪因素可以调动身体的潜能，有助于避免疲劳。如果身体出现疲劳迹象，明智的做法是及早恢复，并调整活动量，以促进疲劳的恢复。与过度训练和某些疾病不同，运动过程中的表现下降是暂时的，休息后就会消失。

（二）体育运动疲劳产生的症状

1. 轻度疲劳症状

适度运动后出现疲劳是正常现象，主要症状是呼吸变浅和心率加快。如果出现疲劳，

---

[1] 唐进松、陈芳芳、薛良磊：《现代体育运动训练理论与方法探索》，商务出版社2019年版，第10页。

也只是轻微的疲劳，在短时间后就会缓解。

2. 中度疲劳症状

负荷量和运动时间的增加导致中度疲劳。自我感觉方面，主要症状：全身疲劳、嗜睡、无力。精神方面，主要症状：注意力不集中、易怒、情绪低落、经常失败。全身方面，主要症状：面色苍白、头晕、肌肉痉挛、呼吸急促、口干舌燥、背痛和腿痛。即使是中度疲劳，也能很快缓解，不会对身体造成影响。

3. 重度疲劳症状

重度疲劳是最严重的疲劳形式，主要有以下症状：

神经变得麻痹和发炎，肌肉力量和耐力下降，收缩减慢，肌肉变得僵硬、肿胀和发炎，动作变得缓慢和不协调，在耐力和适应阶段获得的各种技能丧失，出现与压力有关的疾病，器官功能失调，疲劳加剧。

如果出现严重疲劳，必须及早进行科学治疗。否则，将对学习和生活以及机体产生负面影响。

三、体育运动疲劳的判断

（一）主观感觉判断（RPE）

运动员在训练中经常会受到肌肉痛、呼吸痛和心血管痛等刺激，这些刺激会传入大脑，造成压力。因此，对运动员在训练期间的体能表现进行自我评估也是衡量疲劳程度的重要指标。具体的 RPE 测试方法如下所述。

在运动现场，放一块 RPE（主观体力感觉等级表）木板，在木板上画表，内容如表6-1 所示。

表6-1　RPE（主观体力感觉等级表）

自我感觉	RPE
非常轻松	6
	7
	8
很轻松	9
	10
轻松	11
	12

续表

自我感觉	RPE
稍累	13
	14
累	15
	16
很累	17
	18
精疲力竭	19
	20

通过记录在训练中感到疲劳的频率，训练器可以检测出疲劳程度：它将 RPE 值乘以 10，从而计算出进行该运动所需的心率。这种方法通常用于常规锻炼，但缺点是过于主观，只能用于简单的常规测试。

（二）肌力测定

运动员的负重训练方法基本上有两种：一种是测量背部肌肉的力量，另一种是测量呼吸肌的力量。

1. 背肌力与握力测定

可早晚各测量一次，以观察数值的差异。如果第二天早上的读数仍然正常，则说明肌肉疲劳是正常的。

2. 呼吸肌耐力测定

肺活量测量可连续进行五次，两次测量之间暂停 30 秒，肺活量读数会随着疲劳程度的增加而逐渐降低。

（三）感觉器官功能测定

测量运动员感觉功能的方法主要有两种：一种是测量皮肤空间阈值，另一种是测量脉搏。

1. 皮肤空间阈值测定

患者仰卧，单臂水平伸展，闭目。检查者手持准直仪或两段式测量器，以相同的力度触摸患者前臂两端的皮肤，感受两点之间的距离，逐渐增加两针之间的距离，直到患者感受到皮肤上两点之间的最小距离，即所谓的空间阈值（也称两点阈值）；轻度疲劳时，该阈值为静息距离的 1.5~2 倍，重度疲劳时为静息距离的 2 倍以上。

2. 闪光融合频率测定

观察者站在一旁观察，直到光源在频率计上清晰地显示出闪烁频率或临界闪烁频率（如红色）。测量三次并计算出平均值。闪烁频率会随着疲劳而降低。轻度疲劳时，闪烁频率为 1.0~3.9 赫兹；中度疲劳时，闪烁频率为 4.0~7.9 赫兹；重度疲劳时，闪烁频率超过 8 赫兹。

（四）化验检查

化验检查主要有两种方法：血液疲劳测试和尿液疲劳测试。这两种方法可用于有效确定运动员的疲劳程度。

1. 血液化验测定

疲劳血检显示血红蛋白水平降低或减少。休息时血乳酸水平高于正常值，乳酸峰值较低，运动时乳酸水平居高不下，清晨休息时血尿水平持续偏高。血液中睾酮和皮质醇水平降低。血清肌酸激酶水平在早晨休息时仍高于 200 IU/L，或在定量运动结束时显著升高，或在运动后以 3~4 倍的速度升高，IgG、IgM 和 IgA 水平显著降低。

2. 尿液化验测定

对疲劳状态下的尿液进行分析时，晨尿中的蛋白质含量较高。运动员在剧烈运动后的晨尿中胆红素浓度较高，运动后和晨间休息时尿中的潜血总是呈阳性。

（五）生理学评定

心肺功能最重要的指标是血压、心率、每分钟心率、心电图、最大摄氧量、肺活量和呼吸肌力量。评估生理功能的方法有很多，不同的方法可用于测量不同的心血管和呼吸功能。四种特征条件如下：

（1）如果运动员处于疲劳状态，脑电图和脑血流图可能会显示局灶性缺氧或脑缺血。

（2）紧张和不完整的反应，如血压或心率的变化，往往是表现不佳或疲劳的第一个迹象。

（3）肌电图参数（如肌电图积分值、振幅）用于测量等长收缩时的肌肉张力和测量肌肉疲劳。

（4）呼吸肌和膈肌疲劳可通过测量膈肌肌电图、肺部肌肉耗氧量、呼吸肌强度和膈肌压缩时间指数来评估。

目前，核磁共振（NMR）和正离子 X 射线（P-ION）是国外研究运动疲劳的主要方法。P-NMR 可以连续测量手臂、腿部和脑部完整肌肉中 ATP、CP、Pi、pH 等浓度和各种代谢产物，不仅是研究能量代谢的一种新的生化方法，也是研究局部脑缺血、神经递质等的一种非破坏性方法。

(六)神经系统功能测定

测量神经功能的方法主要有以下三种：

(1)疲劳时膝跳反射阈值升高。

(2)疲劳导致反应时间延长。

(3)测定血压体位反射的方法。

坐着休息 5 分钟后，在仰卧位测量血压 3 分钟，然后在坐位（背压，被动坐姿）测量血压 2 分钟，每 30 秒测量一次，如果血压在 2 分钟内没有完全恢复，则视为疲劳；如果恢复一半以上，则为轻度疲劳；如果没有完全恢复，则为重度疲劳。

四、体育运动疲劳的消除方法

运动后的疲劳是由体内多种因素的复杂相互作用造成的。因此，必须使用各种科学手段来加速恢复和优化效果。运动后疲劳的治疗方法有很多，其中最重要的是运动疗法、传统康复疗法、睡眠、中医药疗法、营养疗法、物理疗法、温水浴及冷热水浴和心理放松疗法。

(一)运动疗法

运动学以运动理论和神经生理学为基础，利用肌肉和关节运动来预防和治疗疾病，促进身心功能的恢复和发展。运动疗法是重要的康复工具之一，为了达到最佳治疗效果，在根据运动专家建议选择合适的训练方法时，必须考虑到运动员当前的状况。运动疗法的具体措施主要有以下两种主要形式：

1. 积极性休息

通过改变运动量和调整运动强度来防止出现疲劳迹象的方法也被称为主动恢复法。在 1903 年的一项实验中，谢切诺夫发现右手握住测力计，疲劳后继续用左手工作，右手比手臂处于静止状态时恢复得更快更好。他还发现，静止时对左臂肌肉的传入刺激会增加支配右臂的神经中枢的抑制过程，并增加右臂的血流量。一些研究还表明，活动休息时乳酸的释放比静止时更快。主动休息是重要的恢复方法之一，由于其对疲劳恢复的效果越来越好，因此被越来越多地采用。

2. 整理活动

为了加快运动后肌肉功能的恢复，以下是一些在正式运动后可以做的简单练习。请牢记它们，以防止疲劳并加快恢复。当人们站起来开始行走时，血液会集中在下肢扩张的静脉中，当静脉血回流到心脏时，心脏的微容量就会减少，从而导致大脑中的贫血血压暂时下降。更重要的是，剧烈运动后休息不仅有助于心血管系统从疲劳中恢复。运动后休息最重要的一点是，它不仅有助于心血管和呼吸系统，而且对乳酸的排泄也有非常积极的作用。

常见的整理活动包括慢跑步、深呼吸、体操、肌肉放松运动和静态肌肉拉伸运动。静态肌肉伸展运动能有效降低运动后的肌肉紧张度，放松肌肉，防止延迟性僵硬，防止肌肉疲劳，保持和改善肌肉质量。总之，阻力运动在防止局部循环障碍干扰新陈代谢过程和及时放松肌肉以延长恢复过程方面发挥着重要作用。不过，要想达到理想的恢复效果，最后的运动不应过度，而应温和、放松，注意让身体逐渐恢复到休息状态。

（二）传统康复疗法

传统康复方法包括针灸、拔罐、推拿、中医香熏和其他非药物疗法。这些疗法主要用于缓解疲劳、消除病原体、治疗创伤、增强抗病能力和强化脏腑功能、平衡人体阴阳和调节脏腑功能、深入经络和穴位、调理气血和调节气机升降。

气功是应用最广泛的传统康复方法之一。气功是一种自我调节和自我控制的方式。气功锻炼对运动引起的疲劳的恢复作用主要表现在以下几个方面：首先，气功锻炼能增强体质。其次，气功运动"放松"，缓解紧张情绪，减弱交感神经系统，改变基底张力素分泌系统，调节血压，增加输血率，提高皮肤温度，增加红细胞和血红蛋白浓度，增加白细胞吞噬功能，提高白细胞吸收能力。最后，气功运动可以"放松"和消除紧张，减弱交感神经系统，调节血管紧张素分泌系统，调节血压，增加输血率，提高皮肤温度，增加红细胞和血红蛋白浓度，增加白细胞吞噬能力，降低血液中皮质醇的浓度。

（三）睡眠

睡眠是消除疲劳、恢复机能的最佳途径。睡眠会削弱人的情绪，使人的感知逐渐迟钝，大大减弱肌肉与环境之间的主动联系，丧失适应环境变化的能力，并使全身肌肉放松。睡眠能恢复精神和体力。成年人每天需要 7~9 小时的睡眠，儿童和青少年则需要 10 个小时左右。运动疲劳的运动员可能需要多睡一会儿，但并不是睡得越多越好，正确的睡眠时间应根据疲劳程度来确定。

（四）中医药疗法

中医药治疗对劳累所致疲劳的恢复有积极的辅助作用。具体治疗方法主要有两种：

内服药、药剂熏洗。

1. 内服药

用于劳累性疲劳的中药可分为两大类：以中药成分为主的中药和以中药调味为主的中药，其中以前者最为常见。根据中药基础理论，缓解劳累疲劳、促进体力恢复的中药组合主要包括"补气"和"调理"两个原则。以"补气"和"调理"为主要成分的滋补中药旨在平衡人体的阴阳。经过大量的现代研究，人们已经清楚地认识到，中药中的许多活性物质，如多糖，具有抗炎作用，能提高抗氧化酶的活性，清除自由基，抑制脂质过氧化，并能在一定程度上保护生物膜。在运动疲劳恢复方面，最常用的有运动多糖、魔芋多糖、枸杞多糖、石斛多糖、黄芪多糖、螺旋藻和木炭等，具体应用要根据实际情况来达到理想的方法。

根据李国莉、苏全生等人的研究，单纯使用中草药提取物和有效成分可能会强调中草药的某些方面，但这种使用完全不符合传统中医理论，因此应使用复方中草药。复方中草药是一个复杂的体系，其优势在于强调循证治疗，注重肌肉整体调节，其中平衡和适应的治疗效果是最重要的，促进和预防疲劳可能是提高运动成绩的基础。

2. 药剂熏洗

在现代医学中，延迟性肌肉酸痛被认为是肌肉骨骼疲劳的一种症状，而不是一种损伤。无创超声波可用于诊断延迟性肌肉酸痛，其特点是肿胀、发炎和肌肉厚度变化。草药泥和穴位按摩的主要作用是恢复肌肉组织的结构、代谢和功能变化，更好地缓解迟发性肌肉酸痛。

（五）营养疗法

肌肉能量储存的补充对于从运动引起的疲劳中恢复至关重要，重要因素包括肌肉和肝糖原储存、微量营养素平衡、关键酶和体液的活性以及细胞膜的完整性。在这些因素中，营养补充是恢复的重要基础。

碳水化合物补充剂是营养补充剂中的佼佼者，因为碳水化合物在运动期间的能量供应中发挥着重要作用，只有储存了足够的碳水化合物，肌肉功能才能逐渐恢复正常。补充碳水化合物可以恢复疲劳或剧烈运动后的血糖水平，增加肝糖原储备，加速血液中乳酸的分解。在耐力训练期间，能量储存，尤其是碳水化合物储存，应系统地补充富含碳水化合物的食物。正常的混合饮食在大约72小时后才能恢复到基础水平，但添加富含碳水化合物的食物可在运动后24小时内将糖原储存恢复到基础水平。充足的营养和适量的脂肪摄入对于更快、更有效地从运动引起的疲劳中恢复也至关重要。

为了补充运动时消耗的热量，通常需要均衡摄入蛋白质、脂肪和碳水化合物。不过，不同运动的营养素比例各不相同，应根据每项运动的具体情况进行调整，以确保更好地恢复。例如，在大多数运动中，运动员饮食中三种能量营养素的比例为 1.2∶0.8∶4.5，耐力运动的饮食中糖分含量较高，比例为 1.2∶1∶7.5，这通常是稍高的能量摄入量。在强度相对较低的运动中，三种能量营养素的比例为 1∶0.6∶3.5；三种必需营养素的摄入量应根据所需特点而定，使肌肉骨骼系统的代谢需求量既不过高也不过低，否则都会对机体的生理功能、运动表现水平和身体健康产生不利影响。

除了充足的碳水化合物、脂肪和蛋白质形式的能量外，还需要充足的维生素。维生素在营养中起着非常重要的作用，因为它们直接影响正常的新陈代谢和生理以及人体的功能。在剧烈运动后，尤其是碳水化合物摄入量较高时，对 B 族维生素、维生素 C 和维生素 E 的需求会成倍增加。

关于运动引起的疲劳，重要的是在运动后立即摄入合理的饮食。运动员的饮食应全面、易消化并尽可能呈碱性，包括新鲜蔬菜和水果。

（六）物理疗法

物理疗法是将光、电、声、磁、热或冷等天然或人工物理因子应用于人体，以产生局部或全身的生理效应，提高康复和治疗效果的方法。物理治疗的种类很多，如电疗、光疗、水疗、冷疗法、泡沫疗法、超声波疗法、热疗、磁疗和生物反馈等。

（七）温水浴及冷热水交替浴

沐浴是减轻肌肉疲劳最简单的方法之一。沐浴能促进血管扩张，积极刺激血液循环和新陈代谢，从而更快地释放代谢产物，更好地营养神经和肌肉。温水的温度约为 42°C，持续时间为 10~15 分钟，每天应在运动后进行 1~2 次温水浴，每次 30 分钟。不过，在使用温水浴时，应注意时间不宜过长，次数不宜过多，水温不宜过高，这样才能达到理想的抗疲劳效果，否则会适得其反，加重疲劳。

热浴和冷浴通过交替收缩和放松血管来刺激血液循环。热水浴温度为 40°C，冷水浴温度为 15°C。冷水浴持续 1 分钟，热水浴持续 3 分钟，交替进行 3 次。

（八）心理放松疗法

运用心理学理论、原理和技术治疗各种精神、心理、情绪和行为障碍以及严重的情绪消极，是一种特殊的治疗方式，称为心理放松疗法。行为疗法和理性动机疗法是两种广泛使用的心理放松疗法，它们各有特点，在作用方式上也存在一些差异。行为疗法又称行为矫正疗法，是 20 世纪 50 年代兴起的一种重要的心理学理论和疗法。理性动机疗法是以认知理论为基础,结合各种行为治疗技术,通过遵循既定程序,接受奖惩作为正负强化,反复教导人们预防或改变不当行为,从而改变人们认知系统中的不合理信念。理性动机疗法是一种以认知理论为基础的心理疗法,它将各种行为治疗技术与认知理论相结合,以改变人们认知系统中的不合理信念,消除心理障碍。

训练和比赛后的心理应对和放松措施有助于克服疲劳症状,达到一定的运动水平。这可减轻神经肌肉紧张,略微减轻精神压抑,加速神经系统的再生,促进对身体其他器官的刺激。为了恢复系统的功能,机体要进行一系列心理放松措施,其中最重要的是肌肉放松、心理适应训练和各种休闲娱乐活动。

音乐疗法是应用最广泛的心理放松疗法之一。从生理学的角度来看,音乐是一种声音信号,可以通过肌肉反射迅速引发各种生理和心理反应。音乐的特点因其表现方式和对人体的作用而异:节奏明快、响亮的音乐主要作用是加速心跳,促进血液循环。具有特殊节奏的音乐具有振奋精神、加速心跳和增强心肌张力的主要功能。节奏缓慢、单调重复的音乐在放松人的情绪方面起着重要作用,有镇静催眠作用,还能提高注意力和记忆力,增强恢复能力。

第二节 体育运动的伤病防治

一、体育运动损伤的防治

运动损伤,是指在体育运动过程中所发生的各种损伤。它是运动医学的重要组成部分。其主要任务是预防和治疗运动中的损伤,研究损伤发生的原因、机理、规律,并和教练员、运动员一起改进技术和训练手段,以提高运动成绩,延长运动寿命。

运动损伤对运动员造成的影响是十分严重的,不仅可使运动员不能参加正常的训练和比赛,影响运动成绩的提高,缩短运动寿命,而且严重时还可使人残疾、死亡,给人们带来极坏的生理心理影响,妨碍体育运动的正常开展。因此,我们必须对损伤发生的原因、特点、规律,加以深入研究,才能提出有针对性的防治措施,为改进体育教学、训练,提高运动训练的水平提供依据,并把运动损伤发生率及其危害降到最低限度。体育教师只有学习和了解运动损伤发生的原因,积极采取预防运动损伤方法、救护措施,才能减少对学生的伤害,甚至挽救学生生命,才能有利于发挥体育锻炼对学生身心健康的作用。

（一）体育运动损伤的预防

1. 思想上加以重视

理想情况下，运动员在运动训练中应注重运动损伤的预防，并掌握和吸收与运动损伤预防相关的知识和技能。应遵循运动训练的一般原则，以培养全局观念，加强身体易受伤部位的训练，增强肌肉力量。

2. 做好准备活动

准备活动量应与训练量成正比，活动量应根据身体特点、时间和训练条件而变化。热身活动一般以保持体温和促进出汗为宜。热身活动结束与正式训练结束之间的时间不宜过长，通常为3分钟左右。

3. 加强自我保护意识

了解如何保护自己免受运动伤害，避免技术性运动伤害；学习如何治疗运动后肌肉和关节疼痛等常见疾病，能够早期识别和治疗运动损伤。

4. 注意科学训练

科学指导基于五个关键方面：完整性、渐进性、个性化、系统化和意识。前三个方面对于预防伤害至关重要，不容忽视。

5. 合理安排运动

应根据个人的健康和体能情况，合理安排体育活动，采用不同的训练方法来提高整体体能，避免局部肌肉超负荷。

6. 要针对性别进行训练

不同性别对人体有不同的需求。必须严格控制体育器材、设施和运动场地，以确保运动员能够安全地进行训练。

（二）体育运动损伤的治疗

体育运动过程中受到机械性和物理性方面因素所造成的伤害，称为运动损伤。运动损伤的分类概括起来有以下几种：

（1）按损伤组织的种类分类：可分为肌肉韧带的损伤、撕裂、挫伤、四肢骨折、颅骨骨折、脊椎骨折、关节脱位、脑震荡、内脏破裂、烧伤、冻伤、溺水等。根据北京运动医学研究所的统计，由于运动所造成的严重创伤很少，大部分属小创伤，首先以肌肉、筋膜伤、肌腱腱鞘、韧带和关节囊伤最多，其次是肩袖损伤、半月板撕裂和髌骨软骨病。

（2）按运动创伤的轻重分类：①不损失工作能力的轻伤；②失掉工作能力24小时以上，并需要门诊治疗的中等伤；③需要长期住院治疗的重伤。

（3）按运动能力丧失的程度分类：①受伤后能按锻炼计划进行练习的"轻度伤"；

②受伤后不能按锻炼计划进行练习，需停止患部练习或减少患部活动的"中度伤"；③完全不能锻炼的"重度伤"。

（4）按损伤与运动技术和训练的关系分类：①运动技术伤，其发生与运动技术及运动项目密切相关，其中有的是急性伤，如肱骨投掷骨折、跟腱断裂等，但多数属过劳伤，是慢性微细损伤逐渐积累而成的，如足球踝、网球肘等；②非运动技术伤，即与运动技术无关的意外伤。

（5）按损伤组织是否有创口与外界相通的分类：可分为开放性损伤与闭合性损伤。

此外，根据发病的缓急，还可分为急性损伤和慢性损伤；根据病因，又可分为原发性损伤和继发性损伤等。

以下详细介绍在体育运动中会遇到的运动损伤：

1. 擦伤

擦伤，是指皮肤因外部摩擦而造成的瘀伤或液体渗出。根据伤口的大小，划痕可分为小划痕和大划痕。

轻微擦伤的处理：局部擦伤可使用碘酒或无涂层碘伏。如果擦伤在关节上或关节周围，则应在局部消毒后涂抹消炎软膏，以防止局部干燥和撕裂，并避免影响运动练习。运动时还应注意卫生，避免感染。

如果是严重擦伤，首先用生理盐水或 0.05% 的新洁尔灭清洗伤口，然后用局部消毒剂消毒。最后，在伤口上涂抹消毒凡士林并包扎。如有必要，应使用抗生素预防感染。

2. 扭伤

扭伤，是指肌肉在外力作用下过度收缩或被动拉伸而造成的损伤。扭伤发生的原因有很多，如运动前训练不足、动作不协调、训练方法不当等，扭伤后受伤部位会出现肿胀、疼痛和肌肉痉挛等症状。

轻度扭伤可立即用冷敷和局部加压包扎法解除患处的疼痛；24 小时后可进行按摩和理疗。严重病例在初步治疗后需要立即住院治疗。

3. 挫伤

挫伤，是由直接创伤（如击打或运动损伤）引起的皮肤和皮下组织损伤。水泡通常出现在四肢，会导致功能受限。水泡伴有局部瘀伤、血肿、皮下水肿和疼痛。严重时可能会发生肌肉和骨骼骨折、出血、内脏损伤和中风。

轻微的挫伤应进行局部冷敷，再用新的敷料包扎，并用绷带抬高患处。如果是肌肉或肌腱撕裂，应包扎并固定肢体，然后去医院治疗。如果头部或上半身出现脑震荡症状，首先要温暖身体部位，缓解疼痛，减少瘀伤，进行预防脑震荡的治疗，并立即就医。

4. 皮肤撕裂伤

皮肤撕裂，是由于强烈摩擦或与外力接触造成的皮肤撕裂和出血。

小伤口可以消毒、密封或包扎，但大伤口和瘀伤可能需要缝合或包扎。如有必要，可进行破伤风肌肉注射，以预防破伤风。

5. 刺伤

刺伤伤口虽小，但却很深，如果不及时处理，可能会损伤深层组织和器官，或因异物进入伤口而引起感染。

小伤口应用碘酒和酒精消毒，在伤口上涂抹消炎药，盖上消毒纱布并包扎。被脏东西划破的伤口应注射破伤风预防针。

6. 切伤

切口边缘较薄，出血较多，但对周围组织的影响较小。较深的切口会损伤大血管、神经、肌腱和其他组织。

轻微伤口应用碘酒或酒精消毒，喷洒消炎药，并用无菌纱布覆盖。应使用抗菌药来预防更严重的伤口和感染。如果伤口是由不洁物品造成的，则应使用抗破伤风药物预防破伤风。

7. 踝关节扭伤

踝关节扭伤，是运动中最常见的踝关节韧带损伤。当踝关节的内侧和外侧韧带因过度拉伸或劳损而受损时，就会发生踝关节扭伤。

发生扭伤时，运动员可能会感到受伤部位疼痛和肿胀，韧带受伤部位有剧烈压痛，皮下淤血。受伤后，运动员应停止运动，进行冷敷和加压包扎，抬高受伤部位；24 小时后，可考虑进行热敷和按摩。如果怀疑是更严重的扭伤或韧带撕裂，则应咨询医生。

8. 肘关节损伤

肘关节损伤是由于过度运动或不当运动练习造成的损伤。膝关节损伤在球类运动中很常见。

为防止肘部受伤，运动员应进行适当的热身运动，并调整训练量和负荷。训练结束后，应进行适当的冷却运动和肘部按摩，以促进恢复和加强保护。

对于急性肘部损伤，应单独治疗受伤的肘部，并为其提供充分的休息和保护，以加快恢复。

运动损伤后，可使用外用冷敷、加压绷带和外用药物；24 小时后，可使用理疗、按摩和外用药物。

可采用局部封闭注射促肾上腺皮质激素类似物的方法。对于慢性损伤，理疗、按摩和针灸是主要的治疗方式。对于涉及肌肉撕裂或擦伤的损伤，可采用手术闭合治疗。急性损伤后，在恢复期间应避免高强度运动，以防止损伤恶化和再次损伤的风险。

需要提醒的是，在治疗后的一段时间内，如果受伤部位没有疼痛感，伤者可以进行锻炼，但应控制力度和强度，并逐渐增加。在训练和康复期间，伤者应佩戴适当的保护装备，如护肘和弹力绷带等，以免增加肌肉张力，避免再次发生运动损伤。

9. 肌肉拉伤

肌肉拉伤，是由于直接或间接外力导致肌肉过度收缩或被动拉伸而造成的肌肉纤维损伤或断裂。如果肌肉撕裂伴有疼痛、紧绷、肿胀、肌肉紧张、僵硬或痉挛等症状，则很可能是肌肉撕裂。

轻伤时，应停止运动，立即休息受伤部位，抬高受伤部位，局部冷敷和加压包扎，剧痛时使用止痛药；24 小时后，进行理疗和按摩，肌肉撕裂时，使用止血带，立即转院治疗。

10. 胫骨痛

在运动医学中，胫骨痛也被称为"胫腓骨疲劳性骨膜炎"。它通常在跑步或跳跃等运动中发病。此类活动会导致股关节肌肉持续收缩，邻近的胫骨过度僵硬，从而引起胫骨疲劳、皮下血肿、肿胀和疼痛等炎症反应，导致病变。胫骨痛的特点是炎症反应，包括胫骨内侧松动、皮下血肿、水肿和疼痛。

胫骨痛产生后，运动员应避免踮脚跑步、跳跃或任何其他对胫骨造成过大压力或延迟愈合的轻微运动。训练前应进行充分热身，训练后应进行降温和局部按摩。如果受伤严重，应立即就医。

11. 肩袖损伤

肩袖损伤，是肩袖肌腱或复杂的肩峰下滑囊的炎症性疾病。肩袖损伤的特点是肩部旋转时疼痛，有时会放射到肩部和颈部，肩部旋转和内外旋时疼痛加剧，肩峰处有压痛，肱骨头肿胀。肩袖损伤可分为急性和慢性两种；急性肩袖损伤通常在肩部回缩时疼痛，慢性肩袖损伤则是由于肩部萎缩导致肌肉无力引起的。

运动受伤后，运动员可以通过理疗、针灸和按摩进行休息、调整和恢复。肩部和上肢锻炼也有助于恢复。如果肌腱断裂，应立即就医。

12. 髌骨劳损

髌骨，是保护股骨关节面、维持关节线、向股四头肌传递力量并确保膝关节正常功能的主要结构。髌骨劳损通常是由于膝关节长期过度使用或反复外伤造成的。髌骨劳损表现为膝关节疼痛、膝关节受力时疼痛或单腿跪地时疼痛。有些患者由于膝关节持续疼痛或害怕过度使用，会出现肌肉萎缩和轻度关节疼痛。

髌骨劳损的运动员可以通过按摩、外用药物、针灸和其他方法来增强膝关节肌肉的力量，如每天 1~2 次，每次 3~5 分钟的静态下蹲。

13. 腰部扭伤

腰部扭伤，是一种影响腰部软组织的疾病。如果是急性腰部扭伤，外伤后或腰痛发生后的一两天内就会出现明显的损伤。与肌肉拉伤相关的轻度疼痛是由于脊柱弯曲引起的，而更严重的拉伤是由于脊柱生理弯曲引起的肌肉痉挛。在脊柱和椎间韧带脱位的情况下，受伤的感觉是局部疼痛，类似于快速拉伸，过度前屈时疼痛加剧，腰椎弯曲或变窄，拉伸腰椎时感觉到浅表触痛点。肌肉损伤时，肌肉上下两端和骨折部位有疼痛感，损伤部位有明显的压痛点，腰椎屈曲和旋转时疼痛最剧烈，腰椎屈曲时疼痛较轻。在小关节撞击的情况下，损伤伴有严重的背痛、防御性弯腰姿势、无法做任何动作、特别害怕伸展腰椎、深部疼痛、难以触及的触痛点，但触及时会引起强烈的振动和疼痛。

休息：仰卧在枕头上或木床上，下背部垫一个薄枕头，以放松背部肌肉，避免活动时牵拉受伤组织。轻微扭伤需要休息 2~3 天，严重扭伤需要休息 1 周。

穴位按摩：感觉必须强烈，患者必须放松，才能体验到烧心、麻木和放松的感觉。

其他治疗方法：局部用止痛膏、口服止痛药、屈光神经疗法、针灸、局部注射泼尼松、物理疗法。

14. 关节脱位

关节脱位，是指外力阻碍了关节的正常接触。发生扭伤时，受伤者会感到剧烈疼痛，关节周围明显肿胀，关节功能受到影响。同时，会出现肌肉痉挛，严重时还会休克。

为避免加重伤势，在扭伤后不应擅自做切口动作。受伤肢体应使用弹性绷带或三角绷带固定，并尽快送往医院。

15. 骨折

骨折，是运动员在训练过程中身体受到直接或间接外力作用时发生的损伤。最常见的骨折部位是肩、前臂、手指、胫骨和肋骨。发生骨折时，受害者会感到剧烈疼痛、肿胀、失去正常的肢体功能，严重时还会出血、神经损伤、突然发烧和休克。

如果是骨折，应使用夹板固定肢体，防止其自行移动，如果患者休克，应进行人工呼吸。如果伤口出血，应采取止血措施，并到医院接受治疗。

二、体育运动疾病的防治

体育运动疾病一般是指机体对运动不适应，造成体内调节平衡的功能紊乱而出现的一类疾病、综合征或功能异常。常见的病症有肌肉痉挛、肌肉酸痛、运动中腹痛、低血糖症、运动性贫血、运动性血尿、冻伤、中暑、昏厥、休克等。

(一)肌肉痉挛

1. 肌肉痉挛的原因

肌肉痉挛是肌肉紧张、不自主的收缩。肌肉抽筋通常发生在小腿以及腿部的屈肌和伸肌。导致肌肉抽筋的原因有很多,但主要是由于运动时体内盐分流失过多、寒冷刺激以及肌肉收缩和放松不平衡造成的。

2. 肌肉痉挛的症状

患者表现为全身肌肉紧张、眼球抽搐或眯眼以及迷失方向。只发生局部肌肉痉挛,如某些肢体的痉挛或面部、手指和脚趾的肌肉痉挛。

3. 肌肉痉挛的预防

运动前后一定要适当热身和降温,运动前要按摩容易抽筋的肌肉部位,避免在身体疲劳时进行长时间或高强度的运动。

4. 肌肉痉挛的治疗

如果运动员在训练中出现肌肉抽筋,通常可以缓解。例如,如果小腿抽筋,伸直膝盖,弯曲脚部并伸直背部。如果脚趾抽筋,则弯曲腿部,伸展脚掌和脚趾。推拿、揉捏和针灸等按摩手法也有助于缓解运动抽筋。

(二)肌肉酸痛

1. 肌肉酸痛的原因

这是由于运动时过度使用,对局部肌肉纤维和结缔组织造成一定程度的损伤,导致部分肌肉纤维收缩。

2. 肌肉酸痛的症状

轻度局部损伤和肌肉纤维收缩,肌肉在运动时疼痛。

3. 肌肉酸痛的预防

适当的准备工作,注意运动所涉及的局部肌肉活动,按照正确的练习方法进行练习,科学、感性地控制运动负荷,避免长时间使用身体的某些部位,以免增加局部肌肉负荷,运动结束时做好适当的准备工作,并进行全身放松练习和肌肉拉伸、延长练习。

4. 肌肉酸痛的治疗

(1)在疼痛部位做静态拉伸,保持2分钟,休息1分钟,然后重复练习。

(2)热敷治疗肌肉疼痛可以促进血液循环和新陈代谢,帮助修复受损组织并缓解疼痛。

(3)对疼痛部位进行基本按摩,通过放松肌肉和促进血液循环来治疗创伤和缓解疼痛。

（4）口服维生素 C，维生素 C 能刺激结缔组织中胶原蛋白的合成，加速受损组织的修复，减轻疼痛。

（5）补充微量元素锌，有助于修复受损的肌肉。

（三）运动中腹痛

1. 运动中腹痛的原因

训练不足、体能和运动表现不佳、训练过度、呼吸和动作协调笨拙、精神紧张和疲劳、饮食不当和营养缺乏等，都有可能造成运动中腹痛。

2. 运动中腹痛的症状

（1）训练强度低时，不会感到腹痛。训练强度较大时，腹痛会逐渐加剧。

（2）腹痛的部位，通常是受影响的器官。

以脾肿大为主的左上腹痛；以粪便阻塞为主的左下腹痛；以肝胆疾病和肝脏负担过重为主的右上腹痛；以阑尾炎为主的右下腹痛；以急慢性胃炎为主的中下腹痛；以肠痉挛和螺旋体炎为主的双腹痛。

3. 运动中腹痛的预防

训练前做好适当的准备，训练时注意呼吸节奏，采用不同的训练方法，充分提高运动员的肌肉功能水平，运动训练要科学，用力和强度应逐渐增加，合理的饮食习惯，避免饭前和饭后进行剧烈运动。

4. 运动中腹痛的治疗

患者可通过以下方法减轻疼痛强度：用手按压疼痛部位或身体前倾，避免全身疼痛；控制呼吸和运动速度；症状加重时停止运动；内服止痛药；按压足三里、内关、三阴交等穴位；热敷腹部。

（四）低血糖症

1. 低血糖症的原因

这可能是由于运动前肝糖原储备不足以补充血糖、长时间运动导致血糖水平骤降、中枢神经系统功能障碍导致胰岛素分泌增加，或在没有医嘱的情况下参加运动。

2. 低血糖症的症状

轻者会出现饥饿、乏力、头晕、心悸、面色苍白和盗汗；重者会迷失方向、口齿不清、四肢颤抖、呼吸困难、焦虑或精神错乱、抽搐和昏迷，脉搏快速而微弱，昏厥前血压高或升高，昏厥后血压低，呼吸困难，瞳孔放大，症状还可能包括血糖水平明显下降。

3. 低血糖症的预防

如果不是每天都有运动或身体不是很健康，应避免剧烈运动或长时间运动。

4. 低血糖症的治疗

低血糖患者应卧床休息，注意保暖，轻症患者可饮用浓糖水或进食少量食物，一般在短时间内即可恢复。

（五）运动性贫血

1. 运动性贫血的原因

运动诱发的贫血通常是真正的多血症，可能发生在生理压力过大的运动中。

2. 运动性贫血的症状

对运动员进行的血液检测显示，男性血红蛋白水平会降至 120 克/升，女性降至 105 克/升。运动员经常会出现头晕、乏力、嗜睡、记忆力减退、厌食、经常气短和劳累时心悸、皮肤黏膜苍白、脉搏加快和气喘等症状。

3. 运动性贫血的预防

合理组织训练，逐步增加运动量和运动强度，根据个人情况采用个性化治疗原则，遵循富含蛋白质的饮食习惯，努力改变与饮食有关的不良习惯，并提供必要的铁质。

4. 运动性贫血的治疗

运动性贫血的治疗应包括适当减少运动量和运动强度，必要时停止运动，在充分恢复后再继续运动；使用维生素 C 和胃蛋白酶促进铁的吸收；服用硫酸铁片治疗缺铁性贫血；以及摄入富含蛋白质和铁的食物。应坚持合理膳食，补充和完善营养。

（六）运动性血尿

1. 运动性血尿的原因

（1）肾缺氧会导致运动时血液重新分布，肾缺血和缺氧则会干扰正常的肾功能并导致红细胞丢失。

（2）患有静脉高压症的运动员的肾脏较少被脂肪组织包围，但长时间跑步或跳跃时身体的震动会阻碍静脉血流，增加静脉压力，导致红细胞渗漏，削弱肾脏的功能。

（3）肾脏损伤。在运动或紧张姿势中突然弯腰和伸展腰部，会对肾脏造成压力，损伤肾脏毛细血管，导致肾脏出血。

（4）膀胱损伤。在膀胱空空的情况下跑步，会因地面接触、脚的冲击力、背侧壁和膀胱下部的震动而造成瘀伤。

2. 运动性血尿的症状

劳累后立即出现血尿，通常在劳累后 3 天内迅速消失，没有其他症状，血液检查、肾功能检查和腹部 X 光检查正常。

3. 运动性血尿的预防

运动前的准备运动和运动前后的监测、合理饮食和营养补充，避免进食后立即进行剧烈运动。

4. 运动性血尿的治疗

为避免误诊，有必要进行彻底的身体检查以排除异常血尿。如果发现毛细血尿，应立即停止体力活动。如果红细胞计数低且无症状，则应减少体力活动并继续观察。

（七）冻伤

1. 冻伤的原因

冻伤是指在低温条件下，部分肌肉组织的血液供应被切断，导致肿胀、淋巴结受累、坏死和其他局部损伤的综合征。冻伤通常是由于长时间暴露在寒冷环境中，导致体温过度下降、血液循环和细胞代谢紊乱，从而造成手、脚、脸颊、耳朵和鼻子的局部损伤。

2. 冻伤的症状

冻伤时疼痛、苍白或蜡样，伴有红斑和黄斑水肿、水泡和肿胀、浅表坏疽、深部坏疽、肌肉、肌腱、骨骼和神经损伤。

3. 冻伤的预防

大多数运动能提高抗寒能力和肌肉灵活性，因此应采取预防措施，避免冻伤，运动时应穿着保暖、合适的衣服、鞋袜，并在寒冷的天气里戴上手套或头盔，保护身体接触寒冷的部位。

4. 冻伤的治疗

第一度冻伤：将水加热到 38°C~40°C。加热后，用冷霜覆盖患处，或用棉花蘸酒精频繁轻擦患处，使患处皮肤略微发红。保持患处温暖和清洁，避免瘙痒。

第二度冻伤：局部消毒和包扎后针刺大水泡。使用紫药水、消炎软膏和伤口敷料。

第三度冻伤：应及时去医院治疗。

（八）中暑

1. 中暑的原因

中暑是指在炎热的夏季，尤其是在阳光直射的情况下，出现热损伤、热痉挛和晒伤的总称。

2. 中暑的症状

发热、手脚无力、头晕、恶心和呕吐、胸闷，严重时可能伴有烦躁、脉搏加快、血压低、剧烈头痛、昏厥、昏迷和抽搐。

3. 中暑的预防

在夏季，应避免在炎热的天气中运动。

在炎热的天气里锻炼时，最好戴上帽子，避免阳光直射，并尽可能穿白色或浅色衣服。在室内，室内应通风良好并安装空调。多喝水，保持水分充足。

在中暑的早期阶段，最初的症状是出汗增多、恶心和头晕。

运动时要选择凉爽的环境，运动中要多休息几次。夏季运动会增加水分消耗，因此运动前补充水分很重要。为避免中暑，运动后应洗热水澡而不是冷水澡。

4. 中暑的治疗

轻度中暑患者应紧急转移到阴凉通风的房间，解开衣扣休息，并给予冷饮、浓茶、少量盐水和退烧药，如仁丹（一次1~4片）或黄芪（一次1片）。

如果情况严重，应立即将患者转移到凉爽的房间，让其躺在床上（或抬高床的下半部）；如果是热性惊厥，应采取以下措施：喝含糖或含盐的饮料，按压或按摩四肢，用冰袋或冷却剂敷头部；如果是热性惊厥引起的高烧，应尽快降低体温。病情严重或昏迷的患者应立即送往医院接受治疗。

（九）昏厥

1. 昏厥的原因

长时间站立或下蹲后突然站起来会导致脑缺血，从而增加晕倒的可能性。

在停止运动后，重力会使下肢血管立即收缩，肌肉停止收缩，因此，下肢舒张血管中的血液会淤积得更多，回流到心脏的血液则会减少，从而导致心脏微出血、突发脑缺血和晕厥。这种晕厥也称为"重力休克"。

对于患有不稳定神经系统疾病的人来说，惊吓、恐惧、疼痛或看到他人出血都会引起许多小血管急性反射性扩张，血压升高，导致脑部供血不足和血管压迫性昏厥。

2. 昏厥的症状

昏厥前，面色苍白、头晕、全身无力；昏厥中，意识丧失、突然倒地；昏厥后，面色苍白、手脚冰凉、出冷汗、脉搏细弱、血压低、呼吸缓慢。躺下休息片刻后，脑缺血缓解，意识迅速恢复，但精神状态不佳，头晕和全身乏力持续存在。

3. 昏厥的预防

如果昏厥前有症状，立即躺下或与同伴一起散步可能有助于缓解或预防症状。运动和健身、长时间下蹲后缓慢起身、多走而不是立即停下以及深呼吸也会有所帮助。

4. 昏厥的治疗

让患者平卧，头部稍低，松开衣领，观察发热情况，用毛巾擦拭面部，从小腿到大腿用力按压，揉捏，不要唤醒患者，充分负重，禁止饮酒和服药。如有可能，静脉注射 25%~50% 的氧气和 40~60 毫升的葡萄糖，呼吸停止时立即进行人工呼吸，苏醒后给予四杯温饮，同时进行急救，并尽快就医，以便进一步治疗。

（十）休克

1. 休克的原因

过度劳累引起的剧烈疼痛、生理功能丧失、肝脾破裂引起的大出血、骨折和关节脱位。

2. 休克的症状

初期表现为烦躁不安、焦虑、表情紧张、脉搏轻微加快、呼吸浅而急促；抽搐期表现为精神萎靡、面色苍白、口干、发冷、头晕、盗汗、手脚冰凉、脉搏微弱、血压和体温下降，严重时会昏迷。

3. 休克的预防

有休克风险的运动员应采取必要的预防措施，如止住活动性出血、固定骨折和包扎软组织损伤以防止感染。

4. 休克的治疗

患者应卧床休息，注意保暖，多用热水、热饮，针灸、按摩肺俞、足三里、合谷等穴位，因骨折等原因引起剧烈疼痛导致休克的，可服用止痛药缓解疼痛。第一时间应立即送往医院做进一步检查和治疗。

第三节　体育运动的医务监督

一、体育运动医务监督的内容

体育运动医务监督是运用医学基本知识和体育运动理论，对体育运动参加者的身体进行医学检查和观察，对身体健康状况、发育情况和训练水平进行客观评价，为安全、科学地进行体育锻炼提供依据，为体育教师和教练员的科学训练提供依据，保证运动训练顺利进行并取得良好成绩的一种手段。

(一)体格检查

体格检查是运动训练支持不可或缺的一部分,体格检查可以准确评估大学生的身体状况。体格检查可在不同阶段和不同条件下(如休息、训练或恢复期间)进行,除通常的阶段分析外,还可包括观察和动态比较。

(二)对学生体质进行评价

体质是人的生命活动和劳动工作能力的物质基础,是人体的质量,它是在遗传性和获得性的基础上表现出来的人体形态结构、生理功能和心理因素的综合的相对稳定的特征。

体质强弱主要反映在五个方面,一是身体形态发育水平,二是生理功能水平,三是身体素质和运动能力,四是心理发育水平,五是对内外环境的适应能力。这五个方面相互依存、相互影响、相互制约,从而构成了人的不同水平的体质。遗传是人的体质发展变化的先天条件,物质条件是决定人的体质发展的基本因素。身体锻炼则是增强体质最积极、最有效的手段,毛泽东主席早在中华人民共和国成立之初就提出"发展体育运动,增强人民体质",其主导思想就是通过体育达到增强体质的目的。

评价一个人的体质水平,应根据以上几个方面全面综合地进行评价。

(三)对运动训练进行医学监控

为了发展自己的能力,大学生需要参加长期的训练计划。体育训练包括高水平的体育活动,以提高成绩和开发运动员的潜能。在体育训练过程中,有必要运用一定的医学技术对大学生的健康状况进行科学监测,不仅可以及早发现大学生的身体状况,防止运动疲劳的产生和积累,还可以监测运动员参加体育训练的实际表现。

(四)运动性伤病的预防和治疗

大学生在日常训练和比赛中经常会因各种因素而遭受各种运动损伤。为了让大学生以健康的身体进行训练和比赛,需要及早发现和治疗运动损伤。此外,还需要了解训练课程是否合适、何时合适以及强度如何,以确保大学生在各种运动伤病后能够继续训练和比赛。

（五）消除运动性疲劳

在长时间的体育训练中，大学生往往会出现精神疲劳、体能下降的现象，这是机体维持正常生理功能的自我防御机制。因此，应特别关注大学生的精神疲劳，并采取有效的措施防止肌肉失调和过度疲劳。

二、体育运动医务监督的常用指标

（一）脉搏

正常成人的心率（脉搏）约为每分钟 70 次，正常范围为每分钟 60~100 次。如果静息心率高于每分钟 100 次，则称为窦性心动过速；如果静息心率低于每分钟 60 次，则称为窦性心动过缓。窦性心动过缓常见于长时间运动的人，是心血管系统适应长时间运动的标志。窦性心动过缓在大多数运动员中也很常见。

大学生可在医生指导下测量训练和比赛期间的心率。例如，心率在每分钟 180 次或以上为大运动量，150~180 次为中等运动量，144 次或以下为小运动量；心率在 5~10 分钟后恢复到运动前的水平为小运动量；5~10 分钟后心率比运动前快 2~5 次，表示中等强度；5~10 分钟后心率比运动前快 6~9 次，表示中等强度；而 5~10 分钟后心率比运动前快 6~9 次，表示强度大；5~10 分钟后心率快 2~5 次表示中度消耗；而 5~10 分钟后心率快 6~9 次表示高度消耗。

多项研究和实验表明，相同运动后或极端或强制负荷后的心率对比不仅可以评估大学生在训练和比赛期间的工作量，还能提供有关训练期间肌肉状态的信息。定量运动后心率降低，表明身体应对运动的机能能力增强。如果运动后心率上升，则说明运动能力没有提高或运动效果较弱，极限运动则意味着正在以最大的努力和力量进行功能训练，即运动强度已经增加到无法维持的程度。此时，心率是肌肉对负荷最大耐受力的指标，心率越高，意味着心脏对负荷的耐受力越强。[1]

（二）血压

血压是衡量身体机能和疲劳程度的一般指标。一般来说，成年人的正常血压是收缩压低于 18.6 千帕（140 毫米汞柱），舒张压低于 12 千帕（90 毫米汞柱）。血压在清晨首先趋于稳定。如果清晨的血压比正常值高出 20%，并且直到两天或更多天后才恢复正常，根据大学生的健康状况，这通常是训练过度、过度疲劳或功能受损的迹象，应相应地评估训练负荷。

---

[1] 唐进松、陈芳芳、薛良磊：《现代体育运动训练理论与方法探索》，商务出版社 2019 年版，第 222 页。

(三)血糖

血糖是指血液中存在的各种单糖,主要是葡萄糖、半乳糖、果糖和甘露糖。健康人清晨的血糖水平在 3.89~6.11 毫摩尔/升。临床上,空腹血糖水平低于 2.80 毫摩尔/升即低血糖。如果血糖水平正常,且训练期间表现良好,则说明肌肉功能良好;如果血糖水平持续下降,且表现下降,则说明训练时间过长,或训练负荷过大,或血糖水平过高,应调整训练负荷。

(四)血红蛋白

血红蛋白是一种存在于红细胞中的含铁蛋白质。血红蛋白具有运输氧气的功能,是衡量人体机能的重要生理指标。正常血红蛋白水平为男性 120~160 克/升,女性 105~150 克/升。运动时血红蛋白水平正常意味着肌肉运作良好。如果血红蛋白水平下降超过 10%(男性低于 120 克/升,女性低于 105 克/升),则被视为"运动性贫血",是体能下降的信号,因此应努力降低运动强度。血红蛋白水平通常会在高强度训练或比赛后下降,但如果在训练或比赛前进行调整,大多数大学生能恢复。

(五)血乳酸

血乳酸是糖在体内无氧发酵产生的代谢物。血乳酸水平可作为有氧和无氧代谢的指标,并可用于监测运动类型。血液乳酸水平越高,表明体内无氧代谢越高,即运动强度越大。正常的乳酸上限为 4 毫摩尔/升。请注意,如果使用血液乳酸水平来监测运动强度,则应在运动后 3~10 分钟采集血液样本。

(六)血尿素

血尿素是蛋白质代谢的产物。运动时,由于内脏器官供血减少,尿素排泄减少,而运动时蛋白质降解和尿素生成增加。因此,血尿素浓度可作为肌肉对运动和恢复反应的医学指标。正常血尿素水平通常为 5~6 毫摩尔/升,而运动时血尿素水平为 7 毫摩尔/升。静息血尿素水平可用于了解肌肉蛋白质随时间的代谢情况,因为血尿素水平明显升高表明肌肉疲劳。

训练期间的动态血尿素监测是评估大学生体能的一种有效方法,在每周训练的第二天清晨第一件事就是检查血尿素水平。如果血尿素浓度在一周训练后逐渐升高,且在周末休息后仍未恢复,则说明训练负荷过大,肌肉未能从训练中完全恢复,导致长期疲劳。如果血尿素浓度稳定,即没有增加,则说明血尿素浓度没有升高,这说明肌肉训练没有引起明显的炎症,说明训练负荷过低,需要增加训练量和强度。如果血尿素浓度在训练周期间升高,并在周末休息后明显恢复到训练前的水平,那么说明训练量比较合适。

(七)心血管机能实验

在体育训练过程中,大学生的功能性体能可能会因情况不同而有所变化,因此选择正确的测量方法非常重要。在运动训练中,心肺功能评估通常用于确定训练效果或功能性体能,心肺功能评估可为教练员规划下一步训练计划提供依据。如果大学生的心血管功能测试结果异常,则应相应调整训练。测量功能的主要方法有骑自行车测试、跑步机压力测试、台阶测试和改良综合功能测试。

(八)调节代谢指标

1. 睾酮

睾酮在血液循环中有结合型和游离型两种,其中游离睾酮对蛋白质合成的影响最大。男性的正常睾酮水平为 10.4~41.5 毫摩尔/升,女性为 0.9~2.8 毫摩尔/升。科学界对睾酮在运动中的生理作用还不完全了解,现有的知识主要涉及糖皮质激素的蛋白水解作用的调节、体内蛋白质的积累、运动后肌糖原的恢复以及肌肉耐力和运动耐受性的改善。这些作用包括睾酮可刺激蛋白质合成以增强肌肉力量,促进骨基质生长和钙化,滋养神经肌肉传导,刺激神经末梢释放乙酰胆碱。睾酮被认为在红细胞生成、肌肉糖生成和磷酸肌酸合成中发挥重要作用,因此与运动表现密切相关。睾酮的生理作用主要是促进和维持男性生殖器官的发育和功能。它还能刺激大学生体内蛋白质的合成,并在一定程度上影响大学生运动后的疲劳恢复,随着运动强度的增加,身体会越来越疲劳,体内的睾酮水平也会随之降低。

2. 皮质醇

皮质醇能促进分解代谢,使肌肉适应外界刺激。皮质醇的正常水平为 110~690 毫摩尔/升。当肌肉疲劳时,皮质醇水平会升高,肌肉中的蛋白质合成速度会降低,从而对肌肉恢复产生负面影响。

3. 血清肌酸激酶

血清肌酸激酶(CK)又称"磷酸肌酸激酶"(CPK),在短时间的剧烈运动中催化运动后 ATP 的补充和能量反应,与运动中和运动后的能量平衡和能量转移密切相关。在静息状态下,血清 CK 主要通过细胞膜转运到骨骼肌和心肌。男性正常 CK 浓度为 10~100 单位/升,女性为 10~60 单位/升。然而,在运动过程中,由于骨骼肌局部缺氧、代谢产物积累、自由基增加、细胞膜损伤以及 CK 对心肌细胞的渗透性增加,CK 会释放到血液中,从而导致运动后血清 CK 浓度增加。血清 CK 的增加与细胞损伤有关,因此 CK 是评估疲劳和恢复情况的重要指标。

血清 CK 水平的变化在很大程度上取决于运动强度。一般来说，短暂的高强度运动 5~6 小时后，血清 CK 水平会升高，8~24 小时后达到峰值，48 小时后逐渐恢复正常。值得注意的是，使用血清 CK 进行运动评估需要测量血清 CK 同工酶以及其他临床诊断测试，以区别于心肌炎时血清 CK 的上升。

三、体育运动的自我监督

自我监测，是大学生在体育运动中监测和调整自身健康、身体反应和功能状态的过程。自我监测有助于大学生在体育运动中选择适当的运动负荷分配，合理地确定和评估运动负荷，避免与运动相关的伤病。自我监测一般有两种方法：一种是个人主观感觉，另一种是客观检查。

（一）主观感觉

1. 精神状态

大学生在运动中的精神状态主要包括正常感觉和不良感觉。前者主要表现为运动后疲劳迅速消失，成绩和体力迅速恢复，后者则表现为四肢无力、肌肉疼痛、关节疼痛、头痛、恶心呕吐、头晕、气短、喘息、呼吸困难和心外膜疼痛。

2. 运动心情

运动心情是大学生运动意愿的一个指标。如果大学生的身体机能正常，那么他（她）通常会有很好的精力和耐力，运动的积极性也会很高。如果大学生感到疲劳或身体不适，那么他（她）在运动中就变得消沉或无聊，并害怕特别激烈的运动和比赛。大学生可以根据自己的现状，在自我监测中引入特定的因素，如运动的动力、运动中的无聊感和运动中的焦虑。

3. 睡眠

睡眠是大学生神经系统功能的一个指标。当大学生的训练超过其肌肉承受能力时，这主要反映在神经系统上，尤其是在早期阶段，表现为睡眠行为的改变。良好的睡眠状态是指很快入睡，醒来时精力充沛。如果出现入睡晚、夜间易醒、失眠等情况，说明运动负荷超过了肌肉力量和肌肉疲劳，需要调整。如果经常出现这种情况，说明患者睡眠质量差、入睡困难、入睡慢、半夜易醒、失眠。

4. 食欲

一般来说，人的中枢神经系统的疲劳程度会反映在食欲上。如果一个人的运动量足够大，运动后的能量消耗就高，食欲就旺盛，食物摄入量也高。如果训练强度过大，运动后食欲就会降低，食物摄入量也会减少。

5. 出汗量

运动时出汗与体力活动、运动量、液体摄入量、温度、湿度、衣服厚度和神经系统状态密切相关。在监测出汗时，应特别注意盗汗。

睡眠中盗汗可能是自律神经系统功能紊乱或身体疲劳的表现，但也可能是内脏器官疾病的征兆，需要给予适当的关注。一般来说，运动时出汗过多是成绩不佳的表现。

总之，自我评估是大学生应对运动最直观的方法。在运动实践中，可以收集和记录大学生在特定情况下的主观感受，作为调整运动的依据。

（二）客观检查

1. 体温

人体口腔的正常温度通常为36.5°C~37.2°C，喉咙的温度比口腔低0.3°C~0.6°C。人的体温会因生理状态、昼夜温差、年龄、性别和环境而略有不同。不进行体育运动时，运动员基础体温与普通人相同。训练时，由于热量的明显释放和肌肉运动的加速，体温会略有升高。也就是说，训练时体温略高，休息时体温略低，16：00~18：00时体温最低，17：00~18：00时体温最高，而白天的体温波动只有1°C左右。

大学生应在早晨起床后和运动前测量并记录体温。通过记录体温随时间的变化，可以评估大学生的新陈代谢情况，并预测成绩的变化。体温也能在一定程度上反映大学生的新陈代谢情况，赛前压力会导致体温升高。因此，最好在赛前测量体温，以确定是否存在赛前压力。

2. 脉搏

所有运动者都应学会在必要时监测自己的脉搏。心率与年龄、性别、体力活动、情绪、休息和睡眠密切相关。一般来说，脉搏与体能有关，是一个非常有效的直观指标。通过在早晨检查脉搏，可以第一时间了解到运动带来的益处。如果身体健康、积极参加体育锻炼，那么早晨的心率具有正常的昼夜节律，每分钟的变化不应超过3~4次；但如果身体不适、不积极参加体育锻炼，那么早晨的脉搏可能会比前一天每分钟增加6次以上。如果脉搏持续上升或长时间不恢复正常，说明压力过大，心律失常患者应到医院接受心电图检查。

3. 体重

体重是人体生长发育的综合反映，包括肌肉、脂肪、器官和骨骼，是人体生长发育的主要指标之一。它是评价人体生长发育的主要标准之一。一般来说，健康青少年的体重增加相对稳定，健康成年人的体重增加或减少每月少于 3 千克。体重减轻可能发生在运动或比赛之后，体重减轻与运动强度和持续时间成正比。通常情况下，在常规运动后会出现以下三种体重变化迹象：

第一，运动后，身体会从最初的肌肉发达的身体中流失多余的水分和脂肪，从而导致体重逐渐下降，通常为 2~3 千克。这种体重减轻会持续 3~4 周。如果在开始定期锻炼前体重超重或不爱运动，体重下降的幅度可能会更大。

第二，在训练期间，大学生的体重逐渐稳定，训练结束后，体重通常会减轻，并在 1~2 天内完全恢复。这一阶段通常持续 5~6 周或更长时间。

第三，长期训练会逐渐形成肌肉和其他组织，从而导致体重增加和体重维持，因此体重下降超过 2~3 千克可能是训练过度所致。如果减少训练量后体重仍未恢复，则应咨询医生。

在训练中，大学生体重持续下降的同时出现睡眠障碍和情绪恶化，更有可能过早出现过度训练、慢性衰弱性疾病（如肺结核、甲状腺功能亢进）或热量不足。训练后体重增加是从事高强度体能活动的大学生的正常生理反应，但体重持续增加表明体能活动不足和热量过度缺乏。

4. 运动成绩

记录大学生在传统运动和比赛中的表现，有助于评估训练强度是否合理，从而更合理地安排训练，帮助大学生提高运动成绩，实现更高水平的运动表现。运动成绩长期不理想或下降，可能是身体准备不足或过早过度训练的表现。众所周知，运动成绩是监测肌肉健康和运动表现的一个合适的客观指标。

第七章 大学生体育文化与素养

大学体育是高等学校体育活动的主体,学生需要提高体育文化素养,身体与精神和谐发展、思想道德发展、文化科学教育、生活技能训练和体育锻炼是教育过程中不可或缺的组成部分,对素质教育和促进人才全面发展具有重要作用。本章将对学校体育文化与素养进行研究和分析。

第一节 校园体育文化发展与传播

校园体育文化是以校园为空间,以学生、教师参与为主体,以身体练习为手段,以多种多样的体育运动项目为主要内容,具有独特表现形式的一种群体文化。[①]本节主要介绍校园体育文化的发展与传播。

一、校园体育文化的发展现状与趋势

(一)校园体育物质文化的发展现状

高校体育的物质文化具有丰富的内容,由体育建筑、体育设施、体育器材、体育塑像、体育面具、体育名称、体育图书和体育音像资料等构成,这些外在的实物和目标深深植根于学生的意识之中。例如,体育建筑、设施、场馆和器材是师生开展体育活动和课外体育活动的重要场所和手段,是加强和促进学生体育文化生活的基础设施,其建设状况、设计水平和文化意义反映了校园体育文化的发展水平。

---

① 姜志明、樊欣:《大学校园体育文化研究》,中国林业出版社2010年版,第6页。

1. 校园体育场地设施现状

体育场馆、器材和其他设施是体育发展的重要工具，其质量直接影响一个城市体育文化的发展。

大学代表着最高的学术水平和专业精神，因此集中了宝贵而稀缺的教育资源。同时，大学也很好地整合了有限的教育资源，即体育资源，并以此为基础，这也是为什么特别选择大学作为分析高等教育体育文化发展。通过对几所高校的实际情况和统计分析发现，大部分的设施和设备不仅不符合教育和科学部制定的标准，也不符合体育教育、休闲体育甚至体育训练和竞赛的标准，这就不可避免地阻碍了高校体育文化的全面发展。究其原因，主要是学校正规体育教学和训练使用的教材数量有限，必然导致休闲体育设施不足，而高校体育器材的不足状况，就不能有效促进学生体育意识和习惯的养成。通过实地考察和调研，发现目前中国高校运动场地和器材缺乏的主要原因如下：

（1）我国是一个大国，在经济发展过程中地区差异是不可避免的。在这种情况下，各级领导不重视高校体育的使命，公众对发展高校体育文化的认识存在诸多差异，放任自流，这种态度导致高校不重视体育投入，体育场馆、设施难以满足学生的需求，难以适应学生体育的需要。

（2）高校为了获取短期利益、优势和知名度，往往只注重短期目标，少有长远目标，以牺牲广大学生的长远发展为代价，换取在高等教育市场中的有利地位。此外，学生人数的盲目增加也导致高校体育优质资源的匮乏。

（3）许多大学拥有较大的体育场馆和设施，但在管理设施方面却很吃力，无法满足使用这些设施的学生的需求。例如，由于维护费用问题，减少开放时间或在重大活动期间不开放。

2. 校园体育物质环境现状

校园体育物质环境直接影响学生的体育兴趣和体育参与动机。学生体育价值观念的可塑性很强，他们对体育价值的认识还处在表层、初始阶段，充满活力的校园体育氛围和良好的体育环境本身就具有一定的教育功能，这些有利因素可以培养学生正确的体育观念，提高学生的体育文化素养。因此，营造良好的体育教育环境，尤其是其有感官最佳刺激效果的校园体育物质环境，能够潜移默化地促进学生体育文化素养的提高。

调查发现，大部分高校还未形成良好的体育物质文化环境，还未形成体育物质文化环境的创造意识。在现代信息化社会环境下，学生主要通过体育图书资料和网络资源来了解和接触体育相关信息，但是只有少数高校会将学校的体育信息主动放到校园网和学生论坛中。

在调查的部分高校中，只有少数几所有体育雕塑，在校广播和宣传栏中宣传相关体育信息以及在校园官方网站上登载体育新闻的高校寥寥无几。可以说，当前大部分高校缺乏体育物质文化环境的主动创新意识，体育宣传途径少，宣传方式单一，宣传意识和力度差，可以想象，这样的环境很难促进校园体育教育目标的实现，因此，校园体育文化建设的目标也就更难实现了。为了改变这种不利现状，在当前环境下，体育部门领导和教师主动与团委、宣传部、学生处、基建处等职能部门协调，加强校园体育物质环境建设是最可行、最直接的方法。

（二）校园体育精神文化的发展现状

大学内良好的体育文化环境可以促使形成具有共同信念并扎根于某一学科的小型体育文化群体。在这样的小团体中，每个人都有相似的体育信仰和态度。加入这种小团体的人会沉浸在这种环境中，受到小团体中新人的影响，采纳那些优越的体育信仰和态度，从而使团体吸引更多的人，他们会努力争取体育领导等职位。可见，学生的精神文化是学生体育文化的核心。下文主要从体育观念、体育道德和体育精神三个方面来阐述学生体育文化的发展。

1. 体育观念现状

对体育教育的认识：体育教师和学生如何从强身健体、休闲娱乐、心理发展和智力发展等方面界定体育教育的价值。正确的体育教育观念有助于体育教师和学生在校园中实践适当的体育行为。换言之，体育教师和学生对体育健身、休闲、心理发展和智力发展价值的认识程度，直接反映了他们对体育教育的认识。

研究表明，大多数学生能够准确地表达体育的价值，但深入访谈表明，大多数体育教师和学生对体育的看法是传统和肤浅的，仍然无法充分表达和认识到体育对个人的深远影响。研究还显示，许多教师和学生没有意识到体育教育对人们生活的影响。此外，许多体育教育专业的学生甚至是教师无法表达体育教育概念的具体内容，很少有教师和学生能够在实践中应用体育教育的概念。调查还发现，许多老年人没有认识到体育运动对其身心健康的重要性，但了解体育运动在人体生理、心理健康和技术方面的作用。

总的来说，学生对体育的认识比较准确，但不具体，缺乏证据。学生的适应能力较强，只要经过一定的辅导、引导和了解，相信他们能够理解体育更深层次的内涵和文化。然而，随着社会竞技的兴起，大学体育与社会体育的交织日益紧密，如果任由学生对体育的认知现状发展下去，他们很可能会失去对体育的兴趣，大学体育文化环境的营造和发展也将停留在表面和原地踏步的可能性很大。

2. 体育道德现状

现代社会的道德危机比新技术、新知识更为严重和紧迫。现代社会财富的迅速增加和贫富差距的成倍扩大，导致人的心理状态发生了重大变化，包括心理失衡和道德沦丧。因此，大学生的道德教育在现代社会中至关重要。实践经验表明，高校体育文化对提高学生的体育道德水平具有重要作用。学生的道德水平可以在体育运动中得到体现，如"要想打好球，先要做好人"。体育道德可以反映学生的部分普遍人性。学生在进行体育运动时具有非常现实和客观的道德水平，以及与体育运动这种特殊表现形式相关的内在认识、见解和价值观。这尤其表现在责任感、公平竞争精神、尊重其他学生的规则和体育道德，特别是在足球等团队运动中。

访谈显示，中国学生具有较好的体育道德和较高的价值观。这体现在体育运动一般不具有赢利的内涵，学生能够在公平竞争的基础上，团结友爱，尊重规则，相互协作，具有强烈的集体荣誉感和爱国主义精神。学生们表示，在体育竞赛中，他们期望公平竞争、合作、公正裁判和体育精神，在体育活动和训练中，他们期望机会均等、相互礼让与和谐、积极参与、遵守纪律、表现自我和实现自我。学生参与体育活动的重点是教学、学习和技能培养。在这样的环境中，体育运动能够有效地促进和培养学生的体育精神，因为体育运动简单，不受社会世俗和现实思想的影响。

3. 体育精神现状体

体育精神包括竞争、决心、顽强、团结、奉献、尊重法律和创新。这种方法有助于学生的终身发展。在大学营造体育文化，重要的是向学生灌输奥林匹克精神，鼓励他们把"更快、更高、更强"作为奋斗目标。培养学生的公平竞争、拼搏和奉献精神，也体现了学校体育文化应无一例外地培养学生体育态度的要求。

学校体育成绩直接受体育传统、地理位置、种族和性别的影响。在这些因素中，学校体育传统和学生性别的影响最大。例如，与女生相比，男生往往更具竞争性，对体育运动也更为重视。另外，女学生在体育运动中表现出更强的意志力，这也与毅力和恒心有关。此外，有体育传统的学校会积极鼓励学生参加体育运动，而在没有体育传统的学校，学生可能意识不到学校体育对其学习和生活的影响。

一方面，大多数参加体育运动的学生懂得遵守规则、听从裁判、尊重对手；另一方面，缺乏创新的体育运动却让人觉得是一种结构化的活动，不鼓励创新思维。因此，校园今后应倡导体育创新文化，让学生在体育运动中积极思考，最大限度地发挥自己的聪明才智和想象力。

（三）校园体育制度文化的发展现状

大学体育文化是大学体育的组织形式和体育观念的压缩表征，其内容非常丰富，几乎涵盖了体育系统中与教学相关的所有内容，限制和引导体育活动中的理想行为。

大学体育的顺利开展离不开良好的管理制度，因此，良好的管理制度和强有力的、规范化的大学体育运动规范是创建和发展大学体育文化的可靠保证，也是大学体育文化活动管理的准则。对学生体育行为的约束和规范是体育活动的基本原则，体育制度约束的运用，使学生在这种"强制"中逐渐养成遵守规则的认识和习惯。现代社会是一个以制度化规则为导向的社会，大学体育的制度文化有助于提高学生的社会适应能力和社会道德素质。为了更好地理解大学体育制度文化对大学文化发展的影响，下文将进一步分析当前大学体育制度和体育传统的现状。

1. 体育制度现状

为了保证各项文体活动的顺利开展，必须制定和实施大学体育规章制度，这就需要协调和组织大学各级部门和单位的活动，并最大限度地利用人力、物力和财力。研究发现，大学都有国家颁布的文件框架，这使大多数大学能够制定适当的体育制度，以满足体育教学、校内体育比赛、运动队训练和比赛、体育教练员管理、体育设施和器材管理等方面的需要。已制定的制度没有得到充分执行，这阻碍了体育运动的良好发展。研究还发现，一些学校没有开展体育运动，体质测试没有按照国家学生体质健康标准的相关要求进行，在学年末对学生的成绩和要求进行评定时也没有考虑测试结果，造成了很大的偏差。总之，虽然高校有政府批准的体育政策文件，有支持学校体育的体育制度，但高校体育制度并没有顺应当前加强学校体育现代化、推广化、社会化的趋势，也不符合法律的规定，需要加大宣传力度，树立学校治理理念。

2. 体育传统现状

体育传统是指学校中常规的、重复的和相对稳定的体育行为。学校体育传统的内容主要是指全校性和学生体育竞赛。大多数学校非常重视校际体育活动，组织适当的体育训练，组建运动队参加校际体育比赛，并兼顾高水平运动队和普通学生的不同特点。但调查显示，大多数学校并不重视体育节等活动的开展。这表明，这些体育传统在学校体育文化的形成和发展中起着非常重要和值得关注的作用，但学校体育组织对此的认识尚未形成。此外，大多数学校缺乏体育理论教育，过分强调实践活动的组织，认为这样是与体育课程要求的"体育活动"不冲突。此外，由于体力和精力不足，很少组织体育课和体育比赛等活动。

（四）校园体育文化的发展趋势探讨

1. 多元化趋势

体育文化作为一种特殊的教育形式，应适应时代的变化，遵循时代精神，满足学院的发展需求和学生的体育锻炼需求，保证学院体育文化的可持续性发展。由于学生的个体差异明显，体育需求不同，各高等院校最初的体育文化不能满足学生的需求。因此，学院的体育文化应注重差异化发展，是一种发展性的发现。

2. 大众化趋势

目前，"大众教育"逐渐取代传统体育的"精英教育"成为教育的主要形式，并逐渐成为教育的主要形式。随着中国经济的发展，体育的社会化越来越明显，高校体育文化的推广也越来越重要。因此，越来越多的人进入高校学习，进而带动了高校体育文化的发展。

3. 社会化趋势

学校体育文化问题往往是学校自我中心主义严重，片面强调体育在学校发展中的地位和作用，过分强调自尊，即利己主义。在当前背景下，学校不仅要履行社会责任，还要为社会提供更好的服务，实现最优发展。

4. 开放性趋势

随着社会经济的稳步发展和全球化进程的加快，中国与国际社会的联系日益紧密，国外的知识也开始应用到高校体育文化的发展中。此外，跨文化交流也在体育领域屡见不鲜，文化冲突日益严重。因此，大学体育环境变得更加开放，在创造和发展大学体育文化的过程中必然要取长补短。

二、校园体育文化的多元化传播

（一）校园体育课的文化传播

1. 传播价值

（1）提升学生体育文化的认知。教师和学生是学校体育活动的行动者和参与者。如今，中小学生参与体育活动首先意味着他们对体育感兴趣，其次意味着他们已经具备了体育能力，而这些能力并不是与生俱来的，而是通过训练获得的，这说明了体育文化传播的重要性和现实意义。体育课作为从小学到大学的必修课，无论是自愿还是选修，都是大学推广体育文化的重要手段。经过长期的积累，学生自然会具备一定的身体素质，这也是他们今后参加校外体育活动的主要内容。毋庸讳言，无论学生参加体育运动是为了通过体质测试，还是因为真正喜欢某项体育运动，希望掌握体育课或校外体育活动中学到的运动技能，最终会成为大学体育文化的重要组成部分。因此，体育课程的文化传播对大学体育文化的发展乃至掌握具有重要影响。

（2）提高学生对身心健康的认识。随着素质教育和"健康第一"的观念深入人心，体育已成为培养学生整体抗压能力和身心及社会健康的丰富而有效的工具。通过体育课，学生们可以在稳定、公平和友好的运动环境中体验到团队的温暖和快乐，培养应对技能和情绪复原力，培养坚强的意志，通过成功和成就建立自信和自尊，并通过品格培养建立积极乐观的人生观。自尊和自信是通过不断的成功和成就体验建立起来的，品格教育则培养积极、乐观和快乐的人生观。这些方面将受益终身。

（3）鼓励师生互动，有效传承文化。教师和学生共同参与体育活动。由于体育教育是由这两门基础学科构成的，因此，体育教育的交流过程实质上可以看成师生互动的过程，其中体育知识和技能是互动的主要对象，体育教育是互动的媒介。体育教学与其他学科的不同之处在于，体育教师不仅以语言为主要教学方法，而且强调"身教"，以更直观的方式向学生传达技术动作的目的。此外，学生作为自主的受众，参与了校园体育文化的创造和传播。换言之，校园环境创造了文化，作为校园环境的一部分，学生受到文化价值观的熏陶，并将其传承下去。同时，师生以体育学科为纽带，建立持久的关系和互动，从而拉近感情，使交流更加和谐。

2. 传播途径

（1）显性传播。体育教学的方式多种多样，如通过体育教师、网站和教材。良好的设施可以让学生体验体育带来的心理健康，体育教师可以通过良好的设施和设备改善课堂管理和监督。体育教育的质量也会随着教师知识的增长而提高。器材是体育教学中最重要的工具之一，也是教学和训练必不可少的物质基础。充足的器材能提高学生的学习能力和体育锻炼兴趣，不足的器材则会降低学生的学习能力和体育锻炼兴趣。体育教师扮演着多种角色。除了传授知识和技能，体育教师还是体育活动的促进者，可以鼓励学生参加体育活动。体育教师在鼓励学生参加体育活动方面发挥着重要作用。通过这个"窗口"，学生可以亲身了解各种体育运动的知识和技能。在教学方法不断变化的今天，这个"窗口"尤为重要。教师不再被视为传授课程的"工具"，他们的角色更加符合学生的运动能力和解决问题的能力。教师不再被视为课程的"工具"或"使用者"，而是学生体育运动和解决问题需要的促进者。

（2）隐性传播。

①与学习者的个性沟通——新的体育教学标准刚刚出台。新标准的内容不仅关注学生掌握体育知识和技能的需要，而且关注开发面向生活的课程，赋予体育教育意义。这将引导学生主动学习和积极思考，鼓励学生追求个性和兴趣，并极大地促进他们的主观幸福感。由此可见，新课程中体育课的文体教学不是以教师的主观意志为转移，也不是以课程的具体组织为转移，而是从根本上以学生的个性和兴趣为出发点来进行文体内容的教学。

②建设优秀的体育文化——以乒乓球为例。中国乒乓球在国际比赛中取得优异成绩，

获得"国球"地位，主要得益于其良好的知识基础。这说明人们对这项运动非常感兴趣，即使在经济发展缓慢或困难的地区，也能找到简单的乒乓球运动。乒乓球运动之所以被广泛接受，是因为它已经深入人心。学校的情况也是如此，学校开展传统体育项目，学生们以传统体育项目为荣。在这些传统体育项目根深蒂固的地区，学生自然会对传统体育项目产生兴趣，并在潜移默化中以传统体育项目为荣。这样，就没有必要用具有约束力的规则来规范这一过程，而学生接触传统体育文化的行为也有助于更好地传播这种文化。

（二）校园体育活动的文化传播

1. 传播价值

（1）丰富大学体育文化。现代学校体育不再局限于提高学生的身体素质，还具有支撑大学体育文化的诸多功能。从文化要素来看，学校体育文化可分为认知文化、行为文化和物质文化。学校开展的各种体育活动实质上是学校体育文化的传播，是学校体育的基本理念。将这三种文化活动融为一体教育学生，比强行灌输更有效、更敏锐。

（2）树立终身体育意识。学生的年龄阶段是一个人身体素质发展的重要阶段，正是在这个阶段，学生才能奠定身体素质的基础，在未来几十年的社会活动中保持身心健康。这对我国的现代化建设至关重要。

（3）宣传体育精神。中华体育精神，是以"为国争光、无私奉献、科学求实、遵纪守法、团结协作、顽强拼搏"为主要内容，是中国精神的重要组成部分。人无精神则不立，国无精神则不强。精神是一个民族赖以长久生存的灵魂，唯有精神上达到一定的高度，这个民族才能在历史的洪流中屹立不倒、奋勇向前。因此，面向大学生的体育精神的宣传是十分有必要的，有助于大学生精神力量的提升。

2. 传播途径

（1）日常体育活动。日常体育活动是自由的、集体的和自愿的。当然，日常体育活动是自愿和自由的，但其总体目标是尊重体育健身的基本原则，绝不应脱离"健康思想"的基本要素。学校通过组织各种活动来丰富学生的生活，促进他们的身体健康和发展，增强他们对体育运动的兴趣、意愿和身体素质。同时，通过组织各种活动来丰富学校课程，丰富学生的生活，促进他们的体能和发展，增强他们的体育兴趣、社会意愿和体能，培养良好的人际关系。

（2）体育文化节。体育文化节是促进城市体育文化的一项重要活动。体育文化节的活动灵活多样，不仅有体育比赛，还有更多自由有趣的体育和探险活动。有了体育文化节，教师和学生们不仅能享受节日的快乐，还能锻炼身心。即使不擅长运动的学生也能找到适合自己的活动。

（3）体育赛事。随着高校大学生对校园生活需求的提升，高校体育赛事在高校的受欢迎程度不断攀升，体育教育作为体育赛事和体育文化素养的一个承接载体，起着非常重要的作用。在高校体育活动中，体育赛事最能激发全体学生的积极性，作为一种特殊活动与文化之间既有着一定的区别又存在密切的联系，承担着学生输出体育文化素养品质的重担，而体育教育作为体育文化素养的输入重要路径，学生通过不断的学习，能够主动进行输出。但教学内容的单一、枯燥，使教学的效果并非想象中完美。让学生在各项不同的体育赛事中感受、判断、选择体育文化素养所形成的行为方式，以此实践反馈理论教育，为从理论到实践，实践到理论，形成一个完整的反馈学习系统。

在体育教育过程中，添加体育赛事内容，包括参加体育赛事德育积分奖赏；也可以设置成体育课堂的加分项；考核内容可以添加以体育赛事出现的不同情境下的体育文化素养的阐述题、讨论题。另外，体育赛事不能完全照搬照抄国际标准和规章制度，要结合当前高校大学生的认知程度、身体状况、动机、学训锻炼情况，适当调整赛事。目的就是让偏向竞技赛事性质的比赛，趋向于大众化、普及化。只有更多的学生参与到体育赛事中，才能更好地达成一个共识，相同的教育环境、相同的学习内容、相同的学校文化背景，促成相同的体育文化素养价值。通过体育赛事与体育教育的内在结合，此时学生接受输入的内容就不仅限于体育知识和体育技能两个方面，还应包含更深层次的体育意识、体育能力、体育精神、体育品德、体育行为与体育个性，如此对大学生的人格塑造、精神树立、性格品质等文化素养起到一定的促进作用。

（三）校园体育文化的网络传播

1. 传播价值

传统的通信方式已经发生了翻天覆地的变化。人人都知道互联网的优势，互联网的发展也在加速。在信息时代，中国的网民数量持续增长，互联网已成为生活中不可或缺的一部分，尤其是对学生而言。一段时间以来，报纸、广播和电视并不是学生获取信息的主要渠道，但互联网已经占据了特殊的位置。中国的网络信息统计显示，大多数用户偏爱网络新闻，体育信息也占了相当大的比例。网络传播的主导地位极大地影响了报刊、广播、电视等传统传播方式，为顺应时代发展的趋势和需求，传统媒体提供商正在开发网络传播平台，传统媒体正在创造新的网络工具，以确保信息的获取。

满足人们对体育信息的需求了解体育，首先必须有体育信息。互联网以其强大的传播力和极强的交互性，可以服务于社会，充分满足人们从不同角度、不同侧面获取体育信息的需求。互联网可以提供全面、多样、动态、立体的体育竞赛信息。学生可以找到详细的比赛日程信息，包括历史、规则和其他体育信息。这对学生尤为重要，因为他们对体育信息的需求量很大，这些需求都能够通过互联网得到满足。

2. 传播途径

（1）创建体育论坛。体育论坛可以作为教师和学生提供服务的交流平台，也可以作为继续教育的平台。论坛可以作为进一步培训的平台，如教师可以在论坛上发布自己的培训计划。在讨论过程中，学生向体育教师和同学提出自己的想法，体育教师则对学生的意见进行评论，并提出有意义的建议，从而加深了解，改善师生关系。同时，参与体育论坛的学生也提出了教师应该注意的一些问题。通过这种反馈，在大学形成了良好的体育文化，有助于建设和完善学校体育文化，进而促进大学体育文化的建设和完善。这样，大学的体育文化就能更好地适应学生的需要，促进大学体育文化的健康发展。

（2）建立专题性体育网页。体育教育是大学体育文化的重要组成部分。除一些体育院校外，大多数学校体育课的主要目的是向学生传授体育知识、传授基本运动技能和急救知识，以及宣传课程。显然，这种教学方式对于有体育基础知识的学生来说更容易接受。学校可以建立体育网站，以弥补体育教育在这方面的不足，并在大学校内推广体育文化。鉴于互联网的迅速普及和丰富的信息，将有助于向学生传授体育知识。开发专题网站的一个重要环节是不断更新内容。因此，应通过创建体育新闻页面、体育教育页面和体育公告页面来组织体育信息，使不同类型的学生都能获取这些信息。

（3）建立体育协会群。进入21世纪，智能手机的出现为我们的生活带来了巨大的变化，通过微信朋友圈，我们能看到各种晒日常生活的图片、小视频、为朋友点赞，或从中交流各种心得。如果能充分利用微信群，建立体育教师、学生、业余爱好者、专业运动员这样的一条纽带，通过鼓励大学生把进行体育活动的过程用照片或者小视频打卡，体育教师、专业运动员实时指导，朋友和家长的点赞和留言，能有效提高大学生进行体育活动的自主性和能动性。

（4）开展体育活动直播。过去的传统媒体时代，关于学校体育的报道往往是简短的单一线性报道，受众的关注程度也较低。如今，通过网络直播平台的全程直播，摆脱了过去对于校园体育固定化的报道宣传模式，用户不仅可以在直播平台收看到直播画面，还能在评论区发表自己的见解，与其他观众进行沟通和交流，这种边收看边互动的报道模式，能有效提升高校体育文化的传播。

三、校园体育文化的现代化发展与创新

（一）校园体育文化现代化发展新模式的塑造

1. 平衡校园体育文化中主体需求与社会需求的关系

主体需求与社会需求的差异。尽管大学体育文化需求与社会需求有许多相似之处，但也存在明显的差异，具体表现在以下几个方面。

（1）这不同于国家和人类发展进步的社会需求这一更为宽泛、宏观的框架。大学体育文化的基本需求更广泛、更具体，来源于大学师生的微观视角。

（2）形成机制上，不同的社会需求是由社会价值取向的共同相似性综合形成的。另外，大学体育文化在很大程度上是由学生的价值取向决定的，而学生的价值取向是由客观和非理性的个人因素决定的。

（3）社会需求的不同表现形式主要是宏观层面的，具有明显的普遍性和广泛性。高校体育的基本需求则主要体现在微观层面，具有不同的特点和细节。

要考虑个人需求与社会需求之间的关系，厘清二者之间的关系，使二者相互支持、相互学习、共同成长。然而，在现实中，我国更多关注的是社会需求，忽视了高校体育文化的本质需求，这直接导致了体育教育学校的地位低下，教育水平不高，没有充分调动体育学科的本质积极性，而体育学科是素质教育的重要组成部分。

必须全面评估主体需求与社会需求之间的关系。高校体育文化作为文化发展的一个单元，其发展是文化长期健康发展的重要保证。如果削弱了这种重要性，大学体育文化的发展就不是文化的真正灵魂，而是一种活动形式和文化形式，这无疑会阻碍大学体育文化在文化体系中的有序健康发展。高校体育文化的社会需求与高校体育文化的需求在一定程度上是重合的，但如果忽视了高校体育文化各个层面的需求，社会需求也会受到一定程度的影响。如果高校体育文化的基本需求得不到满足，文化发展的心理层面就容易产生抵触情绪，最终影响社会需求的满足。大学体育文化的基本需求是大学体育文化发展的重要因素，社会需求则是重要的外部影响因素。学生在接受教育的过程中，通过了解社会需求的发展趋势，并将其内化为自身的需求，从而实现体育文化的发展。要在高校中发展体育文化，就必须积极分析参与者的文化需求，了解他们的生理和心理特点，促进沟通和理解，确保将满足他们的需求作为所有体育活动的重要目标。在这项工作中，应将社会需求作为基本依据，并将其作为高校体育文化评估和教学的标准予以充分考虑。大学应以不同的方式将社会需求和物质需求结合起来。[①]

---

① 沈竹雅：《大学生体育运动与体育文化研究》，吉林出版集团股份有限公司 2020 年版，第 111 页。

2. 协调外部性干预与主体主观能动作用的关系

坚持开放性原则。如果想创建优秀的校园文化，就必须着力打造其核心。校园文化的核心在于创建正确的文化，培养内在动力，支持主动性，并能提高工作效率。需要注意的是，虽然旨在建设校园文化的校外举措可能确实是加快文化建设速度的最快方法，但这并不意味着它们是最有效的。主要原因在于，校园文化建设可以让校园内的主要文体组织形成自己的活力，创造出更有凝聚力的文化体系，进而让学生更容易适应这种文化体系。从这个意义上说，组织者必须始终保持开放的态度，愿意学习并将独特的外来文化融入校园文化。此外，还应注意与主体文化的融合，以实现高质量的主体文化。

目前，中国正处于社会主义初级阶段，各项事业都在有条不紊地发展。在此背景下，教育体制正在进行改革，不断探索更加合理的教育路径。尤其是在人才培养方面，越来越重视市场的作用。这是典型的市场化教育体制，人力资源开发由社会需求驱动。例如，如果某一领域的人力资源短缺，学校就会增加相关领域的供给，政府则起到宏观调控的作用。政府的行政干预在一定程度上干扰了市场调节机制，对其产生了负面影响。政府必须积极承担起新的责任，保持人才需求的市场主导地位，发展新的人才供给模式。

3. 排除主导性制约因素的影响

不良的价值导向、不好的社会互动、消极的价值取向和价值反思是大学体育文化发展的局限。克服这些局限性对于大学体育文化的发展至关重要。大学体育文化有积极向上的文化，也有不符合现代社会价值观的文化。为了建立大学体育文化发展的新模式，必须坚决正视这些文化，避免其阻碍大学体育文化的健康发展。

（二）校园体育文化的传承与创新

1. 文化传承创新与体育教学

体育的出现与人类的生产生活密切相关，在整个时代和文明的发展过程中，体育总是与当地的政治、经济、文化、军事和教育因素联系在一起。这些因素在体育作为一种文化的发展过程中也发挥了不可或缺的作用。体育文化与其他文化形式类似，可分为物质文化和精神文化。体育的精神文化既包括与体育发展相关的精神内涵，又包括在历史发展过程中与体育相关的制度和行为文化。体育文化则植根于体育实践本身，在得到充分发展后，可以指导体育实践。体育精神文化的核心是在体育运动发展过程中出现并持续存在的一些特征，如竞技、娱乐和教育。

大学文化涉及教师和学生，教师和学生都为大学文化的创造做出了贡献，最终形成了以大学精神为特征的集体文化。大学文化的创建和发展始终与教师和学生联系在一起，教师和学生不仅是大学文化创建的主要责任人，也是大学体育文化创建的主要责任人。

大学文化是学校的历史传承，是学校的文化内涵，是学校在完美应用层面的鲜活体现，是学校软实力的重要标志，甚至大学文化已经成为学生择校时普遍关注的问题。在这种情况下，大学文化往往被视为进步文化传播和存在的重要因素。如果一所学校没有形成自己的学术文化，就会缺乏追求卓越的精神，也就无法努力培养学生的人文素养。体育教育是学校体育文化的促进因素和基础。体育教师这一职业是一个宽泛的概念，它不仅包括课堂上的体育必修课教学，还包括所有与体育相关的休闲活动和娱乐运动，这些都是体育文化的实践基础。现代教育更加重视学生的综合素质，旨在培养德、智、体、美、劳全面发展的高素质人才。而体育是这一理念的"躯体"之一，体育与学术文化之间的联系是许多教师和学生的发现。学术体育文化是大学文化的一个组成部分，也面临类似的发展和挑战。特别是，它的发展伴随传播和振兴中国文化的努力。大学体育文化对作为学校主体的师生的价值观和体育行为有着持久的影响，师生的体育行为也在不断调整。为了将积极向上的竞争、对抗精神转化为更高、更快、更强的体育文化，更好地促进学校体育文化的发展，对学生产生积极的影响，有必要明确体育文化的主要特征。

中国正在进行包括体育教育改革在内的全面教育改革。教育改革的目的是培养更符合现代社会发展需要的全面发展的优秀人才。新一轮体育教育改革的重点是提高学生的终身体育意识。改革的目的是培养学生的终身体育意识，让学生掌握必要的体育技能，使体育课不再是以往的体育技能教学，而是一门更全面、更综合、更实用的学科。体育教育改革改变了目标，更多地考虑到学生的心理发展和社会适应。然而，在实践中，这些变化显然没有产生直接的影响。体育教学中的传统观念仍然有很大的影响，这意味着新的学习目标没有得到落实。首先是教育理念与教育实践之间的矛盾，其次是学习目标与教材之间的矛盾。

体育教育改革要想取得成功和实效，就必须切实有效地解决主要矛盾。学校体育教学改革提出了"健康第一"和"终身体育"的明确要求，这实际上与体育教学一直沿用的"传统模式"相冲突。新的体育教育理念要求对体育课程的各个方面进行改革，而不仅仅是其中的某一部分。然而，由于学校体育课时间短、内容有限、教学方法缺乏连贯性，体育教学改革的新方法显然难以迅速推行。体育课教学时间短，无法满足教学要求，课时压缩意味着很多内容必须快速传授，对教学质量的影响不言而喻。此外，教育改革的新理念、新要求也要求体育课有更多的资源。然而，由于入学第一年，学校缺乏体育器材，体育教学资源进一步受到限制。没有器材经费，体育教学的改革和发展就会失去基础，就不会取得成功。

2. 文化传承创新背景下体育教学的改革

体育教育改革应建立在现有体育教育和其他相关体育运动水平的基础上，并将其与大学文化的发展联系起来。这样才能保证体育教学改革符合要求。文化遗产与创新是根本对立的概念。文化遗产是对现有文化整体的传承，创新则是对现有文化或现有文化某些方面的改造。但从辩证的角度看，文化遗产是文化创新的基础，文化创新是文化遗产保护的主要动力。只有形成合力，传统文化才能在新时代大放异彩，获得新的发展动力。也只有这样，实体文化改革才能获得无限动力和智力支持，成为实体文化改革的灵活途径和可靠平台。

加强体育文化发展与体育教学改革的结合，重视高校体育文化和双体文化的发展，有助于体育教学改革，必要时还有助于增强学校的软实力。在学校体育教育改革中，要始终注重一定的人文性，全面贯彻"育人为本"的理念。在体育教学改革中，我们还应关注各种大学体育文化的改革，包括大学体育的物质文化和精神文化、大学体育的制度文化和大学体育的行为文化。只注重某一方面的改革总是片面的、局部的，改革的结果也不会持久。另一个重要问题是，在发展学校体育文化时，不能忽视所在地区的民族传统和地方特色以及学校的整体实践。学校体育改革方案的实施旨在提高学生的身心素质，以培养民族精神。

通过传统与创新推进体育教学改革，要使学校体育教学改革更具活力，传统与创新必须与时俱进。这主要是因为传统与创新能够激发和解决体育教学改革过程中出现的诸多问题。传统与创新的第一个成果是完善了体育教学改革的理念。转变观念并非易事，只有当社会发展到一定程度，或者发生了对体育教育行业有重大影响的突发事件时，才能转变观念。传统与创新也是体育课程改革的理论基础。体育教学改革应将"以人为本"和"健康第一"的理念充分融入课程中，强调学习者的主体作用，营造便于学生学习体育的环境。

体育教育改革促进文化传承与创新。体育教育改革对促进文化传承与创新具有积极影响。在体育教育改革中，这种开放性主要体现在对我国传统体育文化的文化意义和特色、人口整体发展变化、高校与体育文化融合等方面的探索。

（1）我国的传统文化可以通过体育课程改革来挖掘。体育课程改革是改变体育教学中存在的因素和问题的尝试，也是改变体育文化理想的尝试。这一改革过程可以体现出中国传统文化的特点，因此可以看作对传统文化的一种间接的采纳和振兴。

（2）体育教育改革有助于培养学生的综合能力。学生是未来社会主义建设的动力，是传统文化的继承者和开拓者。为了使他们顺利地履行这些职能，学校必须提供全面、综合的教育，注重文化素质的培养，而体育教育的改革可以为培养更好的社会主义接班人打下良好的基础。

第二节 大学生体育文化素养

一、大学生体育文化素养的含义

体育文化素养,是指人们平时所习得的体育知识、技能,借此而形成的正确的体育认识、价值观,以及正确的待人处事态度和方式等的复合性整体。从素质教育的角度来讲,就是人们在先天自然因素(生理方面)基础上,通过环境与体育教育影响所产生的后天社会因素(精神方面)及其体育能力等品质相结合而形成的人的一种体育素质。简言之,就是人的各种精神要素及其品质的总和。它包括体育知识、体育意识、体育技能、体育个性、体育道德和体育行为六个方面。它是人的体育文化水平的反映。对个人而言"体育文化水平"是指一个人的体育能力和知识程度,是正确认识体育的思想、知识基础,是参与体育活动的条件与保证。它表现在三个层面上:物质层面,指人在体育活动中表现出来的包括各种身体活动在内的体育行为;精神层面,指人的体育个性特征和心理品质;社会层面,指个体所带有一定的社会属性,表现为体育社会倾向、体育文化水准和体育品德素养等。

二、大学生体育文化素养的具体内容

大学生体育文化素养由体育知识、体育意识、体育技能、体育个性、体育道德和体育行为六个方面的要素组成。

(一)体育知识

体育知识包括体育基础知识、体育保健知识、身体锻炼知识、身体评价知识和各单项运动技术知识等。

(二)体育意识

体育意识,是指人们在参与体育活动过程中对体育及其重要性的认识,以及由此产生的思想观念、心理活动的总和。它包括对体育的认识与理解、体育参与意识、竞争与合作意识、奉献与效率意识和终身体育意识等。从心理学的角度来讲,体育意识的基本内容应包含体育认识、体育情感和体育意志三个方面。体育认识是指学生对体育的知识性和理性的追求,它与认识的内涵是统一的;体育情感是对体育的感受与评价;体育意

志是体育意识的能动方面，是学生自觉地确定参与体育的目的，并在确定目的的支配下，克服行动中的障碍、困难，以实现目的的心理形态。体育认识可以引导、控制体育情感，体育情感影响体育意志，体育意志又反作用于体育情感。三者相互联系，相互作用，构成了完整的体育意识。

(三)体育技能

体育技能，是指人们在意识的支配下，借助于身体运动表现于外的动作方式系统。它包括基本运动技能、身体锻炼技能、身体娱乐技能和体育审美技能等。

(四)体育个性

体育个性，是指学生在体育活动中经常表现出来的、比较稳定的、带有一定倾向性的个性心理特征的总和，是一个人之所以有别于他人的具有自己个人独特的体育行为、思想等精神面貌的总的体现。它包括体育个体倾向性（如需要、兴趣等）和个体心理特征（如性格、能力等）。

(五)体育道德

体育道德，是指学生依据一定的道德规范，在体育活动中表现出来的稳定的心理特征和倾向，是体育道德品质在个体行为中的反映。它包括体育道德认识、体育道德情感、体育道德意识和体育道德行为等。

(六)体育行为

体育行为，是指人们进行体育生活和体育活动的表现形式，是体育文化素养在人的行为中的直接反映。它包括体育活动、体育消费、体育时间与空间利用、体育效绩等。体育知识、体育意识、体育技能、体育个性和体育道德均具有相对的独立性，而体育行为却无法与上述要素分开，上述要素都不同程度地在体育行为中以不同的方式反映出来。体育行为在体育素养中具有一定的综合性和代表性。

体育文化素养是一个包容性很强的广域概念，其构成要素既是相对独立的，又是相互联系的。体育知识是基础，体育意识是动力，体育技能是重点，体育个性是关键，体育道德是灵魂，体育行为是目标。

三、大学生体育文化素养的特点

（一）时代性

每一个时代都有各自的文化特征，体育文化在一定程度上反映着时代本质特点，大学生体育文化素养的培养也是与时俱进的。20世纪，我国引进大量外国体育文化进入校园，大学生的体育文化素养主要体现在对于技能与体育知识的掌握上；我国足球进入世界杯，大学校园掀起校园足球文化热，大学生对于体育文化的了解提升至体育意识层面；2008年，北京奥运会给校园带来的奥林匹克体育精神热，使大学生体育文化素养的提升除体现在体育文化知识和体育意识方面外，还体现在体育道德与体育个性层面。可见，大学生体育文化素养在培养和发展过程中，会受到一定时代的政治、经济、教育体制以及社会结构、文化风尚等因素的影响和制约。

（二）民族性

体育文化与其他任何类型的文化一样都具有民族性，中国文化的"中庸和平"渗透到体育文化上则表现出和平、温良、宽柔的品格。在中国文化背景下成长起来的大学生接受中华体育文化的影响，无论在性格气质、审美情趣还是体育个性、体育道德等方面均具有鲜明的民族性。因此，大学生体育文化素养具有民族性和地域性的特点。

（三）国际性

尽管不同国家和地区的体育文化区别很大，但是在全球化背景下，全球高等教育体制和运行机制日益趋同，体育文化出现交融的趋势特点，全国各地高校体育文化活动方式与内容大同小异。因此，大学生对于体育知识的掌握和对各地体育文化的了解日益宽泛化，在体育意识和体育个性方面呈现趋同态势。同时，体育传播技术的快速发展也使大学生关注体育赛事等的行为出现同步的现象。

（四）渗透性

大学生体育文化素养的培养是高校素质教育的组成部分，学习和科研活动是大学生的主体文化活动，体育文化素养则是主体文化的必要补充并且渗透到其他学科领域，对培养大学生的创新意识、合作精神和坚强意志有着不容忽视的作用。

大学生与外界的信息交流十分频繁，因此大学生体育文化素养不仅具有青年文化素养的特点，又反映着社会文化的变迁，并不断吸收和表现社会时尚的体育文化特征，反映社会体育知识、体育科技、体育经济等方面的最新变化。体育作为一种世界性的语言，是现代大学生交往的最佳手段之一，良好的体育文化素养能使参与者产生自主性、独立性、积极向上勇于挑战的精神和勇敢顽强的意志品质，以及公正的态度、集体协作的精神、开朗活泼的性格，进而使大学生得以全面发展。

四、培养大学生体育文化素养的重要性

体育文化是社会文化的有机组成部分，在我国由体育大国向体育强国迈进的今天，在健康中国战略的驱动下，对全民体育文化素养的提升更加重要，当代大学生是祖国的未来，是实现中华民族伟大复兴的中国梦的践行者，对大学生的培养提出了更高的要求，"少年强则中国强，体育强则中国强"，加强大学生体育文化素养的培养，使他们养成自觉主动进行科学锻炼的良好习惯，帮助学生在体育锻炼中享受乐趣、增强体质、健全人格、锤炼意志，最终成为优秀的社会主义建设者和接班人，这是高等教育的责任和使命。

（一）明确参与体育锻炼的目标

明确的目标是完成任务的力量所在。只有树立正确参与体育锻炼的目标，才能了解掌握自己身体健康状况，明确自己应该提升身体哪些机能水平，应该采取哪些体育锻炼的方法和手段。只有参与体育锻炼的目标明确了，才能主动参与到体育锻炼中。体育文化素养的培养是一个漫长的过程，只有学生明确了为什么要学习体育基本知识、掌握运动技术和提升运动能力，才能自觉主动地参与到体育活动中，通过体育学习发现问题，通过主动解决问题，提升大学生的体育文化素养。大学生体育文化素养的提升，可以使他们更加科学地明确体育学习的目的，自觉主动地投身到体育锻炼中，进而提升自我规划能力，养成自主锻炼的良好习惯。

（二）培养优良品质

体育文化素养的提升，可以有效地培养大学生的优良品质和社会适应能力。体育精神充分体现了公平、公正、公开，以及凝聚力、感染力和号召力的特点，是顽强拼搏、爱国、敬业和团队凝聚力的完美体现。体育精神也是一种健康向上的精神，能够反映出一个人坚持不懈、挑战自我的奋斗精神，体育精神的培养可以有效提升大学生的优良品质。通过武术等民族传统体育的练习，可以有效增强大学生的民族自豪感，培养学生不怕苦和累，以及勇敢、果断、顽强的优良品质。参与体育集体项目的竞赛，可以有效培养大学生的团队意识和集体主义精神。通过丰富多彩的体育竞赛等活动，大学生在接触社会的同时，展现当代大学生的风采，提升大学生的社会适应能力。

（三）强化终身体育意识

在健康中国战略的驱动下，人们对体育的需求更加强烈，参与文化体育活动，提升健康水平，丰富业余生活，成为人们追求美好生活的主要形式。大学生体育文化素养的有效培养，可以使大学生主动学习掌握科学健身的方法，掌握科学健身的理论知识，掌握运动损伤的预防和急救方法，养成自主锻炼的良好习惯，培养自我规划的能力，最终达到强化终身体育意识的目的。

（四）提升社会适应能力

适应是个体同环境之间的一种协调、平衡的状态。大学生正处于价值观念、认知行为的明确化转变阶段。该过程中需要面对人际交往、情感控制以及角色适应等诸多问题。大学生社会适应能力主要依靠学校教育与家庭熏陶，大学是大学生身体发育成熟阶段和思维方式养成的重要阶段，通过体育锻炼增强学生的身体素质和心理承受能力，有效培养大学生的体育文化素养，应该加强对大学生利用业余时间进行自我规划的自主锻炼能力培养。自我规划能力的提高，提升了大学生情绪控制能力，自主锻炼能力的提高更是大学生体育价值观和体育锻炼能力持续发展的重要体现，自主锻炼和自我规划能力的培养，能促进大学生身心健康，养成良好的道德品质，提升大学生的社会适应能力。

五、提高大学生体育文化素养的策略

校园文化建设是高校实现高质量发展的重要途径，其涵盖校园智育、校园德育、校园美育和校园体育等内容，共同形成独特的校园精神，可作为高校培养全面发展人才的关键。其中，校园体育文化作为校园文化与体育文化的结合，是受社会政治、经济、文化和教育等条件综合影响而形成的文化，有利于高校学生身心健康发展。从长远来看，高校体育文化对学生综合素养具有深远影响，与国内素质教育改革目标具有内在一致性。鉴于此，高校应将体育文化与学生实践相结合，从理论和实践层面全方位提升学生体育素养，在创新教育理念、提升教师职业素养与体育素养、完善考核机制等方面做出努力，实现满足高校学生基本健身需求、促进学生全面发展、提升学生综合能力的教育目标。事实上，体育素养以先天遗传为基础，受家庭、社会和学校环境共同影响，是个体参与各种身体锻炼后逐步形成的综合性素养，是个体追求身心发展、身体和精神综合提升的过程。简言之，体育素养是人类的一种能力，可以为创新发展提供动力，急需高校通过建设校园文化，优化后天环境，促使学生先天体育素质得以全面发展。

(一)创新教育理念,加强体育精神培养

在校园文化建设视域下,高校培养学生体育素养需要全新的教育理念作为先导,加强培养学生的体育精神。体育精神作为体育素养的重要内容之一,是指通过体育运动体现的精神力量,包括智慧、进取心等。从宏观层面来看,体育精神呈现跨国界、跨种族、跨时间等特征,是全人类共同拥有的精神财富;从微观层面来看,体育精神是运动技巧与优秀心理品质的结合与升华。简言之,体育精神是强大的精神力量,同时也彰显出人类的文化观念和社会意识。在校园文化建设视域下,高校应将体育精神作为积极教育因素,发挥体育精神促进精神文明建设的教育功能。其一,高校应围绕"健康第一"思想,将终身体育作为教育理念更新原则,将体育精神内涵纳入教育理念体系,努力探寻大学生体育精神培养新思路,并将之作为各学科教师共同遵循的教育理念,将学生培养成身心健康、价值观正确、全面发展的人才。其二,高校教师应不断探索体育精神的内容,在体育教育理念指导下帮助学生构建完善的体育精神体系,帮助学生提升思想品质。具体而言,高校应将爱国主义精神、集体主义精神贯穿于体育精神培养过程中,广大体育工作者在长期实践中总结出的以"为国争光、无私奉献、科学求实、遵纪守法、团结协作、顽强拼搏"为主要内容的中华体育精神来之不易,弥足珍贵,要继承创新、发扬光大。可以引入中国体育冠军成长案例使学生明确陪练者的重要作用,尤其在学生进行对抗性较强的集体运动项目时,教师应紧抓集体主义教育时机,使学生在集体竞争中学会协作,逐步树立集体主义意识。此外,高校应在体育精神培养中重视公平竞争精神、拼搏进取精神、艰苦奋斗精神等,使学生能够深刻理解体育竞争,即使自身不具备极高的运动天赋,但只要秉持公平竞争意识,便能克服自身惰性,通过刻苦磨炼取得满意成果。在基本物质生活条件得到满足、生产力迅速发展的现状下,高校尤其应培养学生艰苦奋斗的精神,发挥体育教育的独特功能,使校园文化建设与国家发展需求相一致。

(二)提升教师职业素养,加强体育知识培养

在校园文化建设视域下,高校提升学生体育素养应将体育知识、内容作为重要环节,明确体育知识资源开发不仅是对传统体育课程管理的突破,而且可为智慧体育与体育教师发展提供途径与平台。整体而言,体育知识内容资源开发应密切关注学生个体差异及全面发展,结合区域经济、文化、教育和学生发展特殊性构建各具特色的体育知识内容体系,增强校园文化建设实力。对此,高校应将提升教师职业素养作为突破口,加强对教师专业知识储备、科研能力、教学能力的考核,便于教师能够更好地设计与开发体育课程内容。其一,高校应坚持适宜性原则,明确高校体育知识内容相较于中小学应更具灵活性,且由于高校师资水平整体较高、大学生身心发育较为成熟,因此,高校需要将

体育文化发掘、引进成熟的运动项目作为体育知识开发重点。此外，高校应重视大学生情绪情感方面容易发生的问题，包括因人际关系、就业问题产生的情绪波动等心理问题，重视知识价值的判断，充分发挥体育知识在提升学生社会适应能力方面的重要作用。其二，高校应围绕健康性和特色性原则开发体育知识内容，将多元体育文化、卫生保健知识融入其中，从大学生全面发展视角发挥体育知识在健康、文化、个人规划等方面的指导价值。例如，四川大学、北京体育大学等知名高校将瑜伽、柔道、跆拳道等作为体育知识教学内容，彰显体育知识的实用价值，表明体育培养的重要方向应与时代和国际接轨。在此过程中，高校应不断细化知识培养政策，健全体育教学规章制度，将体育精神和法治精神作为体育知识内容，确保体育知识培养得以规范化进行。

（三）提升教师体育素养，加强体育技能培养

体育技能培养是高校学生体育素养提升的重要途径之一。在校园文化建设视域下，其重要性更加凸显，需要高校重视学生体育技能的获得，将运动技能作为学生实现其他领域目标的途径。因此，高校需要重视教师体育素养提升，注重教师体育道德水平提升，发掘体育技能培养的社会属性。具体而言，高校教师应在体育课堂教学内外强调体育素养的实践性，并将循序渐进原则贯彻教学始终，让学生在掌握基础技能之后学习、练习更高难度的动作。一方面，高校应合理利用课外和互联网体育教学资源，科学组织课外体育项目比赛，延伸基础体育技能教育。例如，高校可以设立体育俱乐部，由体育专业教师担任技能导师，面向各专业学生组织体育活动，营造浓厚的体育技能教育氛围。高校还可针对部分学生需求，开设体能训练班或者减肥班等，帮助学生通过科学的体育技能训练实现健身、减肥等目标，助力学生更好成长。另一方面，高校应适当引进新兴体育项目，并以此作为充实校园体育文化的有效路径，推动提升学生体育技能水平目标进一步实现。对此，普通高校可以借鉴体育高校和知名高校的成功经验，将瑜伽课、跆拳道、游泳课等作为选修课程，并且在学生选择课程时，帮助学生认识到体育技能对身心发展和职业发展的积极作用，引导学生切实依据自身身体条件和心理需求做出科学选择，避免盲目跟风，帮助学生树立正确人生观，实现体育技能培养的育人价值。在此过程中，高校应不断提升体育技能教育教学人性化，将体育素养与学生成才教育相结合，促进体育技能转化为大学生成长的内生性需求。

（四）完善考核机制，加强体育习惯培养

在校园文化建设视域下，高校学生体育素养提升应将体育习惯培养作为重要内容和所要达成的结果。为此，高校应加强培养和提升体育教师发现并解决问题的能力，优化

对教师和学生的评价，尤其重视学生体能水平变化情况评价，使教师重点评价学生体育习惯养成过程，包括学生参与校内外体育比赛和活动、阶段性考核情况、活动方对学生的评价等，逐步构建过程性评价体系。同时，高校应完善配套软硬件设施与人力资源管理机制，形成环环相扣的评价组织机制，营造团结奋进的校园体育文化环境，为学生健全人格和养成健康生活方式提供软实力支撑。基于此，高校应实施针对体育课堂内外不同的评价机制，课内侧重评价学生对体育理论知识、基本锻炼手段等的掌握情况，课外侧重评价学生对理论知识的运用和巩固情况，通过评价将课内外育人目标统一起来，将大学生对体育知识的学习和掌握、意志力和心理需求等有机结合，促使学生从不同视角感受体育文化魅力，树立正确的体育运动观念，发自内心真正热爱体育，养成良好的体育锻炼习惯，将体育素养转换为人生前进动力。

（五）加强媒介融合，扩大信息获取渠道

大学生体育文化素养的特点决定了它的培养应该与媒介融合的现实相结合，只有这样，高校体育文化建设才能与时俱进，大学生的体育文化素养教育才具有生命力，才能真正提高素质教育的水平。

1. 整合校园媒体，加大体育知识宣传力度

传统校园媒体资源主要有校报、校园广播和有线电视，随着数字化技术的发展，校园网络媒体也得到了长足发展。当前，大多数高校的校园媒体还是相互独立的，校报、广播站、电视台和校园网等各自都有一套相对独立的运作机制，媒体之间缺少互动，资源也存在浪费现象。在新的形势下，校园媒体应始终服务于学校教育教学工作，始终为高校素质教育服务。因此，整合校园媒体对于大学生体育文化素养的培养是必要且可行的。通过整合后的校园媒体，加大力度让学生了解体育的起源、体育的发展、体育基础知识，可以从体育历史、体育现状、体育未来等方面引导学生建立体育文化认知体系；让学生认识到体育在人类社会发展中所起的重要作用，以及体育伴随社会进步而发生的变革和所取得的伟大成就。此外，建立体育文化认识体系还可以通过专题讲座、知识竞赛、宣传专栏等辅助手段来加以完成。这样，不仅可以潜移默化地提高大学生的体育知识拥有量，并且可以为大学生体育意识的树立打下良好的基础。

2. 利用现代化传播技术进行体育文化交往，建设体育文化"软"环境

体育是一种文化现象和文化活动，是构成健全人格中的一个基础性的因素，是一个全面发展的人必须具备的前提条件，这是现代体育观的核心思想。大学生正处于求知时期，对大量的文化信息有主动获取的愿望，在现代化传播技术不断成熟与发达的当今社会，利用各种媒体进行文化交往已经成为时尚。当今世界，体育文化无处不在，大学生

通过大众传媒了解重大的国际赛事，进行频繁的体育交往，"接触"众多的体育明星，体育文化的人文环境建设已经具备一定的基础。同时，大学生又是庞大的传播群体，可以通过媒体的联动平台很好地将本土体育文化传播出去，因此，通过媒体进行正确的文化导向和适当的技术点评，可以使大学生受到持久的强有力的体育文化熏陶，形成良好的文化氛围，从而有效地推动校园体育文化建设，提高大学生整体体育文化素养的水平。

3. 利用电子体育竞技平台，提升体育科技技能，培养团队合作意识

电子竞技运动是在科技革命下，计算机软硬件技术及网络传播技术普及和发展过程中诞生的，是一项集竞技、科技、娱乐、时尚于一体的新兴体育项目，是信息时代有益于培养德智体全面发展有用人才的健康运动。国家体育总局对电子竞技运动的定义是，利用高科技软硬件设备作为运动器械进行的、人与人之间的智力对抗运动。通过电子竞技运动，大学生可以锻炼和提高思维能力、反应能力、协调能力和意志力，从而培养团队精神，提升体育科技技能。由于电子竞技运动具有集科技产业、文化产业、传统体育产业、传媒产业于一体的性质，因此，大学生在参与电子竞技的过程中，既需要对电子科技有一定的掌握，还需要具备一定的体育文化知识。如今，电子体育竞技日趋成熟，各种比赛接连不断，在世界各国举行的大型比赛，有利于世界各国大学生在一起交流、沟通，成为一种相互了解对方、彼此交往的工具，对传播体育文化起到了至关重要的作用。

4. 借助网络平台，培养大学生体育个性发展

随着科技的发展和社会的进步，体育课上的理论教育已远远满足不了学生的求知欲望，因此应该把体育理论知识的教育延伸到课余体育中。充分利用现代化的媒体工具，利用校园网，开发体育资源，建设属于大学生的体育网站，开展网上咨询、体育信息发布、网上体育知识竞赛、网上体育答疑和体育知识指南等活动，使大学生真正进入体育信息时代。让大学生管理属于自己的有特色的网络平台，筛选其感兴趣的体育赛事和体育知识。网络编辑可以推荐优秀的体育博客，鼓励大学生充当校园体育拍客，将校园中的体育现象与体育赛事拍摄下来，以网络作为平台进行传播，激发学生的参与意识，培养学生的体育娱乐心态，促进学校体育文化的建设。在校园网络中，大学生可以找到志同道合的伙伴，共同探讨体育问题，甚至可以共同开展体育活动、组织体育竞赛，这些活动既丰富了学生的体育理论知识，又提高了学生的兴趣，能吸引更多的学生积极参加到体育文化活动中，对大学生体育文化素养的形成起到了良好的促进作用。

5. 通过体育广告、体育电影了解体育精神，树立体育道德

大学生接触不同的大众传媒可以获得不同的体育信息内容，不同大众传媒的体育信息能够满足大学生对于不同信息内容的需要。电视以及网络则是大学生最常关注的媒体

形式。近年来，体育电影快速成长起来，以电影作为介质传播体育文化可以说是最快捷且获得效果最好的形式之一。电影使大众在娱乐中了解体育文化，形成体育意识，甚至指导体育行为的产生。例如，电影《叶问》的热映不仅向大学生传递了中国传统体育文化的精神内核，激发大学生的爱国热情，而且掀起了一股学习中华武术的热潮，将习武习德的道理传播开来。体育广告在宣传的过程中，不仅树立体育品牌形象，推销体育产品，同时还将品牌所承载的体育精神、体育理念传播开来。视频体育广告尽管很短，却将体育人文精神浓缩，如 NIKE 的"JUST DO IT"、李宁的"一切皆有可能"等，它们所传播的是对体育意识的理解和对体育精神、体育道德的树立。因此，体育广告可以起到促进大学生奋发向上、积极进取的作用。

第三节 体育文化现代化

一、体育文化的现代化转型

现代体育的发展是文明社会的重要标志。体育现代化是一个历史过程，也是中国现代体育的主要发展方向。传统体育与现代体育并行融合发展，是中国体育现代化的重要特征。

（一）中国传统体育与近代体育的糅合

1. 中国传统体育的特点

中华文化源远流长，博大精深，距今已有五千多年的历史。其文化内涵博大精深，是体育文化的重要组成部分。体育文化反映了人们对体育的普遍态度，并具体体现在各种体育活动中。在现代社会，体育文化变得越来越重要，因为它不仅反映了个人的一般特征，也反映了群体和国家的特征。"体育"一词并非起源于我国，而是来自国外。在中国使用"体育"一词之前，曾使用"体操"一词。这个词的含义不同于现代体育中的"体操"，后者泛指体育运动。无论是古代还是现代，都没有一个包罗万象的概念或术语来概括所有体育运动。诸如"健康""教育""武术""武士训练"等术语与"体育"一词的含义相似。儒家思想是中国传统文化的基础，因此中国传统体育文化深受儒家思想的影响。儒家思想对中国传统文化的影响可以解释如下：

（1）遵守礼仪。礼仪是中国传统文化的基本价值范畴，也是文明发展的核心主题。

中国礼仪文化的创始人孔子说"人不学礼，无以立"，并将包括体育和文化活动在内的一切活动都导向礼仪。在中国古代，体育是传统文化的一部分。例如，唐代流行"十五球"，上面刻有"仁、义、善、智、忠、慈、敬、俭、忍"等红字和"骄、懒、怨、贪、嗔"等黑字。红字对应的木球是赢家，黑字对应的木球是输家。这个小游戏完美地诠释了道德和乐趣的规则。

（2）内外兼修。作为中国传统文化基础的儒家思想，以体育"齐家、治国、平天下"作为实现"内圣外王"理想境界的教育方法。受这些思想的影响，中国古代体育强调身体和气质的培养，与西方古代体育追求人体美、力量和速度形成鲜明对比。在中国古代文献中，古代体育一般被描述为武术或养生术，具有深刻的哲学思想、复杂的训练方法和独特的艺术形式。作为武术核心的"德""内外兼修""身心合一"，历来为习练者所重视。传统文化中自我实现、自我教育和自我完善的精神在所有武术实践中都得到了强调。满足身心、放松心情、平复情绪也是中国古代体育，尤其是大众体育和女子体育的文化功能。

（3）具有艺术性。1973年，青海省大通县出土了一个瓷瓶，上面描绘了五人一组的三组舞蹈。西周时期的"礼射"不仅包括纯粹的射箭表演和比赛，还包括各种风格的音乐，可以说既是一项古老的体育运动，也是一门古老的艺术。中国武术也有所发展，但最初主要是为战争而训练和发展的。后来，随着武术逐渐从军事中分离出来，成为独立的体系，武术得到了进一步发展。中国古代的其他体育项目，如舞剑、赛龙舟、空中飞人、变戏法和溜冰等，也是为了表现美和形式技巧而设计的。

中国古代的体育竞赛很少，这主要是因为当时的竞技体育项目很少，有些原本是竞技体育项目，后来变成了非竞技体育项目。没有制度化的、长期的全国性体育竞赛，如户外狩猎、武术、赤膊运动、武术和皮划艇等。不难看出，传统体育文化并非独立起源于古代，也不是由儒家思想主导和普及的。相反，它仅限于宫廷和上层社会。传统体育文化的这种保守发展既有利也有弊。一方面，它可以丰富人们的日常休闲，改善人们的性情。另一方面，由于受传统儒家思想的影响，它可能在一定程度上有助于维护封建专制统治，这也是统治者的要求。另外，传统保守的体育文化并不能促进体育事业的全面发展，而近年来体育事业的发展却令人瞩目。因此，在延续传统体育文化、发展现代体育文化的过程中，有必要保留传统体育文化的美好传统，这既能提醒人们遵守道德，又能在一定程度上强身健体、陶冶性情。同时，要发挥更多的积极力量，使体育运动更加大众化、普及化，这也是提高全民健身水平的重要途径。

2.中国近代体育的发展

中国现代体育的发展与国家的现代化和重建同步进行。中国体育的现代化始于19世纪 40 年代左右，西方体育运动被引进并与中国传统体育运动相结合。这一过程可分为以下三个主要阶段：

第一阶段发生在 1860 年之后，即 19 世纪末。首先，外国军官聘请洋人训练士兵，士兵练习"洋式体操"，北洋水师学堂开创西式"体能训练"，这些训练与中国传统武术和其他训练项目一起，使中国军队走上了近代化道路。其次，现代学校体育也引入了新的内容，尤其是在美国和英国的宗教学校，田径、球类等"新式体育"被作为课外活动。

第二阶段出现在 20 世纪初，当时开始了一场新的文化运动。一方面，现代体育在学校制度化，被纳入课程和考试；另一方面，传统体育和竞技体育也被整合进来。例如，在 1910 年 10 月举行的第一届全国体育节上，举行了武术、田径、足球和篮球的比赛和展览，中国传统体育与"舶来"的现代体育相结合，在竞技体育中一较高下。

第三阶段即新民主主义革命时期，其特点是：第一，毛泽东提出了德育、智育和体育并重的思想；第二，中央政府建立了现代体育制度，成立了国家体育管理委员会和国家体育博物馆；第三，通过学校体育，包括创建体育学校和大学体育学院，发展培养最有天赋运动员的新途径。

（二）实现中国传统体育现代化的途径

中国科学院可持续发展战略研究组将现代化定义为在一定时期内人类发展过程中，为实现一系列行动导向的目标（具体的预定目标）而提供一系列措施的特定空间框架。因此，传统民族艺术的现代化可以理解为一个动态的过程，在不断的复杂化中，根据社会其他部分和当代社会各自的发展目标，导致空间和时间界限的现代化。通过建立科学、全面、系统的现代化理论框架，探索民族传统体育的现代化，使民族传统体育在现实的各种矛盾和影响中得到传承和再发展，在世界各大文化中彰显中国特色，丰富世界文化的内涵。

首先是民族传统体育文化的融合。中国传统体育与西方体育有很大不同。我们追求形神兼备、天人合一、修身养性，追求"亲和""和谐"的品质，追求"和合精神"。由于我国传统体育项目近千种，要把我国所有的传统体育项目都传承下来是很不现实的，因此，可以对大量的项目进行筛选，打造出多种多样的中国传统体育商店项目。在推广过程中，只有少部分企业能够充分发挥优势，大部分企业可能会遭到淘汰。

其次是营造现代环境。我们需要有教育意义的历史，历史研究必须回归"原貌"、回归"本真"、回归"原味"、回归"本土"、回归"本源"。这些无形的需求也是我们研究和完成传统民俗史前期工作的指导思想。然而，在民族传统体育研究的现代化进程中，这种"初心"有其局限性，不断阻碍着民族传统体育的改革、发展和创新实践。因此，必须改变陈旧的思想观念，在现代化研究中进行思想理论创新，为研究和创新创造良好的环境。如果我们当初实施"民族体育一体化"和"民族体育大众化"的政策，今天我们可能就不会谈论民族传统体育的现代化问题。如今，国际、国家、省市级的比赛很多，但观众却很少。这主要是由于一些项目缺乏娱乐性、教育意义、趣味性、正派性或竞争性、挑战性，而且随着人们生活方式的演变和对体育需求的变化，对民族传统体育发展的重视程度似乎也在发生变化。换言之，打破现实、打破界限、注重创新才是民族传统体育现代化的正道。

再次是借鉴融合，积极转型。长期以来，西方体育运动在学校中根深蒂固，一方面是因为"为祖国而战"的重要性，另一方面是因为国家机关和学校管理部门的教育方针，也因为存在游击队精神和奥林匹克精神，但更重要的是，这些运动简单实用，学生在入境前什么都不用带，就可以进行训练和比赛。我们可以向他们学习，借鉴他们的经验。在创新的过程中，我们可以移植、借鉴、融合，甚至转让。例如，在可翻转棉球的研发中，巧妙地将棉球运动替换为篮球投掷技术，使棉球运动不仅增加了运动的附加值，具有挑战性、趣味性和装饰性，而且很好地契合了青少年的大部分生理和心理特点，对青少年的速度、力量、耐力和柔韧等素质的发展，起到了很好的激发青少年发展的作用。《中共中央国务院关于加强青少年体育增强青少年体质的意见》（以下简称《意见》）认为，必须认识到青少年的体力、速度、耐力等实际身体素质在不断下降。研究还表明，近几十年来，许多学校的纪录都没有被打破。面对这一严峻形势，我们必须本着《意见》的精神，努力提高人力资源管理质量和国家的整体健康水平，特别是青少年的生活和发展水平，重建民族传统体育项目，以更好地满足现代国家的需要。

最后是利用现代科技实现民族传统技艺的现代化。创新是民族发展的灵魂和标志，是国家兴旺发达的不竭动力。在现代体育运动中，体育与现代科学技术密不可分，新方法、新器材、新技术的研究与开发遍布世界各地，在体育发展史上，许多新的世界纪录、新的世界冠军往往是建立在新技术、新方法、新器材的基础上。例如，新型高科技面料、杆、枪和其他材料的试验和使用，跳跃和体操动作数量和组合的增加，跳高和投掷动作的改进，以及游泳服装的现代化和改进等。由此可见，现代科技创新在民族传统体育的现代化进程中发挥着重要作用。

目前，科学家们正在开发和研究各种民族传统体育项目，探索创新性和革命性的技术和新的高科技设备，他们深信这些有益的实验能够真正帮助实现中国民族传统体育的现代化。

二、全球化对体育文化的影响

事实上，全球化并不是一种未知的、特殊的社会文化现象。即使在古老而传统的社会中，国与国之间，甚至大陆与大陆之间也已经形成了一定程度的互动。这可以被视为国际化的第一阶段。然而，自 21 世纪初以来，全球化呈现出一种特殊的特征。全球化加速发展，尤其是在经济领域。文化全球化，包括体育文化的全球化，也在以不可阻挡的速度发展。历史地、辩证地看，全球化在文化领域的影响既有消极的一面，也有积极的一面。对于中国体育文化的发展而言，全球化为未来提供了许多机遇和挑战。

（一）全球化背景下的中国体育文化

全球化不是一项全球性倡议，也不是一个全球性事件，而是一种意想不到的全球性影响。当我们将自由迁徙的权利视为全球化的最大成就和持续繁荣的保障时，我们却常常剥夺他人的这一权利。对全球化背景下中国体育发展的哲学反思，不再是为了寻找单一的真理或普遍的共识，而是需要在各种背景下进行深入研究，驳斥那些人人都认为理所当然的观点。"发现人性"和"反思人性"是人文精神的两个永恒主题。在全球化背景下反思中国体育的发展，既不是对全球化的批判，也不是对全球化的全盘接受。在全球化和西方体育文化的强烈影响下，我们有必要思考中国传统体育是如何被摧毁的，以及中国体育未来将向哪个方向发展。

我们要增强心理自信和文化自信。在全球化的大环境下，中国体育文化不可避免地受到西方主流文化的影响，有必要思考中国体育的基本人文价值在哪里，中国体育的长远发展道路将通向何方。

全球化一词通常是在经济背景下使用的，但体育的全球化远远大于经济的全球化，令人担忧的是，体育的全球化是由西方体育推动的。目前，中国体育的西方化正在顺利进行。中国体育的人文精神采用了西方主导的全球化规范，并将其移植到体育中。在这种情况下，我们如何摆脱全球化的规范，回归传统，发掘中国体育文化的精髓？如果我们能够理解民族传统体育，就可以用文化生态学、后现代主义等基本理论来审视全球化在中国体育中的作用及其对全球化体系的影响。为了中国体育人文的长远发展和国威的维护，不仅要重视引进的现代体育，更要重视本土体育，传承和发展体现民族精神、蕴含民族智慧的体育项目。中国体育既包括现代民族体育，也包括传统体育。在全球化时代，中国现代体育的发展必然与全球化同步。在这种情况下，民族体育就具有了普遍性。中国有 56 个民族，民族传统体育的雏形非常丰富。我们应该与中国的民族传统体育联合起来，鼓励更多的人参与到民族传统体育的保护和发展传承中。

(二)民族传统体育全球化的内涵以及途径

1.民族传统体育的全球化理论分析

自20世纪80年代中期以来,全球化已取代国际化、一体化和跨国化,成为越来越常见的学术术语。全球化是主权国家和国际组织根据自身的利益和需要,通过签订协议和采用规则,促进社会化和生产分工的发展,并将这一进程从民族国家延伸和扩展到整个世界,形成全球经济、政治、文化和其他相互依存关系和因素的过程。这是一个产生密切关系的过程。生产社会化和分工发展的客观趋势是一个超越民族国家向全世界延伸和扩展的过程,在全球范围内形成经济、政治、文化和其他因素之间的相互依存和密切关系。全球化已成为一种不可逆转的趋势,它从根本上改变着人们的生活,影响着当代世界的方方面面,并继续对世界各地的文化,尤其是民族和种族文化提出诸多挑战。

现代社会竞技体育的持续快速发展,不仅得益于民族体育的缓慢发展,更得益于竞技体育在实践和理论上的不断研究和创新。在理论层面,过去的训练理论和方法是单一的,现在则逐渐向科学的手段、方法和原理发展,尤其是在速度、力量、耐力和灵敏性等方面。与此同时,先进科学技术的不断应用也带动了测试设备、运动服装、场地器材和测试方法的发展和创新。全球化是人类不同文化和文明发展所追求的目标,未来的文明文化将反映世界的多元性和多样性。武术和柔道被奥运会采纳,瑜伽在印度日益流行,这些都表明,传统民间体育不一定要为西方竞技所左右,它们仍然有生存、发展和在世界范围内流行的空间。传统体育没有理由被遗忘或被排除在新的未来之外。

2.实现民族传统体育全球化的途径

在这种严峻的形势下,我们必须认识到学科建设在科学发展中的重要性,把学科建设问题作为一个重要的、优先研究的问题。正如恩格斯所说,一个国家要想走在科学的前列,就一刻也不能放弃理论思维。要推动国际联络事业的发展,保持健康可持续的发展道路,就必须研究历史前沿的联络,推动国家前沿的联络,研究文化前沿的联络,不断发展。

加强留学生教育是发展中国国际教育的良好开端,也是实现教育国际化的重要途径。许多留学生通过学习中国传统体育了解中国、认识中国、热爱中国。毕业后,他们回到自己的国家,将学到的中国传统体育发扬光大,留学生则成为终身运动员,将中国传统体育推广到世界各地。因此,积极推进海外留学生的培养工作非常重要,从长远来看,这对中国传统体育的全球化发展具有重要的现实意义。

三、高校体育文化现代化的发展策略

在中国的大多数高校中,体育课属于副科,没有引起足够的重视。为了完善现代体育教育的发展目标,教育部应修订学校课程设置,将体育作为一门核心学科进行系统教学,并确保学校体育教育的质量。为配合学校体育教育的开展,可以采取一些具体措施,如不符合体育科目条件的学生不得参加公开考试等,这样的严格要求势必会提高体育教育的重视程度。

(一)高校体育教育现代化的必要性

由于封建历史的原因,中国对人的研究还远远落后于西方发达国家,亟待解决。由于中国的现代化是建立在市场经济发展的基础上的,因此,中国体育教育的现代化不能忽视国情。只有理性地结合本国的不足,理性地依托世界独特的文化,运用中国特色的体育现代化理论,才能更好地发展体育教育现代化,实现中国体育现代化,最终在世界舞台上展示中国的优秀形象。我们已经意识到,在发展现代体育教育的过程中,盲目追随西方文化是错误的,重要的是要从西方文化中得到启发,根据自己的文化发展现代体育教育。我们都知道,文化是一个国家几千年发展的重要特征,一个国家的文化能够体现出这个国家的特色。改革开放后,中国登上了世界历史舞台,中华儿女也成功地向世界传播了中华文化。

(二)高校体育教育现代化发展的策略

1. 体育教学思想现代化

教学思想现代化是指根据面向未来的理念,积极调整教学思想,使其适应社会的变化。在这种理念中,教育的各个组成部分(能力、素质、教学价值观、教学、教师和学习者、教学和学习实践)成为所有参与教育的人的意识的一部分。就体育教育而言,从生物学的体育教育方法到多维的体育教育方法;从传统的获取知识和技能的方法到注重学习者自主学习、个人发展、独立思考和创造性发展的方法;从多维、整体和教学方法到生物学、社会教育学和心理学方法。基于不同的体育教育原则,该方法应侧重于培养各年龄段学生的体育知识和技能、体育兴趣和体育价值观,利用生物知识和方法,如心率和身体密度,改变每节体育课的思维和评价方式。现在,很多学校会对户外体育活动的质量进行评价。很多教师关注的不是学生是否舒舒服服地活动身体去学习要学的知识,而是通过测量学生的心率来衡量整堂课的密度,让学生学会把体育当作一种对手而不是结果来享受。如果整堂体育课让学生身心愉悦,但学生没有达到推荐的密度和心率,那

么整堂体育课只能是一堂优质课,而并不能因为整堂体育课提高了学生的身体素质,就说明整堂体育课提高了学生的身心健康。上述思想在体育教师的意识中根深蒂固,并被一些教师刻意践行,这对体育学科的改革是不利的。

现代化教学思想是基于学生主体性的理念,从以往作为基本方法的体育教学体系,扩展到学生"自我体验",在体育教学思想中寻求体育教育的理念。作为基本方法的"启蒙"和"调心育人"体系扩展为完整的、有区别的方法。为了促进学生在普通教育、特殊教育和分层教育中的现有发展水平,促进标准分类,并与创造性地解决学生的主观概念问题相结合。将普通教育和一般发展与特殊教育和分层教育结合起来,创造性地解决学生个人的学习问题。

2. 体育教学内容现代化

利用现代科学技术来丰富职业学校的课程,反映了对体现现代科学文化高水平的教材的需求。因此,精心选择课程和科学定位是教育现代化中难度最大、影响最大的难题之一。目前,体育教材内容非常脱节,没有考虑年龄、性别、职业等特点。教学内容陈旧;只注重知识本身,不注重知识的实现和目标的选择;教材内容与群众体育内容脱节,如从小学到大学的射击运动还处于教学阶段,根据现实情况,社区和公园里没有人进行射击运动。教材内容笼统,现代体育教学内容应注重不同学科的综合,体现终身体育的需要,注重基础理论教材与运动技能的有意义的结合。虽然体育教育的内容以科学性、时代性、综合性和民族性为导向,但现代体育教育难以体现许多传统而有价值的体育项目的民族特色,这些体育项目都是选修课或只是义务教育教科书的一部分。此外,必修教科书已被竞技体育项目的内容取代。

因此,传统与创新的结合是内容选择的一个重要因素。在理论内容的选择上,应培养学生对身体素质、身心养护的理论和方法以及其他背景问题的理解。同时,要发展真正的概念,摆脱传统的教学方法和程序,丰富学校体育教育的文化价值和概念框架,从教材体系强调竞技体育转向真正的教材,选择教育价值高、终身受用的民族传统体育项目、个性化教材和科学的身体发展。

3. 体育教师队伍现代化

体育教师的继续教育是体育教育现代化的重要内容。作为一名现代体育教师,必须具备一定的知识、技能、技巧等专业素质,充分掌握现代教学方法、使用新教材,以及一定的专业语言能力、才艺、教学水平和师生之间的良好默契。

4. 体育设施现代化

电子计算机的使用。电子计算机是教练员训练运动员最常用的工具。教练员可以根据运动员的情况对电脑进行编程,输入运动员的生理状态,从而制订更具体的训练计划。

在比赛期间，电子计算机可以收集运动员的成绩，预测他们在下一场比赛中的表现，从而让教练员组织适当的训练课程，制定精确的战术。在体育场馆中，电子计算机通常与记分牌相连，记分牌不仅能更准确地记录比赛结果，还能自行配置比分，更重要的是，还能将比分转换成信号，显示在屏幕上。

激光和电子设备的使用。训练课上随处可见激光和电子设备，如摄像机、照相机和立体摄像机。这些设备用于从不同角度拍摄球员在球场上的表现，让观众清楚地看到球员在不同位置的射门，并在赛后进行适当的技术分析。

使用电子遥测技术。运动遥测、心率监测、心电图和其他遥测工具可让运动员在训练期间监测自己的身体，并以灵活的方式管理训练量的变化。在比赛期间，教练员可以利用电子遥测技术指导运动员下场比赛，并及时纠正错误，以达到预期效果。

自中华人民共和国成立以来，中国与其他国家的体育交流取得了很大进展，但仍停留在多项目、双边比赛等表面形式，没有跟上国家间科技交流的步伐。虽然中国体育取得了长足的进步，但与其他国家相比仍有很大差距。因此，在今后各领域的体育现代化发展中，我们应该克服这种情况，积极借鉴国外的现代化训练方法和先进理论，不断加强国际体育交流和信息收集，努力实现世界体育文化的现代化。

第八章　终身体育的发展

终身学习是指终身体育锻炼和体育文化的发展。这包括两个方面：一方面是培养个人正确理解和认识终身体育的内在愿望，强烈的体育锻炼意识会促使人们自愿参加体育活动，并逐步形成终身体育的观念；另一方面与支持人们长期参与终身体育教育有关：终身体育教育要经历几个人生阶段，要想在每个人生阶段继续参与体育教育，实现终身体育教育的目标，人们必须在认识和觉悟的基础上，面对不同的环境，克服不同的障碍。本章介绍并分析了终身体育的发展。

第一节　终身体育的内涵

一、终身体育的界定与诠释

从时间上看，终身体育是一项终身活动；从内容上看，终身体育计划不是一成不变的，而是根据个人喜好灵活调整的；从人力资源上看，终身体育的对象是全体人民，尤其是年轻人；从教育上看，终身体育的目的是提高全体人民和国家的素质。

体育与终身学习既有相似之处，也有不同之处。两个框架都关注人一生的不同阶段，包括小学、中学和大学体育，以及学前儿童和青少年体育、成人体育、老年人体育、长期患病妇女体育和残疾人体育。

终身体育是根据人体的发展和变化规律、体育教育的作用和当代社会的长期需求而发展起来的。不考虑人体的规律，体育教育就不可能取得持久的教育效果。现代社会的生活方式要求体育活动成为日常生活和现代生活不可或缺的一部分。考虑到人体在不同生长发育阶段的生理和心理特点、工作和职业的性质以及环境，终身体育教育必须采用积极的、以科学为基础的体育运动方法。这一过程构成了终身体育教育体系。同时，在设计和发展继续体育教育的组织框架时,应考虑到人的不同发展阶段,如学前、小学、中学和中学后教育,以及不同人群的特定阶段,从成年早期到中年。

科学引导人民终身体育,是我国社会主义体育事业发展的重要问题,关系到提高我国人民体育素质的根本问题。终身学习作为我国教育改革的指导思想,不仅直接推动了终身学习思想的产生和发展,也是拓展和补充终身学习内容的重要形式。

终身体育研究侧重于不同人生阶段(年龄)和不同生活领域(如职业、性别、生活环境和健康状况)的体育内容、特点、形式和条件。终身体育计划不仅应具有广泛的教育价值,体现在内容和方法的全面性和系统性上。

二、终身体育教育的目标

终身学习是人们在人生不同阶段所面临的不同教育问题的统一综合。它涵盖教育系统的各个层次和各种形式,包括学校教育、社区教育、正规教育和非正规教育。它旨在满足社会和经济发展的需要,提高未来社会对人的需求。终身学习将体育与教育相结合,是终身学习的一个组成部分,其主要目的是不断提高全民的身心素质,促进个人身心健康与社会和谐发展。

(一)培养体育意识

体育意识反映了体育在人们心目中的客观现象,反映了人们对体育的总体认识和理解。体育意识是人们根据自身特点积极投身体育运动,并对体育运动产生持久兴趣的前提。为了适应社会发展的需要,仅仅依靠教师的教学工作来关注学生体育意识的培养是远远不够的。自学可以培养学生的自信心,这也是他们体育生活中不可或缺的一部分。学生自我发展和自我实现能力的培养,实际上就是终身体育能力的培养。体育意识的提高是一个强大的因素,对一生的幸福有着深远的影响。

(二)培养体育兴趣

体育兴趣是一种基于对体育活动探索欲望的心理倾向,它能促进学生对体育运动的兴趣和积极参与。体育兴趣是终身体育活动的基础,是体育教育的重要目标,决定学生长期体育活动的自觉性和自主性。体育兴趣是可以培养的。认识到体育兴趣对学生参与体育课起着重要作用,体育教师必须主动了解和调查学生目前对哪些体育活动感兴趣以及他们的兴趣程度如何。因此,有必要考虑学生的主客观因素及其相互关系,以培养他们的体育兴趣。

（三）培养体育习惯

体育习惯是一种有意识的、有规律的和持续的行为，是通过经常性的训练逐渐养成的，并成为日常生活不可分割的一部分。养成良好的体育锻炼习惯是体育教育的保证。

（四）培养体育能力

能力是个人在认知和实践活动中通过特定的生理和心理特征形成和发展起来的完成特定任务的动态能力。在这里，体育能力是指个体通过各种学习和掌握体育知识与技能的方法，在体育活动中发挥稳定的调节作用，并通过运用体育知识、技能和能力促进体育活动有效进行的一种生理和心理特征。它可以理解为体育能力的核心内容应包括理解体育的能力、科学的教练技能、评价自身体育表现的能力和终身参与体育活动的能力。体育能力确保实现预期成果。

（五）培养心理健康

心理健康是人类健康的重要组成部分，包括内心世界与客观环境之间的平衡关系、维护自己与他人之间的友好关系，以及为自己和他人的幸福而实现自我价值。心理健康教育是体育运动健康教育的一部分，与身体健康一起构成体育运动健康教育。体育运动中的健康教育不仅对学生的个人全面发展、身心健康、职业成功和生活享受至关重要，而且对学生的心理素质和社会发展也至关重要，因为现代社会需要青年人才。因此，在体育教育框架内促进和发展学生的心理健康具有重要意义和价值。

三、终身体育的主要特征

（一）连贯性

回过头来看，终身学习的概念明确地将体育教育与体育学习联系在一起。体育是终身学习的活动，是人们一生健康快乐生活的必要条件。终身学习的概念并不局限于学生在学校参加的教育活动，主要是指通过体育活动进行终身体育教育，使学生终身参加体育活动，并发展必要的技能，从体育活动中受益。终身学习强调体育教育应贯穿一生，并应注重体育活动的连续性。传统观点认为，在学校体育课上学到的知识、技能和能力可以终身受用，体育教育则应被视为一种文化现象，具有随时间发展的连贯概念。

（二）整合性

从人员上来整合，现代社会对健身的需求已不再局限于个人需求，而是扩展到整个社会。这是因为，强身健体不仅能提高社会生产力，还能保证人体健康，维持人体正常机能。因此，发展终身体育对提高人的素质和国家社会发展具有重要作用。我国的基本体育健身理念可以说是对终身体育理念的继承和发展。只有认识和践行终身体育，才能真正提高国民的身体素质。从空间意义上讲，终身学习意味着家庭、学校和社区在空间上的融合；在现代社会，体育教育意味着走出学校，走向生活，与家庭、社区紧密相连、融为一体。

（三）过程性

终身学习的重点不是体育技能的掌握，而是体育习惯的养成，并将体育活动视为生活的自然组成部分，终生进行。体育教育的目的是尽量减少竞争，使每个人都能充分发展自己的兴趣和爱好，有意识地运动，有意义地运用运动技能，并在运动和生活之间建立紧密的联系。学习过程强调体育对生活的影响，鼓励人们注重学习如何进行体育运动、从体育运动中学习和了解体育运动，而不仅仅是因为偶然的影响而参加体育运动。注重自我发展和学习过程，而不是结果。

（四）终身性

文明健康的体育运动越来越受到人们的欢迎。体育运动正在成为人类生活和科学、健康、文明社会不可或缺的一部分。为了使体育运动更切合实际，不仅要有效地调动人们学习体育的积极性，还要向他们传授生活中方方面面的体育理论，将体育运动传递到他们的头脑中，将体育运动与人类生活的密切关系作为最终目标，从而更有效地培养他们的体育习惯。这样，人们在体验体育乐趣的同时，还能掌握体育技能，有助于培养体育意识和体育精神。终身参与体育运动有助于保持身心健康，消除不健康的爱好。

（五）结构立体化

终身体育是一个整体的、立体的系统。从纵向结构看，终身体育包括四个相互关联的阶段：幼儿期、青少年期、中年期和老年期；从横向结构看，终身体育包括家庭、学校和社区中相互关联和互动的体育活动。体育教育和培训包括正规的制度化形式以及非制度化和非正规的形式，如广播和电视、书籍、报纸、杂志和体育会议。价值结构：机构化和非机构化的体育运动都可以用来实现身心和谐发展、丰富文化生活、协调交流和人际关系以及提高生活质量等目标。

(六)组织方式自主化

终身学习体育具有自愿性和自主性,其内容、方法和组织形式具有自主性和自觉性的特点。终身学习体育的时间跨度从幼儿期到老年期,通过各种体育项目从宏观上体现了上述特点,但不同阶段所强调的特点因年龄、身体状况、心理状态、环境和个人认知的不同而不同。例如,幼儿时期的体育活动强调"趣味性",青少年时期的体育活动鼓励"竞争性",成年时期的体育活动强调"社会化",而老年时期的体育活动必然强调"社会化",以求健康长寿。到了老年,健康长寿的热情必然高涨。

(七)突出教育性,强调个性化

终身体育具有很强的教育性,因为它是一个现实和长期的学习过程。终身体育学习贯穿人的一生,考虑到个人的发展,而且终身体育学习的个性化特点突出了满足不同阶段个人需求的必要性。全民体育计划的引入丰富了人们日常生活中的体育内容,使人们的文化和休闲生活朝着有教养和健康的方向发展。在中国,越来越多的孩子独自生活,越来越多的家庭租房居住。经常性的体育活动可以改变孩子们之间的关系。体育运动的团队精神和竞争性也能帮助儿童改善心理健康和社会适应能力。

第二节 终身体育与学校体育

作为学校体育改革的一部分,许多教师逐渐接受并实施了终身体育的理念。然而,在这一理念的实践过程中,终身体育的概念以及学校体育与终身体育的关系却被混淆和误解。本节针对终身体育与学校体育进行分析。

一、终身体育与学校体育的区别

终身体育(时间、指向、效益周期)从长远上看,各个阶段的目标、内容、方法等是各有区别的。因此,认为学校体育与终身体育的区别(时间、集中程度、学习周期)是客观存在的,学校体育有其自身的特点和体系,所有的学校体育活动都有终身体育的方针,都是面向未来的,这是不现实的。用终身体育的概念来指导学校体育的改革和发展,不应模糊或掩盖两种体育的区别。

(一)学校体育与终身体育在目标上的区别

终身学习与学校体育截然不同,学校体育的目的是提高学生的身体素质和身心健康,而终身学习的目的是改善生活方式,提高生活质量和终生健康,因此终身学习具有普遍性、全面性、整体性和综合性。终身学习的体育教育旨在促进学习者的身心健康。

1.学校体育的阶段目标和长远目标

学校体育是终身学习的重要组成部分。换言之,学校体育的自主目标可能与体育终身学习的目标相吻合,但学校体育本身就是一种活动,学校体育的自主目标与体育终身学习的目标并不一致。

学校体育教育的主要目的是提高学生的身体素质和健康水平。因此,体育教育的主要目标是让学生掌握促进健康的技能,组织学生参加体育活动,这是体育教育区别于其他学科的主要特点。知识、技能、校园文化、休闲活动、身心训练和减少疲劳是当前体育教育的目标,也是为终身体育活动奠定基础。培养体育兴趣、技能和习惯是渐进的长期目标。学校体育教育的目标应兼顾渐进目标和长期目标。

有必要平衡学校体育的直接影响和长期影响。近年来,随着终身学习理念在体育教育中的深入人心,许多学校体育教育工作者开始关注学校体育的长远影响,即需要为学生的终身学习打下坚实的基础,培养终身学习所需的意识、兴趣、习惯和技能。随着素质教育的推行,对体育基础知识的重视,以及教会学生强身健体的需要,大多数学校体育教育从业者更加重视学生终身体育锻炼的基础知识。实现学校体育教育的长远目标并不意味着学校体育教育的重点已经改变。学校体育教育的长期目标和伦理目标是不可分割的,无论是主要目标还是次要目标,都应相辅相成。增强学生的体质和健康是学校体育的主要目标,而实现学校体育的主要目标必须与培养学生终身参与体育运动的意识、兴趣、习惯和技能相一致。这两个目标必须密不可分,这种联系是学校体育的主要特点之一。[①]

2.终身体育的主要目标及其要素

终身体育是体育活动与教育的结合,其最终目标是不断提高生活质量,实现终身幸福。

(1)普遍性。运动的生活方式适合每一个人。传统体育由于强调技术和规则,通常是为特定人群服务的。生活方式体育是超越技术和规则的现代体育,面向全人类。它摒弃了体育只为"精英"服务的观念,让普通大众也能参与其中。

(2)自主性。体育终身学习在很大程度上取决于人们的体育意识和习惯,绝不是一种强制性的活动。个人可以根据自己的实际情况自由确定体育目标,选择体育内容、手

---

① 张丽梅:《体育教育的多维研究与训练》,中国纺织出版社2019年版,第61页。

段、方法和形式。

（3）综合性。体育包括正规、非正规和临时体育；体育设施包括日间中心、学校和社区体育。

（4）灵活性。不仅学习和体育有不同的手段、方法和形式来实现不同的目标，而且不同的人可以选择不同的手段、方法和形式来实现同一目标，同一个人在不同的年龄阶段也可以选择不同的手段、方法和形式。这种多样性和灵活性充分体现了个人的个性发展，就学校体育的自我发展而言，是终身体育活动无法比拟的。参与终身体育还具有教育意义。意识、兴趣和习惯与个人心理有关，参与终身体育并不排斥个人发展。

由此可见，终身体育的目标与学校体育的目标截然不同。学校体育的目的是按照学校的原则和规则逐步提高身体素质和健康水平，终身体育则是以学校体育中培养的意识、习惯和运动技能为基础，在人生的不同阶段，以不断发展自我、丰富生活、提高生活质量为目的，是一种不断学习和参与体育活动的形式。学校体育不同于终身体育，其目的是产生渐进和持久的影响。

（二）学校体育与终身体育在内容上的差异

学校体育的内容由《体育教学大纲》《学校体育工作条例》《体育课程标准》规定决定。与作为一门学科的学校体育相比，终身体育的内容没有明确规定，也无法标准化，因为不同年龄段的体育内容各不相同。

婴幼儿的自发体育活动。婴幼儿适宜的活动不仅包括照顾和监护，还包括自然的游戏，如走、跑、跳、爬、攀爬和滚动，以及一系列活动，如玩沙、玩水、婴儿操、散步、球类运动、跳绳和跳绳。

儿童和青少年体育计划。在这一时期，体育活动主要集中在学校周围，这个年龄段的体育项目包括跑步、游泳、体操、乒乓球和足球等球类运动。青春期是力量和耐力迅速发展的时期，体育活动的要求更高，是培养终身体育态度和习惯的重要一步。

年轻人的体育项目。在现代社会，年轻人承受着来自工作和家庭的巨大压力，因此，在这个年龄段改善和保持身心健康是终身体育的一个现实目标。项目可以包括幼儿、儿童和对体育运动仍有兴趣并乐于参与的年轻人，也可以包括羽毛球、网球、乒乓球、高尔夫球和台球等球类运动，还可以包括跑步和游泳。根据活动的类型，还可以选择长跑、健美操、舞蹈、远足、滑冰、钓鱼和其他中等强度的活动，以补充没有体育活动的脑力劳动。

适合中年人的锻炼计划。中年是一个重要的健康里程碑。这一时期的体育锻炼尤为重要，因为中年时期工作和家庭生活压力很大，生活和工作安排很不协调，体质相对较弱，高强度的工作压力"消失"，体育锻炼得不到保证，威胁身体健康。考虑到中年人的身心特点、工作场所、环境等实际情况，这一时期应采用简单易行的体育项目，如散步、走跑交替、乒乓球、羽毛球、健美操、医疗按摩、骑自行车、家庭健身、太极拳等。

老年人运动计划。衰老是生命的收获，身体的局限性会逐渐降低运动的欲望。因此，在"暮年"群体中，体育锻炼的"质"必须大于"量"。值得注意的是，尽管老年人的身体条件有限，但他们仍会积极追求生活的意义和保健。适合这一年龄组的体育活动包括以健身为主的活动，如散步、快走、游泳、广播体操和舞蹈，以及户外活动，如远足、登山、钓鱼和园艺，球类运动，如高尔夫球、乒乓球和网球，以及传统的民间体育运动，如太极拳。

关于学校体育与终身体育在内容上的差异，必须指出的是，学校体育不应轻易放弃传统的教育方式，否则终身体育就会失去基础。一般来说，掌握的体育知识、技能和技巧越多，就越有利于培养学生对体育活动的兴趣和习惯，学生离开学校后就越容易适应环境的变化，也就越有可能终生保持对体育的热情。因此，在学校体育教育阶段发展体育知识和技能非常重要。

（三）学校体育与终身体育在组织方法上的不同

学校体育和终身体育在时间、地点和组织方面有着根本不同的概念。

终身学习体育与学校体育的不同之处在于时间和空间的多样性。在时间上，终身学习体育的一个重要因素是通过有意识地从小培养对体育运动的兴趣和爱好，使之逐渐成为与生活密切相关的日常习惯，成为个人的第二天性。在地点上，终身学习体育不受现有设施和结构的限制，可以在自然公园和广场上进行，可以以多种方式开展。在组织方面，终身学习体育可以利用邻里操场和自然公园的广场，以多种方式开展，不受现有设施或结构的限制。

终身体育整合了两项体育运动——学校体育和社区体育——并关注人们如何运动以及体育如何成为一项终身活动。过去，学校被视为人们从体育学校"毕业"的地方，也就是他们获得一生所需的知识、技能和道德的地方。但是，如果体育是终身体育，学校就必须确保学生学会体育运动。在这种情况下，学校不再是学习今后生活所需技能的地方，体育可以在保持其个性和灵活性的同时得到发展，没有必要像以前那样将体育课程标准化和统一化。

二、学校体育与终身体育的联系

终身体育是一种更加丰富多样的教育形式,它包括并补充了青少年的义务学校体育。终身学习体育与学校体育密切相关。支持学校体育必须是终身学习体育的基础和支柱,只有学校体育发展得好,终身学习体育才能健康发展。从某种意义上说,学校体育的引进与中国所有体育项目的引进是一样的。只有学校体育健康发展,才能满足素质教育的需求。

(一)学校体育是终身体育的重要基础

1. 学校体育是奠定终身体育基础的极好时机

终身学习方法将学校体育的发展与终身学习联系起来,为终身体育奠定了基础:第一,通过体育运动促进学生的正常生长发育,提高学生的身体素质,为学生的体质和健康打下基础;第二,提高学生对体育运动的兴趣,帮助学生养成体育锻炼的习惯,使体育运动成为学生生活中不可缺少的一部分;第三,注重提高学生的健康水平和运动技能,帮助学生掌握体育运动的基本理论知识和训练方法。重要的是培养学生"终身健康和体育"的技能和态度。

学校体育不仅对在校学生的健康成长起着重要作用,而且对他们作为社会运动员的发展也起着重要作用。根据一项关于中国体育现状的研究,在影响运动员参与体育运动的外部因素中,"热爱学校体育"和"对体育运动的兴趣"分别占43.31%和38.87%,这表明学校体育的发展方式对运动员的发展至关重要。这说明在学校形成的习惯对体育行为的养成有很大的影响。在"城乡居民不再参加体育运动的原因"的调查中,有三项提到了学校体育:缺乏兴趣(12.04%)、不了解训练方法和技巧(5.87%)和不掌握训练技术(5.87%)。这表明,如果在学校体育运动中没有打下正确的基础,就可能无法终身坚持体育运动!调查结果清楚地表明,学校体育是终身体育的重要基础。

2. 学校体育与终身体育相互促进、相辅相成

家庭、学校和体育运动的一体化和连贯性对于实现终身体育目标至关重要。如果没有终身体育的一体化和连贯性,不同的组成部分和年龄组就会失去连贯性,从而难以控制整个系统,影响最终目标的实现。需要强调的是,学校体育在实施终身学习中发挥着重要作用。学校体育是连接终身体育的纽带,是通向社区体育的"桥梁",它不仅巩固和发展了家庭体育的成果,而且促进了融合。这座"桥梁"是由日本广岛大学著名研究员 Tuan Takuma 搭建的。他认为,学校的教学计划、教学方法和兴趣推广应适应社区的具体情况和需要,社区体育则应适应学校的教学计划和教学方法,这样,社区体育和学

校体育这两个领域就可以相辅相成,相互协调,互不落伍。

从终身体育的角度看,学校体育不仅是教与学的问题,也是如何将学校体育与终身体育联系起来的问题。学校体育是终身体育的重要工具。例如,学校体育可以提高学生的学术和文化意识,帮助他们了解健康的生活方式,培养对体育运动的正确态度,掌握体育运动的知识和技能,养成体育运动的习惯,并为终身体育运动奠定基础。

(二)学校体育与终身体育在目标、内容、方法等方面的衔接点

学校体育和终身学习是两个不同但密切相关的概念。学校体育是终身体育的组成部分和基础,终身体育则是学校体育的延续和发展。只有认识到这两个教育领域之间的联系,才能更好地实现学校体育的目标,促进终身体育的发展。

1.学校体育与终身体育在目标上的同质性

这些目标的共同之处在于,学校体育和终身体育都将渐进和发展的目标结合在一起,强调身心的健康发展。学校体育的主要目标是促进学生的身心健康。根据 Pottinger 的研究,学校体育在五个方面与健康有关。

(1)身体灵活性。

(2)放松和减轻压力。

(3)有意识的营养。

(4)健康的生活方式。

(5)维持健康的自我责任。

终身学习是全民健康教育。健康是一个动态的过程,体育也不一定是短暂的。终身学习可以向全社会传授,因为它的目的是教会人们如何保持健康和照顾好自己的健康。学校体育的目标应反映并符合终身学习的理念。体育终身学习的概念是指学生通过终生参与体育活动,培养对体育的终身兴趣,以及丰富和增值其生活的态度、行为和技能。因此,学校体育目标的制定不应只考虑眼前的任务,也不应只追求眼前的效果,而忽视体育对整个人生的长远利益。因此,有研究者认为,学校体育的目标或"出发点和落脚点"应该是运动员的终身发展。无论这种观点正确与否,至少在学校体育中,我们已经意识到学校体育和终身体育的目标正在靠拢。小学应当有机会培养与身心健康有关的基本知识和技能,中学则应当了解体育教育和终身学习的重要性,并学会协调体育教育的目标和终身学习的目标。

学校体育课程目标(传授体育与健康知识、掌握运动技能和技巧、掌握科学的体育教学方法、培养独立的体育活动能力、养成与体育有关的终身态度和习惯)与健康促进目标之间的关系既不矛盾,也不是空间上的延续和延伸。提高学生对体育活动的兴趣、认识、习惯和技能，是将促进健康的目标延伸到学生未来的生活和活动中，并将其应用到日常生活中。因此，学校体育和终身体育的目标非常相似。学校体育和终身体育的共同目标是促进身心健康。学校体育的直接目的是"强身健体"，但如果学生没有参与体育运动的意识、兴趣、习惯和技能，"健康第一"的目标也就无法实现。因此，学校体育的目标，都可以直接或间接地融入终身学习体育的目标之中，只是阶段和时间长短不同而已。这些目标只是在阶段和时间长短上有直接或间接的不同，而在"质量"上没有区别。

2. 学校体育与终身体育在内容上的相似与交叉

学校体育的组织不仅直接影响学生体育价值观和习惯的培养，还影响学校体育的实践方式。学校体育与终身学习共享基本体育项目。根据对广州市民的调查，最受欢迎的八大运动项目是羽毛球、田径、游泳、乒乓球、健步走、健美操、篮球和足球。在这八项运动中，羽毛球、游泳、田径、健美操、乒乓球和健步走受男女欢迎，足球和篮球受男性欢迎。这些项目大多也在大学开设。大多数运动项目的功能和目标基本相同或相似，所选运动项目的内容也是如此。这是因为训练计划不需要适应竞技运动的负荷极限或高难度。学校体育和休闲体育都应选择面向大众的体育活动，并倾向侧重于简单、实用和易于练习的体育项目，而不是为少数竞技运动员制订专门的计划。因此，学校体育和大众体育的共同点都是从基础开始，并在此基础上不断发展的。

终身体育是指从童年到老年，终生从事的体育活动。不过，这并不意味着必须终生从事某项体育运动，而是应将体育运动作为生活的一部分加以考虑、规划和享受。学生时代是个人成长和发展以及终身参与体育运动的重要时期。因此，学校体育教育的内容应逐渐脱离竞技体育项目，而侧重于适合学生能力的体育教育和娱乐运动。应增加娱乐性和教育性体育项目的数量，使学生能够体验到体育运动的乐趣，并学习充分利用空闲时间所需的工具和技能。学校体育的特殊性在于，学生需要体育活动，这不仅是为了改善和保持他们在学校的健康，也是为了强身健体，为课余生活做准备。因此，学校体育应注重实用性和趣味性，让学生真正享受体育运动的乐趣，培养他们终身受用的健康体育技能。

3. 学校体育与终身体育在方法上的共同点

与学校体育相比，生活体育的自愿性更强，但两个组织都应强调独立性。就学校体育而言，重点应放在有计划地鼓励学生"学会学习"上，不仅要教他们具体的动作，还要为他们提供学习、训练和自我评估的机会，使他们能够适应不断变化的环境，为终身体育打下基础。个性教育与激励性项目的推广相结合，应能使学生意识到他们对具体项目的浓厚兴趣，并在相对自由的活动中增强他们的能力，从而为终身体育铺平道路。一些研究人员建议，教学方法的改革除了促进知识、技能和理解之外，还应注重学生的动机、兴趣和态度。学生应终身接受体育教育，使他们能够在自由和愉快的环境中发展自己的兴趣和才能，学生参加体育运动和体育活动的积极性应尽可能高和令人满意。应改变体育教学方法，培养学生的能力。在体育课上，应采用过程教学法、规范教学法、动态教学法、指导教学法、引导教学法、情境教学法等，把学生的自主学习与教师的指导结合起来，使学习成为教学活动的重点，提高学生学习体育的能力。学校和机构的体育教学方法应考虑年龄差异，因材施教。中小学体育教学应激发学生的阶段性兴趣，通过不适合学生自主学习体育活动的活动来发展学生的身心。学院体育学科的改革应以改革传统的教学方法为目标，注重探索符合学生特点的教学方法，运用全面、灵活、多样的教学方法，促进学生学习兴趣的提高，注重帮助学生掌握自己的兴趣爱好，专攻终身体育，教给学生适当的教学方法和相关的教学方法。向学生传授适当的教学方法和相关知识，培养学生的兴趣，实现终身受益的目标。

（三）学校体育与终身体育的对接点是全民健身

人们很少讨论体能对学校体育的积极影响，但事实上，学校体育与终身体育之间存在互动联系。

1. 学校体育要适应全民健身的需要，为终身体育打下基础

学校体育必须成为青少年学习的场所。少年儿童是国家的未来、民族的希望，是实现 21 世纪社会主义现代化建设目标的生力军，国家的体育事业应当以少年儿童为重点。要完成这一重任，青少年不仅要接受广泛的科学文化知识和良好的教育，还要培养坚强的意志和强健的体魄。

体育教师可以成为在全国推广体育活动的推动力。在拉脱维亚，各级各类学校约有 40 万名体育教师，他们大多接受过正规培训，拥有丰富的体育教育经验和知识。许多体育教师不仅负责学校的体育教学，还可以在全国范围内推广体育活动方面发挥重要作用。

向当地社区提供学校体育设施和器材可以弥补邻近地区体育支持的不足。近年来，学校体育设施的建设规模大幅扩大，在不影响教学工作的前提下，向当地社区和邻近地区开放，提高了体育设施的使用率，弥补了邻近地区体育设施的不足。

2. 全民健身对学校体育的积极作用

体质的增强为学校体育的发展创造了良好的社会环境，也为学校体育改革提供了潜力，具体体现在以下两个方面：

（1）国家的做法丰富和完善了学校体育改革与发展的理念，鼓励学校体育面向全体学生，考虑终身可持续性，学校体育中心向社区开放，确保学校体育为国民健康和终身

体育奠定坚实的基础。促进学校体育与社区体育的合作，确保学校体育为终身健康和终身体育奠定坚实的基础。

（2）"全民健身"是指学校体育应关注学生的身心健康，学校体育应在学生的一生中得到转变和发展。国家全民健身"一二一工程"以儿童和青少年为重点，强调学校应为学生组织两次旅行或郊游，每年为学生进行一次身体检查。这不仅是确保青少年和学生健康成长的需要，也是遵守全国学校体育理事会批准的指导方针的需要。

全民健身对学校体育教育的目标提出了新的要求，更加强调体育教育要培养学生的理解力、兴趣、习惯和能力。只有通过培养学生对体育运动的理解、习惯和适应能力，才能更广泛、更深入、更持久地实现全民健身。国民体质为学校体育教育的个性化发展提出了更高的标准。国民体质包括男女老幼的体育运动和体育锻炼，而男女老幼的体育锻炼在目标、内容和手段上都是丰富多彩的。因此，学校体育可以提供多种内容、手段、方法和形式，更好地满足不同年龄段学生在体育运动方面的学习需求，促进他们的身心健康。

目前，全国各级学校正在开展广泛的研究，其成果有可能丰富学校体育改革的实践，提高学校体育研究与实践的质量。

《全民健身计划纲要》的主要内容为进一步加强学校体育提供了一个极好的机会。应寻求政府各部门和社会各界的支持，抓住这一机遇，推广和实施国家计划的主要内容，将学校体育推向新的高度。

3. 全民健身与终身体育是相互依赖、相互促进的关系

终身学习以人类和周期（社会）发展的不同阶段为基础，由于不同群体在不同时期需要锻炼，因此制定了体育终身学习框架。终身学习体育是一项大众体育运动，也是人人享有健康的具体方式。遵循终身体育的原则，对具体的锻炼内容、措施和方法进行科学指导，往往是为实施全民锻炼计划提供科学实用方法的唯一途径。终身体育体现了全民健身计划是可以实现的宏观要求，只要人人都成为终身运动员，就能实现全民健身的目标。终身体育与国民体育是相辅相成的：国民体育要求对终身体育进行科学管理，终身体育的实施有赖于国民体育的具体保障，国民体育计划的实施可以逐步使全民成为终身运动员，因此，终身体育与国民体育的目标具有很强的一致性和整体性。

第三节 终身体育的实施

一、终身体育实施的必要性

（一）社会发展的推动

随着经济的发展，社会也发生着日新月异的变化。信息和知识爆炸式增长，社会生产力空前提高，生产方式发生了革命性的快速变化。在这些变化过程中，体力劳动被机器取代，日常生活和工作中人体的运动比以前大大减少。生活节奏不断加快，生存和生计的竞争愈演愈烈。体力活动的缺乏，再加上人们在现实中承受着巨大的压力，而这种压力又没有得到巧妙的控制和宣泄，最终导致我们生活中各种职业病、健康病、文明病的出现，人类的健康问题即将燃起红火。现代社会，随着先进物质文明的发展，人类的本能受到了侵犯，对生活条件的要求越来越苛刻，适应能力大大降低，社会工业化带来的各种弊端严重影响了人类早期的健康，随着人类与自然的日益分离，继续体育教育的理念迅速成为人类社会严重关注的焦点。

体育运动对社会的影响与社会生产力的快速发展以及人们观念、习惯和生活方式的逐渐改变有关。社会的快速发展不仅丰富了人们的生活，增加了人们的闲暇时间，也提高了人们对体育运动的兴趣，各种社会弊端也为人们参与不同的体育运动提供了更多的机会。在知识经济的影响下，我们有必要修正传统的体育观念，积极倡导终身体育的新理念，树立全民健身的观念。

政治、经济、文化、教育、科技、外交和其他许多人类活动通过体育这一平台得到了独特的覆盖和体现。国家、地区、民族的文化和理想通过体育这个平台传递给世界，促进共识、学习和交流。在漫长的历史长河中，体育从"个人参与"到"集体参与"，再到"世界参与"和"全球参与"。体育以其独特的"全民运动"特性，成为一种"世界语言"，克服了国家、民族和地区之间的交流障碍，为人们提供了相互沟通的最佳平台。

（二）体育自身的呼唤

过去，体育是一种特权体育，具有浓厚的阶级性，但在劳动生产率提高、物质生活条件改善、休闲活动丰富的现代，体育逐渐向全民开放。随着体育的"大众化"和"自我发展"，全世界从事体育活动的人数以相对稳定的速度增长。体育作为一种独特的社会文化现象，对人类生存和发展的重要性不容忽视。体育不仅是强身健体的重要手段，也是一个国家民族特性的体现。体育的发展使我们能够更好地理解和认识体育的价值。对体育的理解不应过于工具化。这意味着不应过分强调竞技体育的发展。体育运动的发展包括竞技体育、学校体育和一般社区体育的发展。近三十年来，中国竞技体育的快速发展和取得的成绩有目共睹：中国从1984年夏季奥运会的零金牌到2008年夺得史上最多金牌，仅用了24年，巩固了领先地位。一味追求竞技，难免会偏离体育的价值。中国的竞技体育是世界一流的，中国已跻身体育强国行列。

长期以来，基层体育一直被视为中国的第三体育，但多年来却很少得到关注和投入，致使中国的基层体育发展相对滞后。社区体育一直没有提上政府的议事日程，政府机构和学校管理的体育资源也没有得到充分利用，社会各阶层都无法享受到体育资源，导致中国社区体育的现状。由于基层体育的发展涉及千家万户，直接关系群众的切身利益，如何利用现有的体育资源来推动基层体育的发展，是摆在群众面前的一道难题。

在当前形势下，有必要进一步加强国家体育发展局的作用，明确人民群众在体育领域的需求，国家和社会要以各种方式提高全体公民的身体素质。要从多方面提高国家和社会对提高全民身体素质的重视程度。例如，在学校和社区开展基层培训，组织不同的专业运动队，建立大中小学体育合作。推广体育运动是发展基层体育的良好基础，通过体育赛事将竞技体育和基层体育结合起来，则是实现终身体育可持续发展的重要前提。

（三）生命意识的提升

社会的生活节奏越来越紧张，快节奏、技术驱动的生活方式所带来的身体需求和身心压力越来越大。鉴于成年人所面临的巨大社会压力以及各种生活方式相关疾病的出现，人们无疑会开始思考健康和健康的生活方式。相关资料显示，我国国民体质指数持续快速下降，青少年不愿运动也不积极生活，不少学生体重超标。神经系统疾病、高血压、糖尿病、肥胖症等现代文明病在学生中时有发生，而且这类疾病呈上升趋势：根据人口与公共卫生组织2003年的一项调查，40%的5～8岁儿童有动脉粥样硬化的迹象，进而导致心脏病。运动和体育锻炼是有效减少这种异常现象和减轻大脑负担的最佳方法之一。

石秋桂从社会发展的角度切入终身学习体育，分析了人的健康与终身学习体育的关系，从人的发展角度分析了社会发展对人的健康的影响，分析了通过终身学习体育促进人的健康，终身学习体育是提高人的健康水平的最有效途径。并强调体育锻炼习惯是终身学习体育发展的重要因素，体育锻炼习惯的规律性和组织性以及闲暇时间活动与体育锻炼的结合是体育锻炼习惯养成的重要因素。体育锻炼不仅能强健肌肉，还能部分强健心脏，缓解大脑紧张，对预防和治疗现代文明病有积极有效的作用。众所周知，健康的生活方式和适度的运动是保持身体健康和防止身体机能退化的有效手段。体育运动使人们能够战胜疾病和面对危险，满足了人们对身体活动的基本需求，保障了健康，使生活更加和谐和健康。此外，越来越多的人希望投资于自己的身心健康，因为有些体育运动能给人们带来身心上的享受和满足。这些因素结合在一起，催生了终身体育发展的新春天。

体育让人们从单调的工作和休闲活动中解脱出来。它可以减少孤独感，恢复自信，缓解工作压力，丰富单调乏味的生活。除了锻炼身体和丰富文化生活，体育还有助于享受生活。人的发展是社会发展的核心，一切发展都与人的发展息息相关。如果人得不到充分发展，社会就不可能也不会得到充分发展。

（四）素质教育的需求

诗人艾略特说，个人需要更多的教育，不是为了更聪明，而是为了生活；一个民族需要更多的教育，是为了优于其他民族；一个阶级需要更多的教育，是为了优于另一个阶级；至少还有一个阶级声称，一个阶级需要更多的教育，是为了不优于另一个阶级。换言之，教育一方面关乎技术能力，另一方面关乎地位。除非教育意味着更多的金钱、更大的权力、更高的社会地位，或者至少是一份体面的工作，否则很少有人追求教育。诗人用充满同情的语言揭示了现代教育的纯粹功利性。不难看出，在追求教育功利性的过程中，人们不可避免地追求教育的短期利益，而忘记了长期利益。在现代教育体制尚未得到彻底审视的情况下，学校的终身学习问题难免会沦为短期功利主义的角色。

自20世纪80年代以来，终身学习在中国学校体育领域得到积极推广。由教育部和国家体育总局主办的全国学校体育权威刊物《中国学校体育》在终身学习方面的应用已超过1000次。中共中央、国务院在《关于深化教育改革全面推进素质教育的决定》中对学校体育提出了以下要求。学校体育首先要树立健康理念和全面体育改革的指导思想，使学生掌握一定的体育基本技能，养成终身体育的良好习惯。学生应该有机会终身掌握专项体育技能，养成科学的训练方法和习惯。该决定的要求也有助于实现满足素质教育的基本需要，适应社会需求，培养德智体美劳全面发展的高素质人才的社会目标。

总之，终身学习思想对学校体育产生了重大影响，已成为学校体育改革与发展的重要思想；终身学习立足长远，与贯彻"健康第一"的原则密切相关。终身学习立足长远，与践行"健康第一"紧密相连。在追求"健康第一"目标的基础上，更进一步注重渐效与长效的有机结合，注重体育精神，注重终身体育兴趣、习惯和技能的培养，注重过程与结果、显性评价与间接评价相结合的评价体系研究。体育终身学习的理念超越了只注重体育技能和能力的评价框架，将学生的态度、兴趣、对终身体育的理解、习惯和技能纳入评价框架，通过直接评价和间接评价，有效提高学生学习体育的积极性和主动性。

应引入综合评估方法。

二、终身体育实施的原则

（一）自觉性原则

毛泽东同志在《体育之研究》中认为，体育要取得成效，必须调动主观精神，促进自信。因此，终身体育活动必须调动主观精神，促进自信。这是终身体育活动的首要条件，也是最重要的条件。为了能够自觉地终身参加体育活动，必须了解体育活动的目的，并能够自觉、主动和积极地参加体育活动。

1. 制定自觉性原则的依据

（1）要促进终身体育，锻炼必须有明确的目的，个人必须有意识地进行锻炼，并考虑到自身的需要和情况。体育教育与体育教学和学校体育教育有着明显的区别，后者都是以实践者的意识为基础的，并不强制规定纪律；主观因素在终身体育教育中起着决定性的作用。

（2）人的身体、心理和情感发展时有波动，运动需求不仅受主观因素的影响，还受人自身体力和耐力的影响。这是因为身体必须承受一定的努力，表现出一定的体能，并克服风、霜、雨、雪等自然障碍。因此，要想成为一名运动员，就必须具备克服各种困难的心理决心和信心，同时还要继续有意识地进行训练。

（3）为了随着年龄的增长不断提高对体育教育的认识，掌握主动地、有计划地设计体育教育的科学方法，提高体育教育的实效性，有必要深化对生命周期体育教育的认识，并在此基础上探索主动设计体育教育的科学方法，取长补短，学以致用。

2. 贯彻自觉性原则的要求

（1）应明确体育锻炼的目的，以产生自觉锻炼的动机。人类体育活动的要求非常详细，应明确界定锻炼目的，考虑到体育活动的功能和因人而异的身心特点，并区分因性别、年龄、身体状况和职业而异的要求。

强身健体的需求是终身体育锻炼的主要动力。身体是人类生存和享受的基本前提，也是高效工作和充实生活的基本前提。因此，青少年需要强健的体魄，以促进身体的生长发育和良好的学习；中老年人需要强健的体魄，以保持体力和精力，在生活的重要方面发光发热；老年人需要强健的体魄，需要健康的身体。因此，对健康的需求在人的一生中是普遍存在的。因此，需要进一步提出要求，以明确终身体育活动的目的，并确保对体育活动的承诺。

（2）培养兴趣和习惯。长期坚持体育锻炼，一方面要靠坚持不懈地实现目标，另一方面要靠对体育锻炼内容的吸引力和兴趣。

兴趣是选择教育内容的一个重要因素，可分为直接兴趣和间接兴趣。对体育的直接兴趣非常重要，大多数教育内容是针对那些有直接兴趣的人。体育本身就能激发人们的欲望，为人们提供有力的见解，并吸引人们。间接兴趣是指需要关注体育及其对人体的影响。例如，长跑相对单调，因此长跑者不会感兴趣，但长跑对心肺系统有益，因此可以间接引起人们的兴趣。

兴趣导致真诚，真诚随着重复而改变和消失，而真诚取决于实践，更重要的是取决于习惯的养成。俗话说，"习惯成自然"，只有实践才会对日常生活的规律性起到主动和积极的作用。习惯是多年形成的永久性条件反射，需要时间和刻意的练习，最初的惰性和坏习惯才会逐渐消失，新的节奏才会出现。

（二）从实际出发原则

现实性训练的原则是根据个人的年龄、职业和身体状况，选择不同的训练，使体育教育符合个人的客观实际，达到终身体育的目的。

1. 制定从实际出发原则的依据

（1）体育锻炼有许多不同的选择，选择做什么和如何做最好，需要考虑需要、年龄、职业、体能水平和目标，以达到预期的效果。

（2）由于每个人的个体差异、年龄、性别和身体条件不同，训练者所要求的训练内容也千差万别，虽然具体要点相同，但由于训练的是身体的适应和改变，因此没有一个通用的训练方案，必须信任不同的训练者，治疗本身也有差异。

（3）由于运动员的年龄、时间和训练的自然环境都在不断变化，因此，运动员需要为自己的一生制订训练计划。因此，为了让运动员终身从事体育运动，他们需要合理规划训练时间，选择训练内容和方式，同时考虑到年龄、职业、时间和自然环境的变化。

2. 贯彻从实际出发原则的要求

（1）年龄特点。在科学选择训练内容、训练方法和适当的训练量时，要考虑到各年龄组的身心特点。

（2）身体状况。身体各部分的功能状况是决定训练内容、方法和负荷的最重要标准。了解自己的身体状况是"真正的医学"，因为有些疾病和各种原有病症可能需要特定的练习，或需要暂时停止训练。

（3）职业特点。不同职业的工作性质差别很大，包括工作强度、规模和姿势，有的站着，有的坐着，有的相对静止。不同的职业需要特定的体力活动，以提高运动效率。

（4）自然条件。中国的土地和气候带差异很大。从实际出发，锻炼应因地制宜，采取特殊措施，使锻炼能适应一生中不同的自然条件。

（三）全面锻炼原则

全面锻炼是在终身体育运动中综合发展身体各部位和器官系统，使所有运动和表现能力达到平衡。

1. 制定全面锻炼原则的依据

（1）人体是由所有相互关联的部分、器官和组织组成的一个整体，因此在训练中必须考虑到这种整体性，以改善人体的形态和功能特征。

（2）全面锻炼促进人体均衡发展。"使用和被使用"的生物学原理在运动反应中表现得十分明显。经常运动的部位、器官和系统会逐渐发育并获得其形态和生理特征。例如，肌肉会肥大并获得更好的功能，未经训练和未使用的部位则会萎缩和坏死。这就导致身体发育和进化之间的不平衡关系，不利于机体的整体发展。

2. 贯彻全面锻炼原则的要求

（1）明智地选择和组合。由于体育运动对身体的影响是多方面的，因此训练计划可以针对身体的特定部位或侧重于发展特定的运动技能。因此，在选择锻炼计划时，应侧重于能给全身带来全面益处的计划。如果某项计划只能改善身体的某一特定部位，则应辅以其他计划，以确保身体得到均衡和全面的发展。

（2）内与外、形与神的关系。体育锻炼看起来是由一系列表面动作组成的肌肉运动，实际上是身体各组织、器官、系统的共同协作。锻炼不仅要注重骨骼和肌肉的发达形态，更要注重内脏器官的强化，系统锻炼要体现身体的全面发展，达到内外、形神的和谐关系。

（四）坚持经常原则

终身体育讲究必须经常锻炼身体，持之以恒体质才能增强，人体的基本活动能力才能保持并不断提高。

1. 制定坚持经常原则的依据

强身健体需要经常锻炼，以刺激身体的新陈代谢，促进身体的分解和吸收，促进体内物质的合成，从而逐步强化、改善和完善身体的结构和功能。反复的力量练习能强化骨骼、韧带和肌肉，增加肺活量。不经常锻炼和只是偶尔锻炼的人会失去以前锻炼的痕迹，近期锻炼的整体效益也会受到限制，不会带来明显的锻炼效果。只有坚持经常锻炼的人，才能不断改善身体结构、功能、运动特点和基本表现。

2. 贯彻坚持经常原则的要求

（1）逐渐养成系统锻炼的习惯。有规律的运动可以稳定身体的生物节律，每次运动都会对身体产生积极的影响，日积月累，就会产生良好的运动效果。对于儿童和年轻人来说，理想的锻炼方式是每天一次，每次1小时左右。对于中年人和体弱者来说，运动的时间和速度应结合他们的身体实际情况来确定。

（2）科学组织，循序渐进。按照终身学习的理念，学习内容、方法和指标的结构应强调连贯性和规律性，由易到难，循序渐进。学习任务的安排也应合理。对于希望提高体能、耐力和竞争力的年轻人，训练任务应从每周逐渐增加到每月，而不是每天。对于中老年人来说，考虑到身体机能的逐渐衰退，训练负荷应在一段时间内保持相对稳定，训练负荷的增加应与实际增长相对应。经验表明，用有氧运动代替力量训练可以提高体能。

（3）定期检查身体，预防体育活动中的伤病。为了确保所有运动员都能终生享受体育锻炼带来的益处，尤其是老年人应始终注意体育锻炼中的安全和卫生问题。他们还应该了解体育活动的益处，并能为未来提出建议。

（五）合理安排运动负荷原则

运动负荷，是指运动时身体所承受的生理负荷。适当的训练负荷原则是指适当、合理地确定训练负荷，使机体所承受的生理负荷既符合提高体能的需要，又符合机体的实际能力。训练负荷的适当性和合理性直接影响训练效果。过高或过低的负荷都不容易刺激人体，而过高的负荷不仅不能提高体能，反而不利于健康。因此，在训练中应遵循训练负荷灵敏调整的原则。

1. 制定合理安排运动负荷原则的依据

（1）身体对训练负荷的适应能力。训练负荷是作用于机体的训练刺激（强度、持续时间、密度、运动量、训练计划类型等）的总和。对训练负荷的耐受力随着训练强度的增加而增加，从低强度到高强度逐渐增加。机体需要一个缓慢的适应过程才能耐受训练负荷。运动应激会诱发机体一系列强大的反应，刺激机体的能量储备、器官系统的结构和功能以及神经系统，从而改善调节功能。身体机能的改善遵循刺激增加和刺激静止的节奏，训练任务就是根据这一节奏科学安排的。

（2）超负荷后的生理恢复。在运动过程中，身体会因消耗能量而产生疲劳。经过一段时间的休息和营养补充，机体的能量储备和机能能力得到补充，如果训练负荷足够，机体不仅能恢复到基线值，而且会超过运动前的能量储备和机能能力，即超量训练后的生理恢复是可能的。只要经常从过度训练中恢复过来，并在两次训练之间有充分的休息，体能就会逐渐提高。

2. 贯彻合理安排运动负荷原则的要求

（1）科学监测训练强度。训练强度，是指运动时身体受到刺激的强度，通常通过测量心率来监测。

运动强度约为 80%，心率为每分钟 160 次。

运动强度约为 70%，心率为每分钟 140 次。

运动强度约为 60%，心率为每分钟 120 次。

运动强度约为 50%，心率为每分钟 110 次。

研究表明，运动强度低于 50% 但高于 80% 时，训练效果并不明显。运动时的平均心率应在 110~160 次 / 分钟。

（2）了解每次运动的持续时间。运动时间的长短通常取决于运动强度，超过 5 分钟的运动是无效的。年轻人应做短时间、高强度的运动，中年人和体弱者应做长时间、低强度的运动；持续时间少于 1 小时的运动对身体有效。如果条件允许，最好做 30 分钟至 1 小时的运动。

（3）从实际出发，科学安排运动量。在经常进行体育锻炼的情况下，应根据年龄、性别、职业和体力恢复期等因素，科学安排体育锻炼的时间。一般来说，只有在上一次运动的疲劳消失后，才能进行下一次运动。运动的间隔时间应根据运动强度和身体状况而定，但间隔时间超过 1 周就不能对身体产生有效的刺激，会导致过度恢复，使运动失去意义。

三、终身体育实施方略

（一）构建一体化的小学到大学相衔接的终身体育教育

20 世纪 80 年代初，胡晓风提出学校体育教育各阶段的整合与有机统一问题，需要一个系统的、自然协调的体育运动体系。初等教育、中等教育和高等教育中的体育还没有发展成为一个由目标相似、内容并行且互不关联的独立计划组成的系统和连贯的体系。在终身学习的背景下，必须以学习者为中心的方式发展学校体育教育。在此过程中，各年级的学生要根据自己的生理特点，系统、连贯地学习体育和文化知识，使教师的主观性和学生的客观性相吻合，使学生过去、现在和未来的体系相一致。因此，体育教师必须能够在学生的一生中对体育运动进行全面综合的理解。

从纵向看，体育教师必须认识到学校体育是一个阶段，是一个连续的过程，是一个无缝的组织，它把小学体育、中学体育和高等体育联系在一起。横向上，学校体育、社区体育（综合体育、社区体育、家庭体育）、军事体育共同构成了群众体育，群众体育的发展与学校体育的发展紧密相连。群众体育的发展与学校体育的发展密切相关，学校体育是人民终身体育发展的重要阶段。因此，学校体育教育必须在学生步入社会时就与群众体育联系起来，确保学生在离开学校后不会停止体育运动，这是学校体育教育必须追求的长期目标，也是终身体育必须追求的目标。

（二）形成多样化、特色化的学校体育组织形式

学校体育的组织是指体育活动和实践的组织方式，不仅要考虑主客观条件，还要考虑潜在的意识形态、体育活动的目的和课程内容。体育教学的组织可分为集体教学和个人教学。学校体育的组织应该是有区别的，这样教师才能选择和适应不同的课程、不同的教材和不同的学生发展水平。因此，学校体育的组织必须是有区别的和具体的。

将体育作为大学教育的一门课程来发展，根据学生的兴趣、体质和其他特点，扩大体育运动的范围，让学生在选修中发现自己的特长，并最终找到适合自己的项目，使所有学生都能在所学的体育运动中发展自己的知识和技能、确保所有学生都能在所学和所教的体育项目中掌握知识和技能，满足不同性别、兴趣和身体特征的学生的需求。因此，学校体育的组织形式应多样化，应为俱乐部和娱乐体育以及志愿和健康促进活动提供机会，以促进课堂内外的学习方法。

（三）加强师资队伍建设，发挥教师的主观能动作用

教师在将终身学习融入体育教育方面发挥着关键作用。体育教师正在从过去只教体育和文化课的教师演变为能够引导学生实现全面发展和素质发展，满足现代化需求的创新型教育者。学生教师参与体育课的方式正在发生重大转变，从传统的被动模仿式学习转变为主动探索式学习。体育教师在学校体育思想演变所带来的变革中扮演着重要角色。

为加强师资教育，学校应为在职培训和交流项目提供资金和时间支持。学校应为教师提供各种机会，如定期组织教师参加专家和名师的培训课程，担任体育教师的学术导师等。只有成功推广和促进终身体育的理念，凝聚一批有进取精神和优秀表现的体育教师，体育教学专业才能与时俱进。

四、终身体育内容与方法的选择

选择终身锻炼的内容和方式是实现健身目标的前提。做出正确的选择可以激发终身锻炼的兴趣，保持并提高积极性和训练成绩。

(一)明确目的

在选择训练计划时，最重要的标准是自己的运动雄心。在做出选择之前，我们应该明确自己的目标。终身学习运动既有渐进目标，也有长期目标；既有隐性目标，也有显性目标。因此，我们应根据自己的实际情况确定训练目标，并选择有助于实现这些训练目标的计划。训练目标应该是明确的，不应该是通用的训练目标。这样就会随意选择培训内容，失去规划的自由。培训目标应基于培训假设。训练目标应侧重于需要发展的方面，如上肢力量或下肢力量。力量发展必须非常具体。训练内容的选择不仅取决于训练目标，还取决于训练方法和负荷结构。

(二)讲究实效

体育锻炼注重效率，其实要注意选择非常合适的训练方案，注意项目的特点，作用的实际价值就不那么准确了，因为我们没有多少时间去实现体能和耐力的价值，不应该从表面去评估。

(三)切实可行

运动内容和方法的选择应从实际出发，并符合运动原则。运动时间的安排不应与工作或学习相冲突，运动地点应适当，运动内容的选择应符合目的。应避免过度运动及其对运动动机的影响，以免导致长期不运动。

(四)适时为宜

季节对教学内容的选择有影响，因此必须适应季节变化。例如，夏天游泳，冬天滑冰。应根据季节选择一些体育教学内容。一旦选择某项活动，就没有必要不断改变。必要时可以修改，但变化不宜过大。

参考文献

[1] 常德庆、姜书慧、张磊：《高校体育教学与运动训练研究》，吉林出版集团股份有限公司 2020 年版。

[2] 陈轩昂：《新时期高校体育教学的改革与发展》，航空工业出版 2019 年版。

[3] 程明吉、解煜：《大学体育教育理论知识与运动实践研究》，吉林大学出版社 2017 年版。

[4] 姜汉瑾、武斌：《体育训练与健康教育》，吉林文史出版社 2017 年版。

[5] 刘伟：《高校体育教育创新理念与实践教学研究》，九州出版社 2019 年版。

[6] 马冀贤：《体育教学的体系构建与科学训练》，吉林出版集团股份有限公司 2022 年版。

[7] 马尚奎、李俊勇：《体育教学导论》，吉林人民出版社 2016 年版。

[8] 毛振明：《体育教学论》，高等教育出版社 2011 年版。

[9] 米靖：《体育教育训练学概论》，北京体育大学出版社 2012 年版。

[10] 宁昌峰：《现代体育教育训练的理论发展与创新研究》，煤炭工业出版社 2018 年版。

[11] 潘建芬：《体育教师论》，北京体育大学出版社 2014 年版。

[12] 沈竹雅：《大学生体育运动与体育文化研究》，吉林出版集团股份有限公司 2020 年版。

[13] 唐进松、陈芳芳、薛良磊：《现代体育运动训练理论与方法探索》，商务出版社 2019 年版。

[14] 吴江：《体育教学与文化融合》，冶金工业出版社 2015 年版。

[15] 夏越：《现代高校体育教学研究》，北京理工大学出版社 2019 年版。

[16] 严杰星：《新时代大学体育教育革新与反思》，云南美术出版社 2020 年版。

[17] 杨艳生：《体育教学改革与创新实践研究》，吉林人民出版社 2021 年版。

[18] 张福兰、张天成、徐涛：《"体医融合"视域下武陵山区农村儿童青少年体质健

康促进研究》，西南交通大学出版社 2022 年版。

[19] 张丽梅：《体育教育的多维研究与训练》，中国纺织出版社 2019 年版。

[20] 张有智、李金钟：《体育与健康》，北京邮电大学出版社 2016 年版。

[21] 赵光学：《体育教学理论与发展探究》，吉林大学出版社 2013 年版。

[22] 赵培禹、李尚滨、卢再水：《体育锻炼的真相——大学生体育》，哈尔滨工程大学出版社 2022 年版。

[23] 庄杰、陈雅琪、付晶晶：《体育教学模式与训练实践研究》，吉林出版集团股份有限公司 2022 年版。

[24] 张学良、郭建军：《"体医融合"下大学生健康管理改革探究》，《忻州师范学院学报》2021 年第 2 期。

[25] 张春艳、谢珂：《体医融合视域下高校体育健康教育路径研究》，《当代体育科技》2022 年第 13 期。

[26] 孙吉旺：《新形势下大学体育教育改革的对策研究》，《当代体育科技》2016 年第 18 期。

[27] 陆盛华：《高校民族传统体育专业教学改革》，《科教导刊（上旬刊）》2014 年第 23 期。

[28] 唐旭、黎明星、欧春英等：《健康中国背景下高校体育课程体医融合路径研究》，《当代体育科技》2023 年第 2 期。

[29] 唐旭、刘岳江、黎明星、徐涛等：《"健康中国"背景下的高校体医结合教学体系改革研究》，《教育科学》2022 年第 9 期。

[30] 唐旭、黎明星、欧春英、徐涛等：《健康中国视域下高校体育"体医结合"体系的构建研究》，《社会科学》2022 年第 11 期。